FAUCHEUR-DELEDICQUE

MON HISTOIRE

A MES CHERS ENFANTS

ET

PETITS-ENFANTS

LILLE
IMPRIMERIE L. DANEL
1886

MON HISTOIRE

NARCISSE FAUCHEUR

MON HISTOIRE

A MES CHERS ENFANTS

ET

PETITS-ENFANTS

LILLE
IMPRIMERIE L. DANEL

1886

MON HISTOIRE

A MES CHERS ENFANTS et PETITS-ENFANTS

Mes chers amis, ma vie a été fort accidentée, il m'a donc semblé qu'il serait peut-être utile de vous la raconter, ne fut-ce que pour vous prémunir contre certaines idées souvent trop communes chez les jeunes gens. Si ce simple et véridique récit vous intéresse, et s'il contribue à vous maintenir dans la bonne voie, j'aurai atteint le but que je me suis proposé.

J'ai appris à lire et à écrire dans une petite école comme tous les jeunes garçons de mon âge. En sortant de cette école, j'ai été confié aux soins d'un ancien bénédictin, très bon professeur mais excessivement sévère. Le Père *Chirac*, c'était son nom, avait pour habitude de dire à chaque instant :

Labor improbus omnia vincit.

phrase qu'il traduisait ainsi :

Un travail opiniâtre vient à bout de tout.

Il disait aussi : j'aime mieux avoir à faire l'éducation d'un âne bon travailleur que celle d'un paresseux qui n'a pas l'intelligence de comprendre que le travail est la base non seulement des bonnes études, mais encore la base de tous les succès dans la vie, si ce travail est raisonné et s'il est accompagné d'un esprit d'ordre, de persévérance et de la ferme résolution d'accomplir par des voies honnêtes tout ce qu'on a résolu de faire.

Ces préceptes du Père Chirac sont restés profondément gravés dans mon esprit, j'ai reconnu qu'ils étaient exacts, et je me suis trouvé, bien jeune, dans l'absolue nécessité de les mettre en pratique; car, à peine à ma sortie de l'adolescence, j'ai eu à lutter contre tant d'obstacles, de déboires, de désillusions, de mécomptes, de privations, de fatigues et de périls, que je ne sais ce que je serais devenu si les sentences du Père Chirac n'avaient pas été si profondément gravées dans mon esprit.

Je suis né à Clermont-Ferrand (Puy-de-Dôme), le 20 février 1794, de :

Jean-Simon FAUCHEUR,

et de :

Claudine-Elisabeth LAURENT.

Comme mon père était de Paris et ma mère de Gannat (Allier), je vais vous raconter comment ils sont venus habiter Clermont, mais avant je dois vous donner quelques détails sur la famille de mon père et sur celle de ma mère, car si vous n'avez pas de nobles blasons à montrer, il faut au moins que vous sachiez que dans les deux familles il n'y avait que de braves gens auxquels on n'avait rien à reprocher.

Mon père était d'origine parisienne, sa famille occupait depuis plusieurs siècles des emplois à l'Hôtel des Monnaies de Paris, il n'y avait même que la famille

Faucheur qui pouvait fournir les officiers de la Monnaie de Paris, c'était un privilège bien ancien, car j'ai vu entre les mains de mon père des titres authentiques qui prouvaient qne ce privilège était antérieur au règne de Philippe-Auguste et, par conséquent, antérieur à la bataille de Bouvines (1214).

Les Faucheur n'entraient à l'Hôtel des Monnaies qu'en y apportant une dot de trois mille livres tournois. Cette dot était employée en achats de terres venant incessamment augmenter l'importance du domaine du *Roule*, propriété particulière de la famille ; les revenus en étaient employés à servir des pensions de retraite aux officiers de la Monnaie ou à donner des secours aux membres de la famille qui en avaient besoin par suite de malheurs. Il n'y avait donc rien de féodal ni de monacal dans cette sorte de tontine de famille : c'était réellement une institution pleine d'humanité et de prévoyance, dont le capital avait fini par devenir très considérable ; car si on se reporte à l'époque reculée de sa fondation et à l'importance relativement considérable de la dot, le domaine du *Roule*, car c'est ainsi qu'on le nommait, avait une grande valeur au moment où ma famille en fut dépouillée par la Révolution de 1793, ainsi que je l'expliquerai plus loin. Ce domaine était hors Paris, à l'extrémité du faubourg St-Honoré, qui est encore connu aujourd'hui sous le nom de faubourg du *Roule*.

A l'époque de son mariage, mon grand-père Faucheur était greffier syndic de l'Hôtel des Monnaies et y avait son habitation. Parmi ses connaissances se trouvait un M. Roux, conseiller au Parlement de Paris ; ce M. Roux était originaire de Clermont ainsi que sa dame, ce ménage n'avait pas d'enfants, mais madame Roux avait fait venir près d'elle une nièce orpheline et fille d'un M. Laporte, frère de Mme Roux. C'était, paraît-il, une jeune personne de beaucoup de mérite et d'une grande beauté, ainsi qu'on peut s'en convaincre par son portrait en miniature que je possède et dont la coiffure paraît aujourd'hui si extraordinaire.

Mon grand-père demanda et obtint la main de Mlle Laporte. Quatre enfants naquirent de ce mariage, deux de ces enfants moururent en bas âge, et deux survécurent ; mon père fut le second de ces derniers ; ma grand'mère mourut fort jeune, et après quelques années de veuvage, mon grand-père se remaria et eut vingt-deux enfants de sa seconde femme, dont sont issus les parents que nous avons à Paris.

J'ai oublié de vous dire que Mme Roux avait à Clermont un frère qui occupait une assez jolie place dans les ponts et chaussées ; ce frère était marié, n'avait pas d'enfants et passait pour avoir une certaine aisance. On jugea convenable d'envoyer mon père à Clermont pour faire connaissance avec son grand-oncle *Laporte*. Il en fut très bien accueilli et on se mit en devoir de marier mon père.

Parmi les connaissances de M. Laporte, il y avait à Gannat une famille *Laurent* dans laquelle se trouvait une demoiselle qui convint très bien à mon père, et le mariage se fit le jour de sainte Catherine 1785.

Vous ayant donné des détails sur la famille Faucheur, je crois utile de vous en donner également sur la famille de ma mère.

Jean Laurent, grand-père de ma mère, avait, paraît-il, une assez belle fortune, mais aussi une nombreuse famille, cinq fils et je ne sais combien de demoiselles. Parmi ces demoiselles je n'en ai connu qu'une seule dans mon extrême jeunesse, qui est morte célibataire et fort âgée.

Quant aux cinq fils, je vais vous en parler par leur rang d'âge et vous donner quelques détails.

L'aîné, qui se nommait Jean *Laurent*, devint châtelain de Chantelle, petite ville du département de l'Allier, à trois lieues de Gannat. Avant la Révolution, beaucoup de familles bourgeoises avaient la ridicule manie de faire *un aîné* et de l'avantager afin de donner plus de relief au nom de la famille Le grand-père de ma mère n'échappa point au travers de l'époque, et il acheta pour son fils aîné la charge de *châtelain* de Chantelle. C'était une magistrature à la fois administrative et judiciaire, car le *châtelain* de Chantelle administrait la petite ville et y rendait justice. C'est ici le cas de vous faire remarquer que si la Révolution française a eu bien des torts, elle a aussi rendu de grands services au pays, surtout sous le rapport administratif et judiciaire. Au lieu de donner les emplois au mérite, on les vendait alors à ceux qui avaient le moyen de les acheter, ce qui était un bien grand abus; il n'y avait aucune uniformité dans l'administration, dans les lois et dans la manière de rendre la justice, d'une ville à l'autre tout changeait, c'était un véritable chaos.

Pour en revenir à mon grand-oncle de Chantelle, son père l'avait fort avantagé au grand détriment de ses autres enfants; car, pour lui acheter sa charge, il avait fallu acheter également une maison et le domaine de *Deneuille* qui étaient en quelque sorte inféodés à l'emploi. Cette charge était ce qu'on nommait alors plaisamment une *Savonnette à vilain*, parce qu'elle ennoblissait les descendants du titulaire, aussi avait-on eu le soin de marier mon grand-oncle à une dame de Châteaumeillant, espèce de petite noblesse. Je parlerai plus loin de ce qui concerne cette dame qui a fait grand tort à notre famille.

Le second fils était Paul *Laurent*, il embrassa l'état ecclésiastique et devint curé de Saint-Étienne, une des paroisses de Gannat. C'était un respectable prêtre qui goûtait peu les innovations de la Révolution, aussi refusa-t-il le serment constitutionnel. Par suite de ce refus il fut, à diverses reprises, emprisonné et ce fut à grand peine qu'il évita la guillotine. J'étais fort jeune lorsqu'il mourut, mais je me souviens parfaitement de tout ce qui le concerne et il me semble encore le voir célébrer la messe dans une chambre de la maison paternelle de ma mère. Vous n'ignorez sans doute pas, mes chers enfants, que les églises furent fermées pendant tout le règne de la Terreur et que ce ne fut que vers 1800 qu'elles furent partiellement rendues au culte. De 1795 à 1800 il y eut diverses phases durant lesquelles il y eut plus ou moins de tolérance, suivant le parti qui dominait dans les assemblées; mais comme on ne voulait pas rétablir publiquement le culte catholique, les prêtres les plus zélés disaient la messe en cachette dans les chambres, c'était le cas de mon grand-oncle. Il y avait au fond d'une antique chambre une grande et vieille armoire en vieux chêne, on en avait enlevé les tiroirs et les rayons qu'on avait remplacés par un autel. En ouvrant la porte de l'armoire il n'y avait qu'à allumer les cierges et la messe commençait : c'était mon frère aîné (Jacques-Blaise) qui la servait ; mais avant de commencer la messe, tous les parents, amis et voisins sur le dévouement desquels on pouvait compter, étaient prévenus, et tous arrivaient silencieusement, on fermait la porte de la rue et celle de la chambre, et on ne les ouvrait qu'après la messe dite ; alors tout le monde partait aussi discrètement et aussi silencieusement qu'à l'arrivée. Je vous donne tous ces détails pour vous faire connaître les mœurs de l'époque dans une petite ville de province. Tous ces souvenirs sont aussi présents à ma mémoire que s'ils ne dataient que de quelques jours, et j'ai un grand plaisir à me les rappeler.

Le troisième fils de Jean Laurent fut le père de ma mère, il resta dans la maison paternelle dont il fit valoir les biens et s'y maria avec une demoiselle *Rollat*, fille du procureur du roi de l'époque. Je me sers à dessein de cette expression, car la magistrature qu'exerçait M. Rollat avait le même but, mais portait un nom dont je ne me souviens plus. Les descendants de ce magistrat existent encore, ce sont les plus proches parents que nous ayons du côté maternel. J'ai été élevé avec le petit-fils du grand-père de ma mère : il existe encore, il est avocat à Gannat après en avoir été longtemps maire ; il est, à quelques jours près, de mon âge. Dans un de mes derniers voyages à Royat nous avons eu le plaisir de nous trouver avec lui dans le même wagon ; il revenait de plaider une affaire importante à Moulins ; il désirait beaucoup nous faire arrêter à Gannat, mais nous ne le pûmes pas. Sa sœur a épousé le général *Sauret* dont vous m'avez souvent entendu parler et dont il sera question plus tard.

Les deux derniers fils du grand-père de ma mère furent, à ce qu'il paraît, très mécontents de l'avantage énorme fait à leur frère aîné : ils composèrent une pacotille et partirent pour l'Amérique. Ils furent un grand nombre d'années sans donner de leurs nouvelles, cependant on finit par apprendre qu'ils avaient fait une brillante fortune à Saint-Domingue où ils avaient de grandes propriétés ; mais la Révolution française ayant proclamé l'affranchissement des nègres, ceux-ci se révoltèrent contre les blancs, pillèrent et incendièrent leurs biens et finirent par égorger tous les blancs ; mes grands-oncles furent de ce nombre et tout ce qu'ils possédaient fut perdu pour la famille.

Ce fut à peu près à cette époque que mourut mon grand-père Laurent dont la femme était morte depuis déjà longtemps ; car ma mère était fort jeune lorsqu'elle perdit sa mère, et ce fut sa sœur aînée, ma tante Élisabeth Laurent, qui lui tint lieu de mère.

Avant de vous donner des détails sur ma chère tante Élisabeth Laurent, je dois vous dire que ma mère avait une sœur un peu plus âgée qu'elle, cette sœur épousa un frère à mon père, et c'est de ce mariage qu'est née ma cousine Minette.

Ma tante Élisabeth fut pour nous tous une seconde mère : tout le monde l'aimait et la chérissait, car il était impossible de trouver une femme plus sensée, plus aimante et plus dévouée à sa famille. Mon grand bonheur, comme celui de tous mes frères, était d'aller chez la tante Élisabeth ; j'y passais régulièrement mes vacances et je les trouvais toujours trop courtes, car non seulement ma tante était heureuse de m'avoir auprès d'elle, mais encore elle accueillait mes petits amis avec tant de bonté que j'en ramenai souvent coucher chez elle à la suite d'excursions que nous faisions les uns chez les autres. Dans la suite de ce récit j'aurai de fréquentes occasions de vous parler de ma chère tante Élisabeth.

Je dois maintenant vous reporter de plusieurs années en arrière pour vous entretenir de ce que devinrent M. et Mme Roux, mon grand-père Faucheur, mon grand-oncle et ma grand'tante Laporte.

Dès le commencement de la Révolution tous les Parlements furent supprimés; les magistrats qui en faisaient partie perdirent donc non seulement leur grande position et leurs appointements, mais encore la valeur de leur charge achetée fort cher, car c'était un grand honneur que d'être membre du Parlement. On avait bien promis de rembourser le prix des charges, mais la Révolution fit de si rapides progrès qu'on ne tint point parole; heureux même les parlementaires qui purent éviter l'échafaud pendant la Terreur. M. et Mme Roux ne furent point au nombre des victimes, mais ils moururent entièrement ruinés par la Révolution à peu près à l'époque de ma naissance.

Vers le même temps mon grand-père Faucheur fut destitué comme tous les officiers de la Monnaie et forcé de quitter précipitamment l'habitation qu'il occupait à l'hôtel des Monnaies; il était veuf depuis quelques années, et comme il craignait d'être dénoncé comme aristocrate, s'il restait à Paris, il réalisa comme il le put ce qu'il possédait et il vint se réfugier à Clermont, près de mon père, où il mourut vers 1799. Comme mon grand-père n'était pas riche et que la réalisation de son avoir n'avait pu être faite qu'en assignats, il se trouva qu'au bout de peu de temps il n'avait absolument rien, car ce papier perdit rapidement toute valeur; j'ai entendu raconter par mon père qu'il avait payé une paire de bottes 36,000 francs en assignats.

Mon grand oncle et ma grand'tante Laporte, effrayés des ruines que la Révolution faisait autour d'eux, s'étaient fait une donation au dernier vivant; or, comme M. Laporte mourut le premier, sa fortune revint à sa femme qui la laissa à sa propre famille, au détriment de la nôtre; cependant nous ne pouvions pas leur en vouloir car ils avaient toujours été bons parents, il y avait d'ailleurs une réserve faite en notre faveur pour des vignes, quelques pièces de terre et des contrats de rentes perpétuelles provenant de la famille de ma grand'mère qui nous restèrent en toute propriété.

Vous ne savez probablement pas ce qu'on désignait autrefois par contrats de rentes perpétuelles. Je vais donc vous l'expliquer, car il est bon que vous connaissiez les anciens usages du centre et du midi de la France.

Autrefois une famille hésitait beaucoup à se défaire de ses propriétés, elle préférait emprunter au moyen de la constitution d'une rente perpétuelle ayant hypothèque sur des immeubles, cela arrivait souvent pour constituer une dot à une fille qu'on mariait ou qui entrait au couvent, etc., etc. Ces rentes étaient souvent de peu d'importance ; beaucoup ne dépassaient pas 100 ou 200 francs, et comme on avait toujours le droit de les éteindre *en tout temps*, soit en remboursant le capital énoncé dans l'acte, soit en donnant vingt fois le montant de la rente, ce qu'on nommait alors *rembourser au denier vingt*, ce mode de placement et d'emprunt offrait de grandes facilités ; aussi beaucoup de familles bourgeoises des villes avaient-elles une partie de leur fortune en rentes perpétuelles, comme elles ont maintenant des actions de chemins de fer. Or, à l'époque où les assignats perdaient tous les jours de leur valeur nominale, beaucoup de rentes perpétuelles ont été remboursées en assignats, c'est ce qui explique comment beaucoup de familles ont été ruinées par la Révolution sans avoir émigré : M. et Mme Roux en sont un exemple. Je dois cependant ajouter que des remboursements faits de cette manière passaient avec raison comme des manquements de probité et laissaient une mauvaise tache sur les gens qui se les permettaient.

MON ÉDUCATION.

J'ai dit au début de ce récit qu'en sortant de la petite école où j'avais appris à lire et à écrire, j'avais été confié aux soins d'un ancien bénédictin. M. Chirac (c'était son nom) habitait une dépendance d'un ancien couvent presque hors la ville et fort éloigné de la maison de mon père. M. Chirac ne voulait pas avoir plus de 10 à 12 élèves, ne voulait pas les nourrir ; mais comme il tenait à les façonner à sa manière, il exigeait que nous fussions tous rendus chez lui à cinq heures et demie du matin en été, une heure plus tard en hiver, et en toutes saisons nous ne pouvions partir qu'à huit heures du soir. Je me levais de grand matin, et après avoir mangé une bonne soupe je me mettais en route emportant sous mon bras un grand panier à anse en osier, avec deux couvercles se relevant comme des ponts-levis. On y mettait mes vivres pour toute la journée. Je déjeunais et je goûtais avec du pain et du fromage, ou avec des fruits dans les saisons où il y avait possibilité d'en avoir. Mon dîner se composait généralement, les jours gras, de viande fraîche, ou d'un ragoût contenu dans un pot cylindrique en terre jaune que je faisais réchauffer à la cuisine de M. Chirac en été, et en hiver sur le poêle de la salle d'études.

Les jours maigres j'avais des œufs ou des légumes contenus dans le pot dont je viens de parler. Je ne buvais pas de vin; il en était de même pour tous mes camarades, quoique toutes nos familles possédassent des vignes et que d'ailleurs le vin fût à très bon compte dans le pays; mais nous n'en sentions pas le besoin, une fontaine d'excellente eau nous désaltérait, le bon air du pays faisait le reste, car il n'y avait jamais de malades parmi nous. Vous devez voir, mes chers amis, que nous n'étions guère dorlotés, mais cependant je dois avouer que lorsque je rentrais le soir à la maison paternelle, j'étais un peu dédommagé de la frugalité de la journée; car, lorsque j'arrivais, je trouvais toute la famille à table finissant de souper, je m'y mettais aussi et comme presque toujours ma mère avait eu la précaution de me conserver quelque chose du dîner, je faisais de grand appétit un bon repas.

Un ami intime de mon père assistait tous les soirs à notre souper, comme votre oncle Faucheur assiste tous les matins à notre déjeuner ; il ne prenait rien autre chose qu'un verre d'eau. Cet ami se nommait M. Arnaud. C'était un homme fort original mais très instruit. Il me semble encore le voir assis dans un grand et beau fauteuil en tapisserie qui ne bougeait jamais de la place où il se trouvait en quelque sorte consigné dans notre salle à manger.

Il y avait souvent longtemps que M. Arnaud était là sans avoir rien dit, car il était parfois fort taciturne ; mais lorsque j'arrivais il se mettait aussitôt à me questionner sur mes études de la journée, et comme il savait toujours où nous en étions, je n'aurais pas pu le tromper lors même que je l'aurais voulu ; d'ailleurs, chez le père Chirac, il n'y avait pas moyen de ne pas faire ses devoirs et même de les frauder. Mes conversations avec M. Arnaud étaient donc très profitables à mon instruction, il m'arrivait même souvent de lui adresser des questions pour des choses que je ne comprenais pas bien et qu'il avait la complaisance de m'expliquer très clairement.

Plus j'avançais dans mes études, plus nos conversations devenaient intéressantes et instructives, car M. Arnaud avait l'attention de les proportionner à mes connaissances. Il avait toujours des anecdotes à me raconter sur les grands hommes de l'antiquité, sur les événements importants de l'histoire, etc., etc., et quelques jours après ces causeries il avait l'adresse de ramener la conversation sur les sujets qui nous avaient occupés précédemment, et de s'assurer de cette manière si je m'en souvenais. Mon petit amour-propre était flatté lorsque je recevais des éloges, de sorte que j'avais beaucoup de plaisir à écouter attentivement ou à adresser des questions.

A mesure que je grandissais le sujet de nos entretiens changeait ; M. Arnaud avait assisté à beaucoup de scènes de la Révolution française, car il avait été secrétaire d'un député à la Convention nationale, et tout en ayant l'air de causer avec mon père, il passait en revue toutes les grandes journées et tous les grands événements de la Révolution ; il avait vu ou il connaissait plusieurs acteurs de ce grand drame, et il citait sur beaucoup d'entre eux des anecdotes qui attiraient toute mon attention. Il est résulté de tous ces récits qu'étant encore fort jeune, je connaissais déjà passablement l'ensemble des événements depuis le commencement du règne de Louis XVI jusqu'au moment où nous causions.

Ces conversations n'étaient jamais assez longues pour lasser mon attention, elles cessaient au moment convenable, et alors mon père se retirait et allait fumer sa pipe avec son ami Arnaud.

Ma mère alors nous lisait l'Évangile ou la vie du saint du jour, ou bien un chapitre de l'Imitation de Jésus-Christ ; puis tout le monde, y compris la cuisinière, se mettait à genoux sur le plancher, et on faisait en commun la prière du soir. Cette prière terminée, on me signifiait qu'il fallait aller me coucher pour recommencer, le lendemain, le même train de vie.

J'ai omis de vous dire que les premiers mois de mon séjour chez le Père Chirac m'avaient causé bien des chagrins ; mes camarades d'étude avaient tous une heureuse mémoire, mais pour moi c'était tout différent, surtout lorsqu'il fallait réciter littéralement les longues leçons que nous avions à apprendre, j'avais beau dire au Père Chirac que j'avais fait tous mes efforts, il ne me croyait pas, et alors le fameux *Labor improbus* reparaissait invariablement. Il m'arrivait donc souvent d'être mis en retenue, dans une grande chambre attenante à la bibliothèque, pour y apprendre les leçons que je n'avais pas pu réciter convenablement. Que de pleurs j'ai versés dans cette maudite chambre ! mais, après avoir bien pleuré, je me mettais toujours très courageusement à apprendre mes leçons et, à force de bonne volonté, je parvenais enfin à les savoir. J'ai appris plus tard, qu'au moyen d'une petite ouverture imperceptible, le Père Chirac pouvait, de sa bibliothèque, voir et entendre ce que je faisais dans la salle de retenue, et, comme après m'avoir vu pleurer pendant un moment, il me voyait toujours me mettre à apprendre mes leçons, il avait fini par comprendre que la mémoire n'était pas mon beau côté.

Si pour les récitations littérales j'étais souvent le dernier, en revanche, j'étais celui qui répondait le mieux lorsqu'il nous interrogeait sur les choses que nous avions dû apprendre par cœur, car notre professeur ne se bornait pas à nous faire réciter nos leçons, il nous questionnait presque tous les jours sur l'objet de ces leçons, il exigeait en outre, qu'on lui fît, de vive voix, une petite narration de ce que nous avions appris. Je sortais toujours de ces épreuves avec honneur et même très souvent beaucoup mieux que ceux qui étaient doués d'une très heureuse mémoire. Au bout de quelques mois, M. Chirac vit bien que je n'étais pas un paresseux et, dès lors, les retenues cessèrent complètement ; il en était temps, car j'avais ressenti bien souvent un chagrin d'autant plus vif que je ne voulais pas le laisser voir à mes parents de peur de leur causer de la peine, sachant qu'ils tenaient beaucoup à ce que je fisse de bonnes études. A la fin de la première année, mon professeur rendit un bon compte de mes succès, de sorte que je partis très joyeux pour aller passer mes vacances à Gannat.

Ce fut pendant ces vacances que je fis pour la première fois le voyage de *Chantelle*, mon grand-oncle me fit un excellent accueil. Sa maison attira beaucoup mon attention, car je n'avais encore rien vu de semblable. C'était une vieille maison gothique qui datait certainement de 3 à 400 ans : elle était bâtie sur le côté gauche d'une grande cour qui précédait un jardin ; aux deux angles de la façade il y avait des tourelles en encorbellement, et, au milieu de la façade, une autre tour faisant saillie contenait un escalier des plus curieux. Les chambres surtout méritaient une attention toute particulière, elles renfermaient des lits si larges que trois à quatre personnes auraient pu s'y mettre de front, quatre colonnes torses en vieux chêne soutenaient le ciel et les rideaux en étoffe de laine agrémentée de passementeries jaunes ; le plafond des chambres se composait de poutrelles très rapprochées et non peintes, mais le temps leur avait donné une couleur foncée ; les murs étaient garnis de vieilles tapisseries qui me semblaient magnifiques : on y voyait des bassins avec des cygnes, des bergers avec des troupeaux de moutons, des chasses au cerf et des chevaliers armés en guerre sortant d'un vieux château ; tout cela me semblait magnifique et, en réalité, cela valait la peine d'être remarqué, ne fut ce que par son ancienneté ; lorsque, plus tard, j'ai lu les romans de Walter Scott, j'y ai reconnu la description exacte de la vieille maison féodale de mon grand-oncle.

Le jardin n'avait rien de remarquable par son tracé :

il ne contenait que des carrés de légumes et quelques fleurs, mais il formait terrasse sur la crête d'un profond ravin, au fond duquel coulait la *Sioule*, petite rivière dans laquelle on pêchait d'excellentes truites. Sur l'autre bord de la Sioule on voyait un côteau planté en vignes produisant de très bon vin ; enfin, sur le haut du plateau, on découvrait le domaine de Deneuille qui appartenait à mon oncle. De son jardin mon oncle pouvait voir ses vignes et son domaine ; à vol d'oiseau il n'y avait pas loin, mais pour aller à Deneuille il fallait au moins une demi-heure ; car il fallait faire un grand détour pour trouver le pont au bout duquel on prenait la route qui conduisait à Deneuille.

J'ai toujours été grand amateur des beaux points de vue et celui dont je parle avait fait sur moi tant d'impression, la maison de mon oncle me rappelait tant de souvenirs d'enfance que 40 ans plus tard j'ai voulu la revoir. Je me rendis donc à Chantelle, et comme je trouvai la porte de la cour entièrement ouverte il me fut facile de tout voir et de tout examiner *extérieurement*, car je n'osai pas demander l'entrée de la maison dans la crainte de paraître indiscret à des inconnus, ou pour mieux dire, dans la crainte de trouver dans cette maison la famille de Mlle Angèle dont je parlerai dans un instant.

La Révolution avait bien enlevé à mon oncle le titre de *châtelain* mais ne lui avait rien fait perdre de sa fortune et de sa considération dans le pays ; il n'avait pas d'enfants et il faisait très bonne figure dans une petite ville dont il passait pour le plus riche propriétaire, aussi recevait-il chez lui le peu de bourgeoisie qu'il y avait à Chantelle. On faisait à peu près tous les soirs la partie de cartes chez mon oncle et j'y ai vu jusqu'à deux et trois tables. A huit heures tous les domestiques munis d'un falot venaient chercher leurs maîtres et chacun allait souper chez soi, car on n'avait rien offert durant toute la soirée ; du reste, à l'époque dont je parle, ce n'était pas l'usage dans le pays.

Par compensation, mon oncle avait presque tous les jours du monde à dîner et passait pour un très bon amphitryon. Dans les circonstances ordinaires le menu du dîner offert à un ami ne dépassait pas trois plats, mais il y avait toujours de très bons poissons dont les viviers de Deneuille étaient constamment très bien pourvus ; puis le gibier abondait car on en recevait de tous côtés. Mon oncle avait été autrefois un intrépide chasseur, et quoique depuis longtemps il eût cessé de l'être, il avait néanmoins conservé beaucoup d'amis parmi les chasseurs les plus renommés des environs qui trouvaient toujours bon accueil à sa table.

Je ne sais pas comment les choses se passent aujourd'hui à Chantelle, mais à cette époque un propriétaire comme mon oncle pouvait y vivre parfaitement bien et à très bon marché. Les légumes et les fruits étaient fournis par le jardin et le verger ; le lait, le beurre et les fromages de tous genres par les étables du domaine ; les œufs, les pigeons, les poulets, les oies, les canards, les dindons par le colombier de la basse-cour de la ferme, il n'y avait donc que la viande de boucherie à acheter pour alimenter le ménage.

Pour que vous compreniez bien, mes chers amis, comment cette abondance était possible sans bourse délier, il est, je crois, nécessaire de vous expliquer comment la propriété était autrefois constituée dans le Bourbonnais.

Le propriétaire d'un ou de plusieurs domaines ne trouvait pas facilement un fermier qui prît ses terres à loyer moyennant une somme d'argent ; les grands seigneurs seuls avaient recours à ce moyen qui était le moins avantageux, mais qui leur épargnait des soins qu'ils ne voulaient pas ou ne pouvaient pas prendre. La bourgeoisie prenait des *colons* ; on nommait ainsi des familles de cultivateurs qui s'installaient, pour un long terme dans une ferme pour la cultiver, à condition d'en partager les produits avec le propriétaire, dans des proportions déterminées qui variaient suivant la qualité des terres, le genre de culture, etc., etc. Mais pour les grains on partageait généralement par moitié au moment même de la récolte, aussi le propriétaire était-il astreint à se trouver sur ses terres au moment de la moisson pour partager les gerbes, etc., etc. Quant aux vignes on n'en partageait que les produits, on payait au colon une somme convenue pour les cultiver, et de plus on leur abandonnait le marc, qui, arrosé d'une certaine quantité d'eau, fermentait de nouveau et donnait une boisson saine et agréable qu'on nommait piquette ou petit vin.

Pour le cheptel, c'est-à-dire pour les animaux des écuries, des étables, du colombier et de la basse-cour, on en dressait un inventaire lors de l'entrée en jouissance et le fermier en était responsable, de sorte que lorsqu'il quittait l'exploitation, il devait laisser les choses dans l'état où il les avait trouvées ; mais aussi, chaque fois qu'il y avait une augmentation quelconque dans le cheptel, le colon en avait la moitié ; ainsi, par exemple, si une jument faisait un poulain et que ce poulain fût vendu, le colon touchait la moitié du prix ; il en était de même pour les veaux, les agneaux, etc., etc. Mais le propriétaire imposait ces conditions pour avoir sa provision annuelle de lait, de beurre, de fromages, d'œufs, telle quantité déterminée de pigeons ou de volailles de diverses sortes. Or, comme les vignes fournissaient le vin, les noyers l'huile et que le bois était fourni par les arbres qu'on abattait ou les sarments des vignes, un propriétaire comme mon oncle pouvait vivre très largement avec un modeste revenu en argent.

On m'a dit que tous ces usages n'existaient plus aujourd'hui et qu'il y avait maintenant chez nous des fermiers comme il y en a dans le Nord ; c'est sans doute un progrès pour la culture en général, car je ne me dissimule pas qu'il pouvait y avoir souvent des difficultés entre colons et propriétaires ; mais dans les maisons respectables de la bourgeoisie il n'en était pas ainsi, les familles des colons se perpétuaient sur une exploitation, de sorte qu'il s'établissait entre les deux parties des liens de bon accord et d'attachement.

Ma tante Élisabeth était pour ses colons une véritable providence ; on venait la consulter pour les maladies, les accidents, les mariages, etc., etc. ; elle avait pour tout le monde de bons conseils à donner ; aussi nos colons, qui étaient depuis très longtemps sur nos propriétés, étaient-ils comme des amis auxquels on faisait toujours bon accueil. Le souvenir de tous ces braves gens est encore profondément gravé dans ma mémoire et il me semble que le sort d'un propriétaire dans de semblables conditions devait être fort agréable ;

il est vrai que jeune comme je l'étais alors, je ne voyais que le beau côté des choses, et que la médaille pouvait bien avoir un vilain revers pour ceux qui ne savaient pas bien conduire leur monde et n'avaient pas le talent de s'en faire aimer.

Mon grand-oncle de Chantelle n'avait pas d'enfants : mais dès mon premier voyage chez lui, j'y trouvai installée une jeune fille de 8 à 9 ans qui était la petite nièce de ma tante de Chantelle : c'était Mlle Angèle Saint-Léger ou *de* Saint-Léger, car je crois qu'elle se donnait la particule. Son père était veuf, c'était un type curieux des gentilshommes campagnards d'autrefois ; il ne parlait pas d'autre chose que de jeu, de chasse, de chiens et de chevaux Il passait son temps à chasser et à courir les foires des environs où il jouait, maquignonnait et faisait des dettes que ma tante trouvait toujours le moyen de faire payer par son mari. Il ne demeurait pas encore d'une manière fixe chez mon oncle, il y venait en différentes fois passer quatre à cinq mois de l'année ; plus tard, pour notre grand malheur, il finit par s'y implanter définitivement. Angèle était une enfant gâtée à laquelle sa tante ne refusait rien, pourvu que par ses caresses et par ses flatteries elle sût bien cajoler notre oncle pour en tirer tout ce qu'elle voulait ; elle avait été dressée à ce manège et elle y réussit malheureusement trop bien.

Mon grand-oncle aimait beaucoup toute notre famille, il avait toujours été très bien pour nous ; nous étions ses plus proches parents, et comme il était très vieux et qu'il commençait à devenir infirme, nous devions nous attendre naturellement à recueillir sa succession, sous la réserve de l'usufruit viager pour sa femme ; il avait carrément fait connaître ses intentions à cet égard, lors d'un voyage qu'il avait fait à Clermont, au moment où mon père hésitait à entreprendre la construction de sa maison, et il lui avait même promis de lui avancer une somme assez importante pour mener à bien cette entreprise. Il est probable que ma tante connaissait parfaitement les intentions de son mari à notre égard, et que ce fut pour les déjouer qu'elle fit venir chez elle d'abord Angèle, puis son père.

A chaque voyage que je faisais à Chantelle lors des grandes vacances, je voyais grandir le pouvoir d'Angèle et de son père, et ma tante me montrer plus que de l'indifférence; mais comme mon grand-oncle était au contraire de plus en plus amical et affectueux pour moi, on eut peur et on finit par ne plus me laisser seul avec lui ; cela devint si fort que j'en rendis compte à ma tante Élisabeth, et comme de son côté elle avait recueilli divers renseignements sur les manœuvres de sa tante, sur les sommes payées pour éteindre les dettes sans cesse renaissantes de M. Saint-Léger, elle fit le voyage de Chantelle pour s'assurer de la vérité. Elle n'eut pas de peine à se convaincre qu'on voulait nous dépouiller et que son oncle vieux et infirme était de plus en plus sous la domination de gens qui voulaient s'approprier sa fortune. Ce fut à grand'peine qu'elle put voir un instant son oncle dont elle était cependant tendrement aimée, et auquel elle rendait des services de tous les jours depuis plus de 40 ans.

Nos craintes ne tardèrent pas à se réaliser : mon oncle mourut quelques mois après mon retour de Chantelle, sa femme ne lui survécut que quelques semaines et ne put donc pas jouir du fruit de toutes ses machinations. Après ces deux décès, on acquit la preuve certaine de toutes les sommes payées par mon oncle pour le neveu de sa femme, on connut également comment on lui avait fait faire une donation, puis un testament pour nous enlever la presque totalité de sa fortune ; mais il était trop tard, tout était consommé, on avait abusé d'un vieillard, c'était évident, mais tout était en règle et il fallut s'incliner devant cette infâme spoliation. Vous comprenez maintenant pourquoi je n'osai pas demander l'entrée de l'ancienne maison de mon grand-oncle aux personnes qui l'occupaient lors du voyage que je fis à Chantelle. Quarante ans après les événements que je viens de raconter, je craignais de trouver dans cette maison la famille de Melle Angèle Saint-Léger et peut-être elle-même.

Mes chers amis, vous devez voir par cet exemple combien peu il faut compter sur les successions et combien il est, par conséquent, important de se mettre en état de se créer soi-même une position honorable par son instruction, sa conduite et son travail. Si vous récapitulez toutes les déceptions éprouvées par ma famille relativement aux héritages qu'elle devait naturellement espérer recueillir, vous trouvez :

1° L'héritage de M. et de Mme Roux, enlevé par les circonstances malheureuses du temps ;

2° La terre du Roule, spoliée par les lois révolutionnaires ;

3° La succession de mon oncle Laporte, presque entièrement perdue ;

4° La succession de mon oncle de Chantelle passant entre des mains qui n'y avaient aucun droit.

Tous ces malheurs sont cependant arrivés sans qu'il y ait eu la moindre faute de mes parents, par conséquent ce sont des événements auxquels on ne peut pas se soustraire mais contre lesquels il est bon de se garantir par son propre travail, car ce qu'on a gagné soi-même est le meilleur des héritages : c'est celui qui ne donne pas lieu à des regrets et qui cause le plus légitime plaisir.

MON ENTRÉE AU LYCÉE.

Il y avait plusieurs années que j'étais confié aux soins de M. Chirac chez lequel j'avais parfaitement appris la géographie, l'arithmétique, jusqu'aux logarithmes inclusivement, la mythologie, l'histoire ancienne jusqu'à Jésus-Christ, l'histoire de la Grèce jusqu'au partage des conquêtes d'Alexandre par ses lieutenants, l'histoire romaine jusqu'à la mort de César, les faits les plus saillants de l'histoire de France jusqu'au Consulat, et enfin assez de latinité pour être un bon élève de quatrième, lorsqu'un jour M. Chirac vint nous annoncer qu'il allait nous quitter parce qu'il venait d'être nommé professeur au lycée de Clermont. Mes parents se décidèrent alors à me mettre élève interne dans ce lycée. En y entrant je subis un examen à la suite duquel il fut décidé que je rentrerais en quatrième et que je suivrais le cours de géométrie.

A cette époque l'enseignement des lycées était organisé de telle manière que, dès la classe de quatrième, on suivait tous les jours un cours de latinité de deux heures et un cours de mathématiques du même nombre d'heures ; néanmoins tous les professeurs faisaient quatre heures de classe par jour.

Les études étaient passablement fortes à Clermont, nous avions surtout d'excellents professeurs de mathématiques ; celui qui enseignait la géométrie était un homme du plus grand mérite : ancien élève de l'École polytechnique, il avait le feu sacré de l'enseignement et un esprit de prosélytisme tellement ardent pour pousser ses élèves vers sa chère école, que je doute que jamais le missionnaire le plus dévoué et le plus convaincu ait mis plus de zèle pour convertir les infidèles qu'il n'en mettait pour faire des polytechniciens. Selon lui, il n'y avait que cette seule carrière pour un jeune homme capable, et il en parlait avec tant d'enthousiasme que je fus bientôt un de ses plus fervents disciples. C'était un professeur éminent qui avait le talent de faire tout comprendre et de se faire aimer de tous ses élèves; aussi dès mon début au lycée, ma carrière me semblait toute tracée, et mon professeur m'y aidait de toutes ses forces ; par conséquent, sans négliger mes études de latinité, je m'attachais beaucoup aux mathématiques.

Les élèves du Lycée étaient divisés en compagnies de 25 à 30 élèves à peu près du même âge et à peu près de la même classe. A la tête de chaque compagnie il y avait un maître d'études, puis un sergent et un caporal, ces deux derniers pris parmi les meilleurs élèves ; il y avait un dortoir et une salle d'études consacrés à chaque compagnie ; cet ensemble se nommait un quartier. Je fus bientôt caporal, puis peu après sergent ; ces petites distinctions ne contribuèrent pas peu à surexciter mon zèle. Plus tard je fus même nommé sergent-major ; il n'y en avait qu'un seul pour tout le Lycée, c'était un bâton de maréchal pour un élève ; le sergent-major servait en quelque sorte d'aide de camp au capitaine en retraite qui était chargé de nous apprendre toutes les manœuvres, car tout se faisait militairement dans les Lycées du premier empire ; c'était le tambour qui donnait le signal de toutes les occupations de la journée depuis le lever jusqu'au coucher. Le sergent de chaque compagnie faisait mettre les élèves en rang, on descendait ainsi dans la cour en bon ordre et en marchant au pas, le bataillon entier allait dîner ou souper tambour en tête. Lorsqu'il fallait entrer en classe on ne rompait les rangs qu'au commandement fait par le capitaine ou par le sergent-major en l'absence du premier. Tous les jeudis et dimanches nous faisions la manœuvre, les sergents commandaient leur compagnie et devaient par conséquent mieux connaître la manœuvre que les autres élèves. J'avais pris goût à tout cela et je m'y connaissais à tel point que lorsque je quittai le Lycée j'étais capable de faire manœuvrer une compagnie aussi bien que le plus vieux capitaine. Ce petit talent me fut fort utile lorsque plus tard je devins soldat, ainsi que vous le verrez plus loin.

Pendant que j'étais au Lycée j'appris la langue espagnole d'une si singulière manière que je cède au plaisir de vous raconter cette petite histoire :

Il y avait à Clermont beaucoup de soldats espagnols, prisonniers de guerre ; un jour que nous allions en promenade, nous fûmes suivis par un de ces prisonniers qui, lorsque nous fûmes arrivés à destination, aborda quelques petits élèves en leur parlant latin, et comme ceux-ci ne le comprenaient pas bien, ils le conduisirent à un groupe d'élèves plus avancés dans leurs classes ; le hasard fit que j'étais de ce groupe, et comme j'étais alors sergent, l'Espagnol m'adressa la parole en latin et nous raconta qu'il était de *Huesca* en Aragon, qu'il faisait ses études à l'université de Salamanque lorsque la révolution espagnole avait éclaté, qu'il avait dû prendre les armes comme tous ses camarades, qu'on l'avait incorporé dans le régiment des grenadiers de *Palafox* (alors général espagnol en grand renom) et qu'il avait été fait prisonnier lors de la capitulation de Saragosse, où il avait éprouvé toutes les souffrances possibles et couru les plus grands dangers.

Cet Espagnol s'exprimait fort bien en latin et il nous était si supérieur sur ce point-là, que nous conçûmes de suite une très favorable idée de ce pauvre diable si misérablement vêtu, mais qui, du reste, avait une figure fort intelligente. Nous fîmes une collecte entre nous et nous lui donnâmes une soixantaine de francs, pour s'acheter du linge et des vêtements un peu plus présentables. Le dimanche suivant il vint nous retrouver à la promenade, il n'était plus reconnaissable, il avait du linge blanc, la barbe faite, un habit militaire assez propre, enfin il était de tous points très présentable, aussi n'hésitâmes-nous pas à le conduire à M. le Censeur qui ce jour-là nous avait accompagnés à la promenade, comme cela lui arrivait du reste assez souvent.

Ramon Gazol, c'était le nom de notre protégé, nous dit qu'il avait le plus grand désir d'apprendre le français et que, si nous voulions l'aider dans cette étude, il nous apprendrait en peu de temps l'espagnol en nous servant tous du latin pour les explications. Nous achetâmes des grammaires de *Sobrino* et des dictionnaires du même auteur, et après quelques essais nous vîmes que la chose était possible. Le proviseur fit venir Ramon Gazol et, après lui avoir fait raconter son histoire, lui donna l'autorisation de venir tous les jours pendant la récréation donner des leçons à six élèves de bonne volonté. Nous mîmes tous tant de zèle à apprendre l'espagnol et à enseigner le français au bachelier de Salamanque que six mois après nous parlions couramment l'espagnol, et Ramon Gazol avait fait de tels progrès dans la langue française que dix-huit mois après son arrivée à Clermont, il quittait la caserne des prisonniers et s'installait en ville professeur tout à la fois d'espagnol et de français; dès lors son sort s'améliora tellement que lorsque la paix fut faite avec l'Espagne, il hésita longtemps pour se décider à quitter la France, il laissa partir ses compatriotes et ne revit l'Espagne que parce que sa mère lui écrivit à plusieurs reprises pour le rappeler près d'elle; un peu plus loin je reparlerai encore de Ramon Gazol pour rappeler combien il était reconnaissant de ce que j'avais fait pour lui.

Pendant que j'étais au Lycée je pris aussi des leçons d'escrime, et, sans jamais avoir été de première force, j'étais cependant capable de me défendre; ce fut un petit talent qui me fut utile lorsque je devins militaire, et dans une circonstance dont je parlerai bientôt.

Pendant tout le temps que je restai au Lycée, mes études furent dirigées conformément au programme exigé pour l'École polytechnique. J'avais été encouragé à suivre cette carrière, non seulement par goût, mais encore par l'esprit de propagande de nos professeurs de mathématiques et aussi par quelques paroles bienveillantes qui m'avaient été adressées par les inspecteurs généraux des études de l'Empire. Il y avait, en effet, à cette époque, des membres de l'Académie des Sciences qui étaient inspecteurs généraux des études et en même temps examinateurs pour l'admission des élèves à l'École polytechnique ; ils venaient tous les ans, à l'approche des vacances, inspecter les hautes classes du lycée de Clermont, en s'attachant particulièrement à examiner les élèves qui se destinaient aux écoles du gouvernement. Ils se faisaient montrer les cahiers, puis prenant au hasard une proposition mathématique qui avait été étudiée quelques mois auparavant, ils faisaient passer un élève au tableau, lui demandaient la démonstration de cette proposition, et comme pour faire cette démonstration il fallait s'appuyer sur une base admise, ils demandaient la démonstration de cette base ; ils poussaient si loin cette méthode que souvent, tout en partant d'un point élevé des mathématiques, on descendait jusqu'aux principes élémentaires, de sorte qu'ils s'assuraient, de cette manière, si l'élève comprenait réellement ce qu'il apprenait, et s'il n'oubliait pas les objets depuis longtemps enseignés. Il m'a toujours semblé que c'était la bonne manière de faire subir des examens sérieux aux élèves.

Sans jamais primer dans mes classes de mathématiques, j'étais toujours rangé parmi les bons élèves et, à ce titre, j'avais été souvent examiné par les inspecteurs généraux qui, chaque fois, prenaient des notes. Lorsque je fus arrivé à ma dernière année d'études, ces Messieurs me firent subir un examen de près de deux heures, à la fin duquel ils me dirent que j'étais admissible à l'École polytechnique. J'étais au comble de la joie, mais, hélas! je ne me doutais pas que cette joie se changerait si vite en tristesse et que, si jeune encore (je n'avais pas 17 ans 1/2), je ne tarderais point à connaître toutes les tribulations et toutes les peines de l'adversité la plus inattendue.

DÉCEPTIONS ET REVERS.

Tous les ans, lorsque j'allais en vacances, j'étais accueilli par mes parents avec une joie extraordinaire, je faisais avec mon père des excursions dans les beaux sites des environs de Clermont; ces promenades me plaisaient considérablement. Je m'attendais donc bien qu'après avoir terminé mes études avec quelques succès, l'accueil qui me serait fait serait encore plus joyeux que de coutume; il n'en fut cependant rien. Mon père et ma mère me reçurent avec des démonstrations plus amicales que jamais, c'était une tendresse qui débordait en toute occasion, mais il me semblait qu'il y avait de la tristesse au milieu des plus affectueuses caresses; non seulement mon père ne me parlait pas de faire avec lui de ces promenades que nous aimions tant l'un et l'autre, mais encore il me semblait qu'il m'abordait quelquefois avec l'air d'un homme préoccupé, ayant quelque chose à me dire, puis, embarrassé dans sa contenance, il s'éloignait sans parler. J'en fis un jour l'observation à ma mère et je vis aussitôt des larmes dans ses yeux, en même temps qu'elle m'embrassait avec une tendresse infinie. Je me doutais bien qu'il y avait quelques causes secrètes de chagrins, mais ne sachant qu'imaginer, je résolus d'avoir une explication. J'allai donc trouver ma mère dans sa chambre, elle était tout en larmes, je fis auprès d'elle les plus vives instances pour connaître les causes de sa profonde tristesse. Ma mère m'avoua alors, qu'en effet, mon père et elle avaient bien lieu de s'affliger pour leur propre compte, mais que leurs chagrins redoublaient parce qu'ils prévoyaient qu'il leur serait impossible de faire pour moi les dépenses nécessaires à la carrière à laquelle je me destinais, que l'air extraordinaire de mon père provenait de l'embarras où il se trouvait pour me faire connaître l'étendue de leur malheur, qu'il avait pris plusieurs fois la résolution de tout m'avouer, mais qu'au moment de m'ouvrir son cœur, il ne se sentait pas la force de parler. J'insistai alors de la manière la plus affectueuse pour tout savoir, jurant à ma mère que je saurais prendre bravement mon parti pour tout ce qui me concernerait personnellement, mais que je voulais tâcher de mettre un terme à leurs chagrins, et que pour y parvenir, il fallait me faire connaître toute la vérité.

Ma mère me raconta alors que la construction de la maison était la cause de tous leurs malheurs, que mon père n'avait fait cette entreprise que parce qu'il croyait qu'il serait aidé par mon oncle de Chantelle, ainsi que celui-ci lui en avait fait la promesse formelle ; que non seulement mon oncle n'avait rien donné, mais encore qu'à sa mort nous avions été frustrés de la part légitime qui nous revenait dans sa succession ; que pour suppléer à ces deux ressources, il avait fallu faire face aux payements à effectuer pour la construction au moyen des fonds que nous avions dans le commerce, que plus tard on avait reconstitué ce fonds de roulement au moyen d'emprunts onéreux, que pour rembourser ces emprunts il avait fallu vendre successivement le jardin, les vignes et les terres, qu'elle avait même vendu une partie de son patrimoine particulier, qu'à l'aide de tous ces sacrifices on avait pu marcher mais marcher péniblement, que le chiffre des affaires avait par conséquent diminué, que les bénéfices surtout s'étaient gravement ressentis de cette situation et que c'était ce qui avait déterminé mon frère aîné à accepter une place dans les Douanes, place que M. Pajot lui avait fait obtenir.

Ma mère ajouta qu'un malheur tout récent venait de mettre le comble à cette triste position, qu'un maître de forges avec lequel nous étions en relations depuis très longtemps, et qui était pour nous un ami dévoué et un véritable banquier, puisqu'il nous avait accordé un long crédit avec un compte courant en quelque sorte illimité, venait lui-même d'être frappé d'un malheur inattendu. A la suite de la perte d'un procès considérable, cet ami se trouvait obligé de liquider ses affaires; on avait même déjà nommé des liquidateurs chargés d'apurer tous les comptes, et nous devions avoir sous peu des payements à faire pour lesquels il fallait nécessairement se précautionner, etc., etc. Ma pauvre mère me racontait tout cela au milieu des larmes les plus amères.

Je cherchai à consoler ma mère du mieux que je pus en lui disant qu'il ne fallait pas se préoccuper de moi, mais qu'à nous deux, nous allions examiner froidement la situation commerciale et que, lorsque nous la connaîtrions exactement, nous parlerions ensemble à papa pour le décider à prendre le parti le plus convenable.

Ma mère connaissait parfaitement la valeur des marchandises en magasin ; nous compulsâmes ensemble les livres de commerce, et de tout ce travail il résulta pour nous la conviction intime qu'en liquidant de suite et en vendant la maison, il y avait non seulement de quoi payer les créanciers, mais qu'il resterait encore un petit capital dont le revenu, employé avec la plus grande économie, suffirait à faire vivre piètrement la famille jusqu'à des temps meilleurs.

Ma mère préférait l'existence la plus modeste à une situation commerciale qui, depuis le départ de mon frère, ne lui donnait que du chagrin, elle me supplia d'user de toute mon influence auprès de papa pour le décider à vendre la maison et à liquider.

J'allai trouver le notaire de la famille pour lui demander conseil et pour savoir de lui quel prix on pouvait retirer de la maison. Ce notaire me dit alors que mon père, étant venu le voir récemment pour tâcher de trouver de l'argent, en donnant hypothèque sur la maison, il lui avait donné le conseil de la vendre plutôt que de contracter de nouveaux emprunts ; que, dans notre intérêt, il s'était occupé de trouver un acquéreur, qu'il en avait un en ce moment, mais, qu'à son avis, l'offre de cet acquéreur était insuffisante et qu'il lui paraissait plus avantageux de vendre par adjudication publique, mais qu'il n'avait pas osé faire cette proposition à mon père, parce qu'il connaissait toute sa répugnance à prendre ce parti.

La somme offerte au notaire par l'amateur de notre maison était justement celle que, pour porter tout au pis, j'avais fait entrer dans l'évaluation de notre avoir, de sorte que j'étais certain que cet avoir ne serait pas au-dessous de mes prévisions. Je m'empressai de communiquer ces renseignements à ma pauvre mère, qui me pria d'aller tout dire à mon père et de lui demander l'approbation de nos projets. J'obéis à ma mère, et à mon grand étonnement, je vis mon père mieux disposé à suivre nos conseils que je n'osais l'espérer ; il m'avoua qu'il se doutait bien depuis quelques jours que ma mère m'avait mis au courant de leurs affaires, mais que n'ayant jamais eu la force de me faire l'aveu de la situation, il se sentait incapable de suivre lui-même tous les détails de cette liquidation, qu'il s'en rapportait à nos soins, qu'il acceptait avec résignation ce qui lui arrivait, mais qu'il ne pourrait jamais se consoler de me faire manquer une carrière à laquelle j'étais si bien préparé. Tout cela me fut dit avec un tel accent que je sautai au cou de mon père et que nous restâmes longtemps dans les bras l'un de l'autre, versant tous les deux d'abondantes larmes.

Je ne perdis pas de temps, je liquidai les marchandises, je fis rentrer la plus grande partie de ce qui nous était dû, je mis la maison en vente, mais le jour de l'adjudication il ne se présenta malheureusement personne pour l'acheter. L'amateur que le notaire avait procuré maintint son offre, je ne voulais pas consentir à vendre la maison à un prix beaucoup inférieur à sa valeur réelle ; mais comme, d'un autre côté, je tenais beaucoup à tout terminer avant de quitter mes parents, et que les circonstances devenaient de moins en moins favorables, mon père lui-même me pria d'en finir, parce que cet état d'incertitude lui paraissait plus cruel qu'une perte d'argent ; je cédai, mais en obtenant néanmoins que mes parents conserveraient *gratis* pendant 10 ans l'appartement qu'ils occupaient dans la maison.

Cette vente, celle des marchandises, la rentrée des créances qui nous étaient dues, la liquidation de toutes nos dettes, etc., etc., exigèrent plusieurs mois qui me parurent bien longs; pendant ces quelques mois il s'opéra dans toute ma personne un changement extraordinaire tant au moral qu'au physique. De joyeux compagnon que j'étais je devins sérieux, mon visage prit un air grave qui me faisait paraître plus vieux que je n'étais réellement; ma raison, ma conscience me faisaient approuver le conseil que j'avais donné à mes parents, mais ma fierté m'empêchait de fréquenter mes camarades, je ne voyais plus que deux de mes anciens amis, Milliroux aîné et Lizet, qui tous les deux connaissaient l'étendue de nos malheurs et y prenaient une part sincère; j'évitais les autres auxquels il aurait fallu faire des aveux pénibles à mon amour-propre; ainsi l'adversité me frappait au moment même ou d'autres jeunes gens, mes amis, entraient dans la vie sous les auspices les plus favorables.

La fortune de mes parents ne me permettait plus de songer à l'École polytechnique, mon père avait néanmoins consulté notre parent, le général Sauret, pour savoir ce que coûterait mon admission à ladite École; le général répondit qu'en comptant les voyages, les trousseaux, les sommes à payer pour l'École polytechnique et l'École d'application, etc., etc., il fallait compter au moins sur 12 à 13 mille francs de dépenses pour les quatre années, mais qu'il connaissait un moyen d'éviter une charge au-dessus de nos ressources actuelles, qu'il se faisait fort d'obtenir pour moi du Ministre de la Guerre le grade de fourrier, avec la faculté de m'envoyer dans un régiment d'infanterie dont le lieutenant-colonel, commandant le dépôt, n'avait rien à lui refuser, et que si je me comportais bien il m'aiderait à obtenir l'épaulette aussi promptement que les circonstances le permettraient ; que, dans tous les cas possibles, on pouvait compter sur toute sa bonne volonté.

Mon père m'ayant communiqué ce renseignement, je lui dis qu'il n'y avait pas à hésiter, que le moment de la conscription approchait pour moi, que fort et bien portant je n'avais aucun moyen à faire valoir pour être réformé, et que si j'attendais trop longtemps je serais forcé de partir comme simple soldat, qu'entre deux maux il fallait choisir le moindre, que mon parti était irrévocablement pris. J'écrivis donc au général Sauret que j'acceptais de grand cœur l'offre qu'il avait la bonté de me faire, que je lui serais reconnaissant toute ma vie des services qu'il me rendait, etc., etc., qu'il pouvait agir comme il l'entendait, m'en remettant parfaitement à son expérience.

Peu de temps après, le général me fit savoir par ma tante Elisabeth qu'il attendait que j'aie dix-huit ans accomplis ; mais que, dès à présent, je pouvais compter qu'à cet âge je ne tarderais pas à partir et que je pouvais m'y disposer.

Aussitôt que ma résolution fut prise d'accepter les offres du général, je sentis la nécessité de connaître à fond le maniement des armes, avant d'arriver dans un régiment où je devais entrer comme sous-officier ; en conséquence je m'arrangeai avec un sergent de la garde départementale qui passait pour un excellent instructeur ;

il m'apprit non-seulement à manier un fusil, à exécuter toutes les charges et tous les feux, mais encore il m'enseigna la théorie des écoles du soldat de peloton, de sorte que, lorsque je sortis des mains du sergent en question, je connaissais théoriquement et pratiquement tout ce qu'un sous-officier instructeur doit lui-même enseigner à de jeunes soldats. Cette connaissance fut pour moi d'une grande utilité, comme on le verra plus loin.

J'ai dit, il y a un instant, que mon frère aîné avait obtenu une place dans les Douanes par la protection d'un M. Pajot ; je vais vous dire maintenant ce que c'était que ce Monsieur.

M. Pajot, alors secrétaire-général des finances, était originaire de Gannat qu'il avait quitté, il y avait fort longtemps, pour suivre la carrière administrative à Paris ; de grade en grade, il était arrivé, avec le temps, au poste éminent qu'il occupait alors. Comme tous les hommes qui ont fait leur chemin, M. Pajot avait voulu revoir son pays natal ; il avait autrefois beaucoup connu la famille de ma mère et il était proche parent d'une demoiselle de Beauvais, intime amie de ma tante Elisabeth, qui l'avait recueillie chez elle, lorsqu'à la suite des événements de la Révolution, elle avait été expulsée du couvent où elle était religieuse. Il y avait donc bien des années que mademoiselle de Beauvais et ma tante vivaient ensemble sous le même toit, comme deux sœurs. Cette ancienne religieuse était une femme d'un très grand mérite ; elle nous avait tous vus naître et à cause de sa grande intimité avec notre tante, elle nous considérait tous comme des neveux.

Mon frère aîné ayant fait par hasard un voyage à

Gannat, pendant que M. Pajot s'y trouvait, avait eu occasion de le voir et d'en être connu, car ce Monsieur venait tous les jours chez ma tante visiter sa parente ; or, comme Melle de Beauvais savait que mon frère avait l'intention de quitter Clermont, elle demanda à son parent s'il ne lui serait pas possible de procurer à mon frère un bon emploi dans une administration. M. Pajot répondit affirmativement, et peu de temps après, mon frère fut nommé surnuméraire à Anvers, avec promesse d'un avancement rapide ; en effet il ne resta que trois semaines surnuméraire et eut bientôt un emploi qui pouvait suffire à tous ses besoins.

M. Pajot avait choisi l'administration des Douanes de préférence à toute autre, parce qu'à cette époque la France, s'agrandissant tous les jours, il y avait plus de chances d'avancement pour un jeune homme qui se décidait à aller habiter les pays nouvellement réunis. C'est ce qui arriva à mon frère ; d'Anvers il fut envoyé à Nimègue avec augmentation de traitement, de Nimègue il passa à Amsterdam avec un si bel avancement, que quarante ans plus tard, il n'avait pas plus d'appointements fixes à Hazebrouck qu'il n'en avait à Amsterdam, presque au début de sa carrière administrative ; il est vrai qu'après la chûte de l'Empire beaucoup d'employés des douanes ne purent être replacés. C'est ainsi qu'après une interruption de service de plus d'un an, mon frère dut recommencer sa carrière comme s'il débutait dans l'Administration.

Ainsi au moment où, après avoir fait la liquidation du commerce de mes parents, je me disposais à partir comme militaire, mon frère aîné était à Nimègue, mon plus jeune frère était à Gannat chez ma tante qui s'était chargée de lui aussitôt qu'elle avait connu la nouvelle position de ma famille, et par conséquent, orsque je serais parti, le ménage se trouverait réduit à mon père, à ma mère et à mon frère Auguste qui avait alors douze à treize ans.

JE PARS DE CLERMONT, SAC AU DOS.

Pendant que tous les événements que je viens de raconter se passaient, le temps s'écoulait et le 20 février 1812 étant arrivé, je m'attendais par conséquent à voir se réaliser d'un jour à l'autre le projet conçu par le général Sauret. En effet, dans les premiers jours de mai, je reçus un pli ministériel qui n'aurait pas été plus grand s'il eût contenu mon brevet de maréchal de France; c'était tout simplement un ordre de départ du Ministre de la Guerre pour joindre en qualité de fourrier le 26e régiment de ligne à Napoléon-Vendée, avec indemnité de route de *trois sols par lieue*. Vous voyez, mes chers amis, qu'il n'y avait rien de poétique dans un pareil ordre et que mes débuts n'étaient pas brillants. Je m'attendais bien, depuis un certain temps, a quelque chose de semblable, néanmoins quand on est jeune, l'imagination trotte toujours et se plaît à bâtir de beaux châteaux en Espagne, je m'imaginais donc dans mes moments d'illusions que quelque bonne fée interviendrait en ma faveur et que je pourrais débuter d'une manière moins pénible dans le rude métier que j'allais entreprendre. Pour être sincère je dois avouer que, lorsque je reçus l'ordre de me rendre à mon poste, je fus vivement ému, mais je le fus bien plus encore lorsque je vis ma pauvre mère s'abandonner à toute sa douleur. Sans m'en faire part, elle avait comme moi des illusions, elle espérait que quelque bon ange m'aurait pris sous sa protection pour me faire rester près d'elle; hélas! les prières de la sainte femme n'avaient pas été exaucées! il fallait la quitter. Comme un noyé qui s'accroche à toutes les branches de la rive, ma mère ne pouvant me retenir me conjura de ne partir qu'à la fin du mois, je ne pouvais pas refuser, il fut donc décidé que je quitterais Clermont le mardi de Pâques, 30 mars 1812.

Comme je voulais consacrer à mes parents les derniers jours que je devais rester auprès d'eux, j'allai à Gannat faire mes adieux à ma tante Elisabeth et au général Sauret. Celui-ci me loua beaucoup de la ferme résolution que j'avais prise, m'assura de tout son dévouement, me dit qu'il écrirait le lendemain au lieutenant-colonel pour annoncer mon prochain départ et me recommander de nouveau, et que le soir même il m'enverrait chez ma tante une lettre d'introduction que je remettrais moi-même à mon chef. Effectivement le même soir je reçus la lettre du général; elle était ouverte, je pus donc en prendre connaissance, elle était on ne peut plus chaleureuse.

En me quittant le général m'avait dit : « N'allez pas croupir dans les bureaux du quartier-maître de votre régiment, soyez franchement soldat, servez avec zèle, comportez-vous bien, vous arriverez à l'épaulette presque aussi vite que si vous aviez été aux Écoles, et au moins on ne dira pas de vous que vous sortez du *magasin.* » *Magasin* était le mot usité parmi les troupiers pour désigner ironiquement Saint-Cyr, Saint-Germain, et l'École polytechnique; car dans les premières années de l'Empire, et alors qu'il n'y avait encore que très peu d'officiers sortant des Écoles, ils n'étaient pas toujours vus d'un bon œil par les sous-officiers qui avaient fait la queue et qu'ils venaient supplanter. Par forme de péroraison le général ajouta en finissant : « Je suis parti simple soldat et cela ne m'a point empêché de devenir général de division et membre du corps législatif : faites comme moi, je vous aiderai tant que je pourrai. »

Je partis le lendemain pour Clermont, et comme ma tante me voyait fort ému et qu'elle l'était elle-même beaucoup, elle chercha à m'encourager et à me consoler, en m'assurant que je ne devais pas m'inquiéter du sort de mon père et de ma mère, qu'elle les aiderait de toutes ses forces, et en nous séparant elle me donna quelques napoléons en s'excusant de ne pouvoir me faire un plus riche cadeau.

De retour à Clermont on agita la question de savoir comment je me rendrais au régiment ; il n'y avait pas de diligence partant de Clermont pour Napoléon ; pour faire la route en voiture, il fallait aller de Clermont à Paris, puis de Paris à Nantes où l'on pouvait prendre une carriole de messager faisant deux fois par semaine le trajet de Nantes à Napoléon. Je déclarai que puisque j'étais fantassin, il fallait m'habituer à la marche et qu'en conséquence je partirais à pied et sac au dos. Je fus si ferme dans cette résolution qu'on ne put m'en faire changer ; j'avais calculé approximativement ce que m'aurait coûté un voyage en diligence de Clermont à

Napoléon en passant par Paris et Nantes, et j'avais reconnu qu'en supposant que mes parents me donnassent quelques napoléons à mon départ, j'aurais absorbé toutes mes ressources pour le seul voyage ; puis je n'aurais pas eu le moindre argent pour mon arrivée au régiment où je savais cependant qu'il y aurait quelques dépenses à faire ; le général Sauret m'avait en effet tracé la marche que j'avais à suivre. « N'avouez à personne, m'avait-il dit, que vous êtes pauvre, mais ne vous faites point passer pour riche ; choisissez bien vos amis, fuyez les mauvais sujets, mais au besoin sachez payer une bouteille à quelques vieux sous-officiers tranquilles et rangés qui deviendront bientôt pour vous de bons camarades ; ne faites point parade de votre instruction, soyez simple avec eux, écrivez leurs lettres et rendez-leur tous les petits services qu'ils vous demanderont, mais ne prêtez pas d'argent, et pour qu'on ne soit point tenté de vous en demander ne montrez point celui que vous pourriez avoir, employez-le particulièrement à soigner votre tenue militaire, c'est essentiel, c'est indispensable, mais ne faites pas le *muscadin*. »

En partant à pied, *sac au dos*, j'avais calculé qu'avec les quinze francs environ que je toucherais pour mon indemnité de route à *trois sols par lieue*, avec les quelques napoléons que ma tante Élisabeth m'avait donnés et à peu près pareille somme que j'avais de ma bourse de jeune homme, j'aurais de quoi faire la route et avoir encore quelque argent pour les premiers temps de mon arrivée au régiment. Il fut donc décidé irrévocablement que je partirais à pied, *sac au dos*, le mardi de Pâques, 30 mars 1812. J'achetai un vieux sac militaire, et ma mère, aidée d'un voisin qui avait servi, s'appliqua à faire entrer dans ce sac tout ce qu'elle imagina pouvoir m'être utile ; mais malgré toute la science du voisin dans l'arrangement de mon bagage, le sac fut insuffisant et l'on ajouta par dessus un paquet proprement arrangé et ficelé dans lequel on mit les objets qui ne pouvaient pas entrer dans l'intérieur ; on fit si bien que mon havre-sac avait atteint un poids très respectable dont mes pauvres épaules firent la triste expérience.

La veille du jour fixé pour mon départ, Ramon Gazol, le prisonnier espagnol dont je vous ai parlé précédemment, vint me voir et me faire ses adieux.

« Je connais, me dit-il, tous vos malheurs, j'y prends la part la plus vive, je sais que vous allez entrer dans un régiment qui est en Espagne, et comme vous pouvez être fait prisonnier comme je l'ai été moi-même, prenez cet écrit et montrez-le à ceux de mes compatriotes entre les mains desquels vous serez tombé, j'ai déjà fait connaître votre nom et votre conduite à mon égard à ma mère et à mon oncle Esteban Gazol, chanoine à la cathédrale de *Huesca*, mettez-vous au besoin sous leur protection, je suis certain qu'ils feront tous les deux leur possible pour acquitter la dette de reconnaissance que j'ai contractée à votre égard et que je n'oublierai jamais. » Il me remit ensuite un écrit en espagnol, dans lequel il racontait la conduite que mes camarades et moi avions tenue à son égard ; il vantait en termes emphatiques, à la mode espagnole, les services que nous lui avions rendus, il s'appesantissait particulièrement sur mon compte, parlait des malheurs de ma famille et priait de la manière la plus chaleureuse ses compatriotes d'être grands et compatissants pour moi, si le sort des armes me faisait tomber entre leurs mains ; et pour le cas où ils ne croiraient pas devoir ajouter foi à cet écrit, il les engageait à prendre des renseignements sur mon compte auprès de sa mère et de son oncle, le chanoine Esteban Gazol, à *Huesca*.

Je remerciai beaucoup Ramon Gazol de son bon procédé et de ses bonnes intentions, je lui fis mes adieux et nous nous séparâmes pour ne plus nous revoir, car lorsque je revins à Clermont en 1814, ce brave Espagnol était déjà parti pour son pays.

M. Riché vint aussi m'apporter une autre pièce qui, comme la précédente, me fut inutile, mais que je reçus néanmoins avec un grand plaisir. M. Riché était un architecte, ami de mon père, qui connaissait très parfaitement le général de division Becker, autrefois l'aide-de-camp favori du fameux général *Desaix*, mort dans ses bras à Marengo, et dont il avait épousé la sœur. A la suite de ce mariage, il était venu habiter un très beau château aux environs de Clermont, dans le pays même qui avait vu naître le général Desaix.

Le général *Becker* avait longtemps commandé le département et jouissait dans tout le Puy-de-Dôme d'une très grande considération. Sur la recommandation de M. Riché, le général *Becker* m'avait adressé une lettre qu'il m'autorisait à montrer à tous les chefs militaires que je pourrais avoir, et par laquelle il me recommandait de la manière la plus chaleureuse à leur bienveillance ; il parlait des études que j'avais faites, du dévouement que j'avais montré pour mon honorable famille, et se portait en quelque sorte garant de ma bonne conduite, etc., etc. Enfin cette lettre était on ne peut plus flatteuse pour moi, mais elle ne me fut d'aucune utilité car je ne la montrai à personne

Je mis sous enveloppe l'écrit de Ramon Gazol et les deux lettres des généraux *Becker* et *Saurel*, j'entourai le tout d'un morceau de taffetas gommé et je mis ce paquet dans une poche pratiquée dans la doublure du côté gauche de mon gilet, de manière à ce que ces pièces ne pussent ni se mouiller ni se perdre.

Le jour de mon départ étant arrivé, je me disposai à me mettre en route; je n'avais pas dormi de la nuit, c'était la première fois que je quittais mes parents et cette séparation serait peut-être éternelle. Je n'avais cependant pas peur de la mort ni des fatigues que j'allais éprouver, je voyais encore les choses au travers d'un certain prisme qui ne tarderait point à être brisé, mais je songeais uniquement à mes parents et surtout à ma pauvre mère qui, déjà privée de son fils aîné, allait voir partir le second pour l'armée, et se trouvait réduite à la plus modique position de fortune.

Je n'oublierai jamais les cruels moments de cette journée, les détails en sont encore gravés dans ma mémoire comme s'ils dataient d'hier. Ma mère me fit venir dans sa chambre, elle avait passé la nuit à pleurer et à prier; elle me fit alors toutes les recommandations qu'une mère tendre et pieuse peut faire à un fils chéri qu'elle ne reverra peut-être plus, ses larmes inondaient son visage et se mêlaient aux miennes, je la tenais serrée dans mes bras et ne pouvais m'en détacher; mon père vint me dire que plusieurs de mes amis m'attendaient pour m'accompagner jusqu'à une certaine distance de la ville et qu'il voulait aller avec eux. Ma mère me mit alors dans la main un petit paquet qu'elle me pria d'accepter et de conserver le plus longtemps possible comme un tendre et pieux souvenir, car c'était le reste de sa bourse de jeune fille ; mais ce reste était, me dit-elle, malheureusement très modique. Mon premier mouvement fut de refuser, mais mes instances furent vaines, et comme je craignais de chagriner ma pauvre mère en refusant son cadeau, je cédai, je l'embrassai une dernière fois et la laissai aux soins d'une dame de ses amies qui arrivait pour passer près d'elle les premiers moments d'une si cruelle séparation.

Quelques amis de mon père l'avaient forcé de prendre les devants et l'avaient conduit hors la ville, sur la route que je devais suivre ; mes amis m'attendaient, nous prîmes des rues désertes pour ne pas traverser les quartiers où je pouvais rencontrer des personnes de connaissance.

A une petite distance de la ville nous retrouvâmes mon père et ses amis, et tous ensemble nous allâmes jusqu'à la Baraque, point où la route de Limoges, que je devais suivre, se sépare de celle de Bordeaux. Nous nous trouvâmes là réunis une douzaine de personnes. *Préat*, qui a été longtemps intendant militaire à Lille, était du nombre : je ne sais s'il est encore vivant, mais s'il est mort, je suis le seul survivant de tous ces amis.

Le moment de se séparer était arrivé, je ne voulus pas qu'on me conduisît plus loin ; mon père, qui jusque-là avait montré une certaine fermeté, avait la figure toute bouleversée, il pleurait comme un enfant sans dire un mot, je l'embrassai convulsivement, ses amis nous séparèrent, je dis adieu à tous mes camarades, je mis mon sac sur le dos et je pris la route de Limoges en me retournant à chaque instant pour voir aussi longtemps que possible le groupe chéri que je venais de quitter. Lorsque j'eus perdu de vue mon père et mes amis, je me retournai encore plusieurs fois pour voir la ville ; enfin elle disparut à mes regards et je m'acheminai assez tristement vers Pontgibaud, qui était ma première étape, et où je devais commencer à comprendre que le sort qui m'était réservé n'était pas aussi facile à supporter que je le supposais.

PONTGIBAUD.

J'avais à Pontgibaud un compagnon d'études qui était sorti du Lycée en même temps que moi, et m'avait fait promettre d'aller le voir pendant les vacances. Les divers événements que je viens de vous raconter m'avaient empêché de tenir ma promesse, mais comme j'étais sur le point de quitter mon pays peut-être pour toujours, je m'étais bien promis d'aller faire mes adieux à mon ami Boutarel.

En arrivant à Pontgibaud, je déposai donc mon sac dans une auberge et je me fis conduire chez cet ami ; je le trouvai à table avec un jeune officier que je reconnus de suite pour être *M. Hervié* dont j'avais souvent entendu parler comme d'un jeune homme d'une grande capacité, ayant fait d'excellentes études et remporté constamment tous les premiers prix. Je l'avais vu souvent lorsqu'il venait visiter son frère, élève au lycée de Clermont, et comme on parlait beaucoup de ses succès dans ses études, je l'avais attentivement examiné, mais je ne lui avais jamais parlé. Son père, vieil officier en retraite et sans fortune, avait obtenu pour son fils aîné une bourse entière à St-Cyr d'où il était sorti, depuis environ deux ans, comme sous-lieutenant au 27ᵉ de ligne, avec ordre d'aller rejoindre son régiment en Espagne.

Les parents de Boutarel étant absents de Pontgibaud, *Hervié* et mon ami se trouvaient en tête-à-tête, on m'engagea à faire le troisième convive et j'acceptai.

« *Je ne comptais plus sur la visite, me dit* BOUTAREL, » *je te croyais à l'École polytechnique, comment se fait-il* » *que tu sois ici au mois de mars ?* »

Je répondis que, sur le conseil du général Sauret, mon parent et mon protecteur, je n'étais point entré à l'École polytechnique, que j'avais accepté d'entrer comme fourrier au 26ᵉ de ligne, dont le lieutenant-colonel était un ami et un obligé du général Sauret, et qu'on m'avait assuré qu'à l'aide de cette protection, j'arriverais aussi promptement à l'épaulette que si je fusse entré à une École militaire.

En entendant ces paroles, M. Hervié fit un bond sur sa chaise en me disant : « Malheureux, qu'avez-vous fait ? Comment peut-on comprendre que, pouvant entrer à l'École polytechnique, on vous ait conseillé d'accepter le grade de fourrier dans un régiment de ligne ? Mais votre parent, tout général qu'il est, vous a fait faire une grande sottise. Votre régiment est en Espagne, je le connais parfaitement, puisqu'il était de notre corps d'armée. Votre régiment, comme le mien, ont souffert en Portugal et en Espagne, tout ce qu'il est possible d'imaginer, sans être dédommagés par quoi que ce soit, car l'armée d'Espagne est totalement oubliée, elle n'a pas d'avancement et elle manque de tout. Vous ne savez probablement pas ce que c'est que de faire campagne, comme fantassin, dans un pays comme l'Espagne, portant sabre, fusil, giberne et sac sur le dos, avec 7 à 8 jours de vivres, *quand on peut en avoir*, ce qui est assez rare, car nous avons été souvent réduits à manger des glands un peu moins durs, il est vrai, que ceux de nos montagnes d'Auvergne, mais qui, en définitive, n'ont pas été créés pour servir de nourriture à l'homme. Que de jeunes gens j'ai vu mourir de misère, de fatigues ! Pour résister, il faut avoir été élevé aux rudes travaux des champs; mais, pour un lycéen qui vient de piocher des x, c'est à mourir de regrets. Je n'ai fait la guerre que comme officier, je n'ai pas eu de sac ni tout l'attirail militaire à porter, et cependant je serais probablement mort à la peine, si une bonne balle à la hanche ne m'avait fait rentrer en France, tout à la fois pour guérir ma blessure et rétablir ma santé délabrée. Retournez donc bien vite à Clermont, dites que vous avez reconnu votre erreur et entrez à l'École polytechnique, s'il en est encore temps, ou tout au moins à St-Cyr d'où vous sortirez officier; tandis que si vous allez au 26me vous serez probablement très longtemps à obtenir l'épaulette. Dans votre régiment, comme dans le nôtre, j'ai vu, en Espagne, des sergents-majors qui avaient de l'instruction et qui, depuis 6 à 7 ans, portaient des galons. »

Je laissai M. Hervié exprimer toutes ses pensées ; il me parlait d'un air si convaincu et paraissait me porter tant d'intérêt, que je fus profondément touché de ses paroles dont je commençais à comprendre toute la vérité; car, pour venir de La Baraque à Pontgibaud, mon sac m'avait déjà paru si lourd que j'avais éprouvé un grand soulagement lorsque je l'avais déposé dans l'auberge où j'étais descendu, et cependant ma marche n'était pas alourdie par un sabre, un fusil, une giberne et tout l'attirail militaire.

Je faisais mentalement toutes ces réflexions; mais comme je savais qu'il n'y avait pas de remède, que j'avais contracté un engagement militaire en prenant une feuille de route, et que, d'un autre côté, mon amour-propre, ou pour mieux dire, une fausse honte d'avouer la nouvelle position de fortune de mes parents, m'empêchait de dire franchement que je ne pouvais plus songer aux Écoles du gouvernement, je répondis à M. Hervié que j'avais une bonne santé, un corps robuste capable de résister à toutes les fatigues, qu'il était, d'ailleurs, trop tard pour reculer, que je me rendrais à mon régiment, et qu'après avoir vu de près toutes les difficultés, j'aviserais aux moyens de faire ce qu'il me conseillait; mais que l'avant-veille de mon départ j'avais vu un capitaine de son propre régiment qui m'avait annoncé que le 26me sortait d'Espagne, après y avoir éprouvé de grandes pertes, et qu'il rentrait en France pour se réorganiser, se recruter et aller joindre la grande armée; que, par conséquent, j'avais l'espoir de ne pas faire mes premières armes en Espagne.

Comme c'était la première fois que je me trouvais avec un officier instruit, ayant fait la guerre et en parlant en bons termes, je ne me lassai pas de faire des questions à M. Hervié et de le faire causer sur cette malheureuse guerre d'Espagne qui commençait à préoccuper vivement l'opinion publique en France

M. Hervié, admirateur passionné de l'Empereur, avouait que Napoléon avait fait une lourde faute en entreprenant la guerre d'Espagne dont on ne prévoyait pas la fin, où nos meilleures troupes périssaient tous les jours de faim, de misère ; où tout soldat qui avait le malheur de s'écarter de la route ou de rester en arrière de quelques centaines de mètres, était lâchement assassiné ; où nos convois étaient incessamment attaqués, pillés, nos malades et nos blessés cruellement tués ; où la conformation des lieux et les nombreux défilés des montagnes rendaient l'attaque des convois excessivement facile par quelques bandits embusqués derrière quelques rochers inaccessibles à des troupes en marche, de sorte que tous les jours on perdait des hommes sans profit et sans gloire. L'armée, sans cesse inquiétée dans ses marches, était constamment tenue en alerte. Lorsqu'elle voulait poursuivre les guérillas qui la harcelaient, elle s'épuisait en fatigues inutiles, sans pouvoir atteindre l'ennemi qui se dispersait dans toutes les directions.

M. Hervié me donnait alors les primeurs des récits que j'ai entendu plus tard faire bien souvent aux feux de nos bivouacs, en Allemagne, et dont j'ai pu, par conséquent, vérifier et contrôler la trop malheureuse exactitude. Il nous raconta la fameuse expédition de Portugal où les Français, manquant de tout, furent plus de six mois sans recevoir une seule nouvelle de France. Les guérillas espagnols et portugais étaient sans cesse sur les côtés et sur les derrières de l'armée française, les Anglais étaient en face, toujours dans des positions inexpugnables, ne s'avançant que peu à peu lorsque les Français reculaient faute de vivres et cherchaient à en trouver ailleurs. Si dans leurs mouvements en avant, les Anglais se heurtaient à des corps français, ce qui arrivait rarement, car ayant pour eux toute la population du pays, ils étaient toujours exactement renseignés, ils n'avaient pas honte de reculer pour occuper une meilleure position bien connue et bien étudiée ; si, au contraire, les Anglais se trouvaient en nombre plus que suffisant dans une très forte position, ils taquinaient les Français pour en être attaqués dans des conditions qui leur garantissaient presque toujours la possibilité de nous faire éprouver de grandes pertes, sans courir eux-mêmes de grands dangers, en cas de revers.

Vous me pardonnerez, mes chers amis, de vous fatiguer peut-être de récits de guerres qui vous intéressent probablement très peu, mais j'entre dans ces détails pour vous faire comprendre que, dès mes débuts dans l'état militaire, j'en connaissais le mauvais côté, et pour vous montrer qu'il n'y avait rien de bien encourageant pour moi.

Le soir était arrivé, je sentais le besoin de me retirer pour prendre un peu de repos, ces Messieurs me conduisirent jusqu'à mon auberge où, après de cordiales poignées de mains, nous nous séparâmes.

Je n'ai plus revu Hervié, j'ai su qu'il avait été longtemps à se guérir de sa blessure et à rétablir sa santé alors fort délabrée, mais qu'il avait néanmoins fait la campagne de 1814, et qu'à la première chute de l'Empire il était parti pour l'Amérique. Je n'en ai pas entendu parler depuis cette époque.

Lorsque je fus dans ma chambre d'auberge, je défis le petit paquet que ma mère m'avait remis au moment de la quitter, et à mon grand étonnement j'y trouvai 12 louis de 24 livres. Chacune de ces pièces ne valait alors que 23 francs 45 centimes, car elles avaient été démonétisées et n'étaient plus reçues pour leur valeur primitive. Presque tous ces louis étaient ce qu'on appelait des *louis à lunette*, parce que l'écusson avait exactement la forme d'une lunette ; ils dataient presque tous de Louis XV.

En voyant cet or que ma mère possédait depuis si longtemps, qu'elle avait gardé secrètement au milieu de tous les événements de la Révolution et de tous les malheurs qui venaient de l'assaillir, comme un marin garde et réserve l'ancre de miséricorde pour le moment du plus grand danger, je compris tout le sacrifice qu'elle avait fait pour moi, puisqu'elle se dépouillait d'une somme qui, sans être importante, pouvait cependant lui être bien utile dans la triste situation où elle se trouvait. Je fondis en larmes, et ne savais que faire, je discutais avec moi-même quel serait le meilleur parti à prendre ; je voulus d'abord renvoyer cet argent à ma mère, mais comment le renvoyer avec sécurité ? je n'en trouvai pas le moyen ; aller le reporter moi-même, c'était renouveler toutes les douleurs de mes parents, je n'aurais pu assigner à mes amis aucun motif plausible de ce retour ; j'aurais semblé reculer devant le sort qui m'était réservé, manquer de courage et d'énergie ; je finis donc par me persuader qu'il fallait garder cette somme comme un dépôt sacré, quitte à le renvoyer plus tard à mes parents s'ils en avaient besoin ; qu'arrivé au régiment je pourrais avec plus de sangfroid prendre un parti raisonnable, et qu'enfin, si je me décidais à garder pour moi ce petit trésor, n'en faire usage qu'à la dernière extrémité. Je tins scrupuleusement la promesse que je m'étais faite à moi-même, car à mon retour de l'armée, je rapportai à Clermont quatre de ces louis à lunette et je les montrai avec orgueil à ma mère.

Je profitai des dernières lueurs de ma chandelle qui

allait s'éteindre pour serrer les 12 louis dans un papier et les mettre dans un des bouts de ma bourse, je liai ce bout avec un morceau de fil, j'y plaçai ensuite les quelques napoléons qui m'appartenaient et qui se trouvèrent ainsi séparés de l'or de ma mère, et j'enfonçai le tout dans une poche profonde de mon pantalon. Quant à l'argent blanc que je possédais, je le gardai dans mon gousset pour mes dépenses journalières.

Je dois dire ici que lorsque je revins à Clermont, au mois d'août 1814, non seulement j'avais encore la bourse dont ma mère m'avait fait cadeau, mais que je l'ai conservée pendant plus de quarante ans comme une relique, quoique je m'en fusse bien servi dans mes voyages. Au moment même où j'écris ces lignes, votre mère se souvient parfaitement de cette bourse qui, à mon grand regret, a dû s'égarer dans quelque déménagement.

Ma chandelle allait s'éteindre, je me mis au lit, mais je ne pus dormir de toute la nuit, quoique la route que j'avais faite et toutes les émotions que j'avais éprouvées depuis quelques jours m'eussent rendu bien nécessaire le repos du corps et de l'esprit.

Le lendemain matin, je me mis en route de bonne heure pour Saint-Avit qui était ma seconde étape.

SAINT-AVIT.

La fraîcheur du matin et l'air vif des montagnes calmèrent assez promptement l'agitation fébrile de la nuit ; je réfléchissais à tout ce que m'avait dit Hervié, et toutes les fois qu'un sentier abrupt, mais raccourcissant le chemin, se présentait à mes regards, aux nombreux lacets de la route, je prenais ce sentier pour essayer mes forces et voir si un jour je pourrais gravir les montagnes avec tout mon bagage militaire. Soit exaltation, soit que mon corps robuste me fît supporter facilement la fatigue, je marchais d'un pas allègre ; je fus même si content de moi dans ce début que je commençai à croire qu'Hervié avait un peu chargé le tableau, mais je ne devais point tarder à reconnaître mon erreur ; le jour même j'allais passer par une première épreuve assez rude.

J'avais marché avec courage, j'avais dépassé *la halte* où je m'étais arrêté pour déjeuner, je n'étais plus qu'à deux lieues de Saint-Avit, lorsque je fus surpris par un orage épouvantable : vent, pluie, grêle, tonnerre, éclairs, rien n'y manquait. J'étais au sommet d'un haut plateau dénudé, pas un arbre, pas une maison dans le voisinage, mais il y en aurait eu que je n'aurais pas pu les voir, car à dix pas on ne pouvait rien distinguer, tellement le ciel était obscurci par de gros nuages, et tellement la pluie tombait avec abondance. En moins d'un quart-d'heure je fus mouillé comme si j'avais traversé une rivière, mon sac avait doublé de pesanteur, j'accélérai la marche dans l'espoir de trouver un abri quelconque. Je calculai que Saint-Avit ne pouvait pas être bien loin, et comme il eût été imprudent de m'arrêter dans l'état où j'étais, je pris la résolution de marcher, sans m'arrêter, jusqu'à l'étape où j'arrivai enfin dans un état facile à comprendre.

A la première enseigne où je vis briller les mots :

Bon logis à pied et à cheval, je m'arrêtai, la porte de l'auberge était toute grande ouverte et un grand feu flambait dans l'âtre. J'entrai dans cette auberge, j'eus beaucoup de peine à me débarrasser de mon sac tellement il était alourdi par l'eau, et tellement les courroies me présentaient de difficultés pour défaire la cheville. Je me plaçai devant le grand feu, je défis successivement tous mes habits, ma chemise était tellement mouillée et j'étais moi-même tellement en sueur que mon corps fumait comme celui d'un cheval de poste après un long trajet fait au galop. Je débouclai mon sac pour changer de linge et de vêtements, mais tous mes effets y étaient aussi mouillés que ceux que j'avais sur le corps. Cependant au milieu du sac je trouvai une chemise qui l'était un peu moins que les autres, je la mis devant le feu et j'allais attendre qu'elle fût un peu sèche, lorsque la dame de la maison qui repassait du linge dans un coin de la pièce commune, m'offrit de sécher cette chemise plus promptement avec son fer à repasser; j'acceptai avec empressement cette proposition, et pendant qu'on s'occupait activement à préparer cette chemise, l'aubergiste avait fait allumer un grand feu de fagots dans la pièce voisine, car le foyer de la cuisine était déjà inabordable, tellement il était encombré. Mon hôte me proposa de m'aider à sortir de mon sac tout ce qu'il contenait et à porter au fur et à mesure tous ces effets devant le grand feu de ma chambre; nous fîmes donc ensemble cette opération, et quand elle fut terminée, ma chemise était repassée et à peu près sèche, mais comme le pantalon que j'avais sur le corps était ruisselant, mon brave homme d'aubergiste eut pitié de moi et m'offrit les sabots et un pantalon de son fils que j'acceptai avec grand plaisir. Toute ma toilette consistait donc en des sabots, un pantalon de montagnard en gros drap gris bleu, pas de bas et une chemise peu sèche.

La cheminée de ma chambre étant encombrée du grand nombre d'effets que j'avais mis à sécher, je revins dans la salle commune où je pouvais me chauffer plus commodément et où j'avalai une cassette de soupe aux choux toute brûlante qui me fit grand bien. Je fus bientôt remis, et tout le premier je me mis à rire de l'aventure et de la manière dont j'étais affublé.

L'aubergiste très complaisant, mais curieux comme le sont tous les gens de son métier, me voyant remis, ne demandait pas mieux que de causer avec moi, d'autant plus qu'il ne comprenait pas trop quel personnage je pouvais être, puisqu'il voyait d'assez beaux effets bourgeois dans un sac militaire.

« Monsieur vient-il de loin ? Monsieur n'est sans doute pas du pays ? » etc., etc., me dit-il.

Je répondis que j'étais et que je venais de Clermont et que j'allais joindre mon régiment à Napoléon-Vendée.

— « Ah ! vous êtes de Clermont, j'y vais à peu près toutes les foires ; connaissez-vous Messieurs tels et tels. » Et mon homme me citait des cabaretiers du faubourg de Foutgièvre. Je répondis que je connaissais bien ces noms-là pour être portés par des gens de Clermont, mais que je ne connaissais pas les personnes. Il en parut presque étonné. « Eh bien ! me dit-il (probablement pour m'éprouver), vous connaissez sans doute madame *Delriges*, car elle a un fils à peu près de votre âge ?

— Oui, répondis-je, je connais parfaitement madame veuve *Delriges* qui demeure près du poids de Ville ; mais je ne peux pas connaître son fils car elle n'en a pas, elle n'a qu'un enfant et c'est une demoiselle de 18 à 20 ans, grande, blonde et un peu pâle.

— C'est bien cela, me dit-il, vous connaissez madame *Delriges* et moi aussi je la connais, car je vais souvent chez elle pour des commissions dont je suis chargé par ma plus proche voisine, une vieille dame dont la mère a été longtemps en pension à Clermont et sortait chez madame *Delriges*. Cette demoiselle n'est plus en pension maintenant, mais elle va encore chez madame *Delriges* de temps en temps, elle y a même passé cette année une partie de l'automne.

— Je connais la demoiselle dont vous me parlez, lui répondis-je aussitôt, c'est une jeune personne de 18 à 19 ans qui a de belles couleurs, les yeux et les cheveux noirs et qui est fort gaie. Je ne connais pas son nom de famille, mais on l'appelle toujours Mlle *Miette*.

— C'est bien cela, reprit mon hôte, vous êtes bien réellement de Clermont.

Comme j'allais de temps en temps du foyer de la cuisine au foyer de ma chambre pour voir si tous mes effets étaient bien placés pour sécher et pour les retourner, je m'aperçus que l'aubergiste était sorti pour aller dire à Mlle *Miette* qu'un Monsieur de Clermont qui la connaissait fort bien venait d'arriver chez lui, qu'il était militaire et allait rejoindre son régiment avec le grade de fourrier, etc., etc.

Mon hôte était rentré depuis quelques instants sans me faire part des confidences qu'il venait de faire à sa voisine, lorsque je vis arriver Mlle Miette ; elle me reconnut de suite et se mit à rire aux éclats en me voyant dans un costume aussi baroque. Je crus bien faire de rire autant qu'elle, mais au fond j'étais fort contrarié d'être saisi dans cet équipage et vexé du peu de compassion qu'excitait ma mésaventure.

« *Mais comment êtes-vous ici, M Faucheur ? me dit-elle, je vous croyais à l'École polytechnique et je ne comptais vous revoir qu'en habit d'officier.* »

Il me fallut alors raconter à Mlle Miette la même histoire qu'à Pontgibaud ; mais elle ne connaissait pas comme M. Hervié la différence énorme entre les fatigues d'un fourrier et celles d'un officier, surtout en temps de guerre, elle ne voyait que la différence entre les galons et l'épaulette, et comme je tenais peu à lui faire connaître les véritables causes qui m'avaient forcé à prendre le parti que je paraissais avoir choisi, je changeai de sujet de conversation et nous parlâmes de Clermont et des personnes qu'elle y connaissait. Comme c'était une franche rieuse, elle pouffait de rire en me regardant de temps en temps, et en vérité ma tenue prêtait à la gaieté : j'étais en sabots, j'avais un gros pantalon de montagnard, un peu trop court, qui laissait voir le bas de ma jambe nue, il y avait en effet une distance respectable entre mes sabots et le bord inférieur de mon pantalon.

Après trois quarts d'heure de conversation nous nous séparâmes pour ne plus nous revoir. J'étais fort fatigué et je me mis au lit, après avoir obtenu de mon hôtesse la promesse que tous mes effets seraient bien secs et bien repassés pour le soir même, afin de pouvoir me remettre en route le lendemain matin. Je dormis parfaitement toute la nuit, et à mon réveil je vis avec joie tous mes effets placés avec soin sur la table de ma chambre. Je me mis à refaire mon sac, et ce ne fut pas sans peine que j'y parvins, car c'était la première fois que je m'occupais de pareille besogne.

Je remerciai bien sincèrement l'aubergiste et sa dame des bons soins qu'ils avaient eus pour moi, je soldai leur note et je me mis en route pour Aubusson.

AUBUSSON.

Tout en cheminant vers Aubusson je pensais sérieusement à la mauvaise position où je me serais trouvé, si au lieu de rencontrer sur ma route une auberge dans laquelle j'avais été bien soigné et convenablement nourri, j'avais dû coucher sur la terre humide d'un bivouac où je n'aurais rien trouvé à manger et n'aurais pu que très imparfaitement me sécher.

Je ne pouvais pas me dissimuler que l'orage qui m'avait si bien trempé la veille ne serait pas le dernier, et alors le tableau de toutes les misères si bien décrites par M. Hervié apparaissait de nouveau à mes yeux, et je recommençais à comprendre que j'avais entrepris une rude carrière. Les rires peu compatissants de Melle *Mielle*, son étonnement de me voir porteur d'un sac militaire lorsqu'elle pensait ne me retrouver que sous le brillant costume d'officier, étaient bien aussi pour quelque chose dans les pensées sombres qui m'obsédaient.

Je me disais en outre qu'en arrivant à Aubusson j'aurais peut-être à entendre chez M. Martinon les mêmes observations qui m'avaient été faites à Pontgibaud. Si j'avais pu me dispenser de voir M. Martinon je l'aurais fait de grand cœur; j'aurais donc bien volontiers dépassé Aubusson pour aller coucher plus loin, mais mon père m'avait si formellement recommandé de voir son ancien ami que j'aurais encouru de grands reproches si je n'avais pas fait cette visite.

Après bien des tergiversations je finis par prendre résolûment mon parti : je décidai qu'en abordant M. Martinon j'irais au devant de ses questions en lui disant que me trouvant prochainement de la conscription, sans aucun motif à faire valoir pour me faire réformer, ni aucune possibilité d'acheter un remplaçant à cause du peu de fortune de mon père et de sa nombreuse famille, j'avais dû accueillir sans hésiter le projet qui m'avait été proposé par le général Sauret, mon parent, et que c'était sur les conseils du général que j'avais accepté le grade de fourrier dans un régiment dont le lieutenant-colonel était de ses amis et où je ferais sans doute un rapide chemin.

Quand j'eus bien arrêté cette résolution dans mon esprit, je me sentis fort soulagé, les idées tristes disparurent, et je marchai résolûment, bien décidé à ne plus me laisser abattre par les difficultés que je pourrais rencontrer, et par les déboires que j'aurais sans doute à éprouver dans ma carrière.

Arrivé à Aubusson je n'hésitai point à mettre à exécution tout ce que j'avais résolu de faire ; je mis donc de suite M. Martinon au fait de ma position actuelle, en lui faisant comprendre qu'il était maintenant trop tard pour changer de plan de conduite.

Contrairement à ce que je croyais, M. Martinon n'éleva aucune objection, tout au contraire il me dit que puisque ma famille avait décidé que j'entrerais dans la carrière militaire de la manière que je venais de lui expliquer, c'est qu'apparemment il n'y avait pas une autre voie à suivre, et qu'il fallait persévérer avec courage dans ma ferme résolution.

L'accueil qu'on me fit fut excessivement gracieux et amical. M. Martinon était du reste dans la plus grande joie : son fils, arrivé de Paris la veille, venait de passer avec le plus grand succès ses examens à l'Ecole de droit et avait été reçu aspirant auditeur au Conseil d'État. C'était une fort belle position pour un jeune homme de vingt-deux ans, car on ne recevait au Conseil d'Etat que des jeunes gens instruits, riches et appartenant à des familles honorables; c'était d'ailleurs le premier échelon pour arriver aux emplois les plus élevés de l'Administration.

Au bout de quelques instants de conversation je vis arriver M. Martinon fils que je connaissais peu, mais que j'avais cependant vu quelquefois; son père le mit au courant de ma situation, il ne parut pas étonné du parti que j'avais pris, et quoiqu'il eût quatre ans de plus que moi et qu'il fût dans une position infiniment supérieure à la mienne, il se montra charmant à mon égard ; il eut même la complaisance de me faire voir la ville et de m'accompagner dans deux fabriques de tapis d'Aubusson qui m'intéressèrent d'autant plus que c'était la première fois que je voyais quelque chose qui eût rapport à l'industrie. Nous rentrâmes pour nous mettre à table où la conversation se prolongea très longtemps.

L'empereur Napoléon Ier tenait beaucoup à être exactement instruit de tout ce qui se passait dans son Empire, aussi avait-il ordonné que lorsqu'il serait en guerre ou seulement en voyage dans les pays étrangers, des auditeurs au Conseil d'État lui seraient expédiés de Paris presque chaque jour et viendraient successivement le trouver partout où il serait et même jusque sur le champ de bataille.

Chaque auditeur, chargé de ces missions, était porteur d'un portefeuille contenant la correspondance de tous les ministres, les projets de décrets, les rapports sur toutes les affaires importantes, etc., etc., et comme il arrivait souvent que l'Empereur demandait des explications et des renseignements, les auditeurs devaient toujours se tenir prêts à répondre d'une manière claire et précise; on citait même alors plusieurs jeunes gens qui avaient dû leur avancement rapide à la sagacité des réponses faites au Souverain.

Les auditeurs voyageaient nuit et jour dans des chaises de poste construites de telle manière, qu'en défaisant une courroie on avait un matelas et un traversin qui se plaçaient d'eux-mêmes sous le tablier très avancé de la chaise, de sorte que c'était un lit improvisé sur lequel on dormait fort bien.

M. Martinon fils, dans ses rêves de jeune homme, se voyait déjà dans une de ces chaises dont il me faisait la description avec enthousiasme; un courrier en avant faisait préparer les relais, et à son approche tout le monde devait se déranger pour lui laisser la voie libre, car il avait une mission importante pour l'Empereur, etc., etc. Puis il me retrouvait sur un champ de bataille quelconque, au moment où je venais d'être décoré pour une action d'éclat, et il était le premier à annoncer cette bonne nouvelle à ma famille ; enfin toutes les illusions qui se présentent si naturellement à l'imagination enfiévrée d'un jeune homme qui se voit dans une très belle position et qui ne connaît encore que les beaux côtés de l'existence.

Je ne portais point mes visées si haut, j'étais bien décidé à ne point m'épargner et à risquer tous les jours ma vie, s'il le fallait, pour me créer une carrière ; mais quelqu'un qui m'aurait alors garanti qu'après vingt ans de travaux et de dangers j'aurais obtenu le grade de colonel m'aurait comblé de joie.

M. Martinon fils était si parfait pour moi, pauvre diable débutant si misérablement, il était si chaleureux et si amical, que malgré toutes les déceptions que j'avais éprouvées depuis quelques mois, j'avais fini par partager ses illusions qui ne devaient cependant se réaliser ni pour lui ni pour moi.

Le lendemain je me mis en route pour Limoges dont j'étais encore séparé par trois étapes.

J'étais si content de l'accueil qui m'avait été fait à Aubusson que je me trouvai tout autre qu'à mon départ de Saint-Avit.

LIMOGES.

J'avais appris qu'il y avait à Aubusson un détachement de conscrits commandé par un sergent de recrutement qui paraissait être un très bon enfant, et que ce détachement partait le lendemain matin en se dirigeant sur Limoges. Je pensai qu'au lieu de voyager seul il me serait plus agréable d'avoir des compagnons de route. En conséquence, lorsque je fus arrivé aux dernières maisons d'Aubusson, je m'informai si on avait vu passer ce détachement. On me répondit qu'il me devançait à peine de quelques minutes et qu'il me serait facile de le rattraper. J'accélérai le pas et au bout de quelques instants je le rejoignis au premier tournant de la route. J'abordai franchement le sergent, nous entrâmes facilement en conversation, je lui dis que, sur un ordre du ministre de la guerre, je joignais en qualité de fourrier le 26me de ligne à Napoléon-Vendée. Nous déjeunâmes ensemble à la halte, et au bout de la journée la connaissance était si bien faite que je savais toute son histoire.

Parti en 1792 dans un des bataillons des volontaires de la Moselle, il était entré dans la musique parce qu'il jouait assez bien de la clarinette; il y était resté parce que les musiciens, voyageant toujours avec l'état-major du régiment, étaient mieux logés, mieux payés, mieux habillés et jouissaient de plus de liberté que le reste de la troupe, parce qu'enfin un jour de bataille, la musique était toujours mise à l'écart dans un endroit où les boulets ne pouvaient pas l'atteindre. C'était ainsi qu'il avait pu visiter agréablement la plupart des capitales de l'Europe. Cependant, fatigué à la longue par son instrument, il avait voulu se retirer du service, mais on lui avait fait observer qu'ayant une belle écriture il pouvait entrer dans les rangs et que, de grade en grade, il arriverait peut-être à l'épaulette; mais que dans le cas où il ne se déciderait pas à suivre cette carrière, on l'emploierait dans le recrutement où il lui serait facile d'attendre que le temps voulu pour la retraite fût arrivé. Il s'était décidé à prendre ce dernier parti, parce qu'il se trouvait trop vieux pour prétendre à l'épaulette en passant par tous les grades ; puis il avait réfléchi que presque tous ses amis, partis en même temps que lui, avaient été tués, blessés, faits prisonniers, ou étaient morts dans les hôpitaux. Tant qu'il avait été dans la musique, il n'avait guère songé à tous les absents, mais au moment de la quitter c'était tout différent ; en conséqnence, il s'était décidé à entrer dans le recrutement comme caporal, avec la promesse d'être promptement nommé sergent, ce qui effectivement avait eu lieu, de sorte qu'il se félicitait tous les jours d'avoir pris ce parti, car on n'est pas mal dans cette position, me disait le sergent : « Je fais tous les ans quelques petites économies que j'apporte à mon vieux père, elles sont employées aux achats de quelques lopins de terre ou de vigne, de sorte que lorsque je me retirerai, j'aurai un peu augmenté l'héritage paternel, et avec ma pension de retraite je pourrai vivre heureux et tranquille dans mon village. »

Comme je ne comprenais guère comment il pouvait faire des économies avec sa modeste paye, le sergent m'expliqua alors que lorsqu'il conduisait un détachement de conscrits, il y avait toujours quelques légers bénéfices à faire sur la voiture que les règlements militaires accordent, selon le nombre d'hommes des détachements, sur les rations de pain, les billets de logements, etc., etc. ; que lorsqu'il était à Turin il était payé pour travailler au bureau, qu'il lui arrivait même souvent de toucher des gratifications pour des écritures supplémentaires, qu'en outre on s'adressait souvent aux sous-officiers de recrutement pour avoir des remplaçants, et que dans ces entremises il y avait toujours quelques bénéfices, etc., etc. Ce qui lui plaisait surtout, c'était la possibilité de visiter sa famille assez fréquemment; car, lorsqu'il y avait un détachement de conscrits qui devait traverser la Lorraine, il s'arrangeait avec ses camarades pour avoir à conduire ce détachement, et il trouvait alors le moyen d'aller embrasser son vieux père, tandis que lorsqu'il était au régiment, il avait été plus de quinze ans sans le voir.

« Vous allez entrer au service comme fourrier, me dit-il, dès lors vous avez besoin de connaître le petit trafic qu'on fait sur les billets de logement, pendant que nous serons ensemble je vous enseignerai votre futur métier. » Il m'expliqua alors que dans les villes où il n'y avait pas un grand passage de soldats, on trouvait toujours un certain nombre de maisons dont les maîtres accueillaient bien les militaires qui se présentaient convenablement, que les employés des mairies parmi lesquels il y avait souvent d'anciens serviteurs, connaissaient parfaitement ces maisons et se faisaient un plaisir de les indiquer, et que, comme un fourrier avait à distribuer tous les billets de sa compagnie, il lui était facile de garder pour lui les meilleurs et de vendre ceux qu'il avait de trop, etc., etc.; qu'enfin, avant de me quitter, il me mettrait au courant de bien des choses qu'un fourrier pouvait se permettre sans nuire à personne et que je ne devais pas ignorer.

« Limoges, me dit-il, est une ville de grand passage, les maisons bourgeoises logent peu les militaires, mais là je m'arrange différemment, et si vous voulez m'accompagner au Saint-Esprit, place des Bancs, à Limoges, il ne vous en coûtera rien pendant les deux jours que nous aurons à y passer ensemble ; vous verrez comment j'opère, cela pourra vous servir, car il y a dans beaucoup de grandes villes des établissements comme celui du Saint-Esprit à Limoges. Dame ! ce n'est pas un hôtel pour les ambassadeurs des puissances étrangères, c'est un vrai caravansérail militaire où l'on entend plus de jurons que de prières, mais vous aurez là un avant-goût de la caserne où il faudra bien vous habituer; puis, nous serons ensemble et nous aurons chacun un lit et une chambre pour nous deux, ce qui n'est point à dédaigner. » J'acceptai l'offre du sergent et il fut bien convenu que nous logerions au Saint-Esprit, place des Bancs, à Limoges.

Tout en faisant route, le sergent me dit que l'année précédente il avait conduit un détachement de conscrits à Napoléon et que le chemin, à partir de Saint-Junien jusqu'à Niort, était si mauvais qu'il avait été sur le point d'y laisser une voiture qui accompagnait son détachement; mais qu'à son retour on lui avait indiqué à Niort un chemin de traverse qu'on nommait *chemin des mules*, parce qu'il était pratiqué par les maquignons de la Haute-Auvergne qui venaient acheter des mules en Poitou, que c'était une sorte de sentier praticable seulement pour des cavaliers et des hommes à pied, mais qu'il n'était pas difficile de suivre exactement la route, car les pas des mules et des chevaux la traçaient d'une manière bien plus certaine que les cailloux du Petit-Poucet, qu'au surplus il avait pris note de tous les villages à traverser, avec les distances de l'un à l'autre, et que le même soir il me donnerait cette note.

J'eus beaucoup à me louer de la conduite du sergent à mon égard, c'était vraiment un très bon et très brave garçon dont la conversation, pleine de gaieté, éloignait de mon esprit toutes les tristes pensées. Les trois étapes qui séparent Aubusson de Limoges furent franchies sans aucun incident qui mérite la peine d'être rapporté, et comme nous allions entrer à Limoges, le sergent me dit : « Je conduirai le détachement place des Bancs, vis à vis le Saint-Esprit, je dirai un mot au cabaretier, vous déposerez votre sac dans la chambre que nous devons occuper ensemble, j'irai à la Mairie chercher des billets de logement, je les distribuerai à mes hommes, et lorsque nous aurons dîné je vous ferai voir la ville. » J'approuvai tout ce programme.

Nous avions traversé une partie de la ville, j'étais en tête du détachement, en serre-file à côté du sergent, lorsque j'aperçus dans la foule, qui nous regardait passer, M. Tisserand, un de mes anciens professeurs du Lycée de Clermont ; il m'avait reconnu et venait à moi avec l'air d'un homme tout étonné.

Avant de vous faire part de notre entretien, je dois vous dire que M. Tisserand était celui de nos professeurs de mathématiques, ancien élève de l'Ecole polytechnique, qui avait au plus haut degré le culte, ou pour mieux dire, le fanatisme le plus exalté pour cette savante Ecole.

M. Tisserand ne pouvait pas comprendre qu'un jeune homme, doué de dispositions pour les mathématiques, pût songer à une autre carrière qu'à celle de l'Ecole polytechnique, et lorsqu'un de ses élèves lui annonçait que ses parents voulaient en faire un notaire, un médecin, un avocat, etc., etc., il se lamentait et en avait un véritable chagrin, surtout s'il pensait que cet élève lui eût fait honneur.

« Est-ce bien vous, Faucheur, me dit M. Tisserand, que je vois à la tête d'un détachement de conscrits ? Est-ce que, par hasard, vous seriez devenu sergent recruteur ? Qu'est-ce que cela signifie ? Expliquez-vous, car je ne puis en croire mes yeux. »

Je commençais à narrer à M. Tisserand l'histoire que j'avais racontée, à Pontgibaud, à Hervié et à Boutarel, lorsque le sergent qui m'avait vu causer avec un bourgeois de la ville vint à moi en courant, après avoir fait arrêter son détachement à quelques pas de nous, et me dit ou plutôt me cria : « Fourrier, n'oubliez pas que j'ai votre feuille de route et que je vous attends au Saint-Esprit, place des Bancs ! » « C'est bien, lui répondis-je, marchez toujours, je vous rejoindrai dans quelques instants »

Pendant tout ce colloque, M. Tisserand, d'un air abasourdi, portait alternativement ses regards sur le sergent et sur moi et paraissait n'y rien comprendre.

Je fus forcé de recommencer ma narration, mais M. Tisserand ne me laissa pas le temps de l'achever: il ne se préoccupait point de comparer, comme l'avait fait M. Hervié, les fatigues d'un fourrier d'infanterie porteur de sac, fusil, sabre, giberne et vivres, avec celles d'un officier, ni du temps qu'il me faudrait pour obtenir l'épaulette, il n'y avait pour lui aucune comparaison à établir entre l'infanterie et l'artillerie ou le génie : ces deux dernières armes étaient, à ses yeux, les seules qui méritassent quelque considération. « Je parie, me dit-il, que votre parent est quelque ancien fantassin ou cavalier qui ne se doute pas de ce que c'est que l'École polytechnique, et il le prouve en disant que pour y entrer il faut avoir à sa disposition douze à treize mille francs ; je ne dis pas que certains élèves ne dépensent pas cette somme dans les quatre années passées à Paris ou à Metz, il y en a même qui dépensent beaucoup plus ; d'ailleurs, les frais de tous genres sont répartis entre quatre années, par conséquent, vos parents n'auraient pas eu à débourser de suite une douzaine de mille francs. »

Je fis de mon mieux pour démontrer que la nombreuse famille de mes parents leur créait de lourdes charges, qu'ils avaient fait de grands sacrifices pour moi, qu'ils devaient aussi songer à mes frères, etc., etc., je cherchai à insinuer que mes parents avaient fait de grandes pertes, mais je n'osai pas tout dire et faire connaître quel était actuellement leur triste état de fortune. M. Tisserand était sourd à tous mes raisonnements qui, en réalité, ne valaient pas grand chose, du moment où je n'avais pas le courage d'avouer que ma famille avait à peine de quoi vivre.

Après un moment de recueillement durant lequel M. Tisserand paraissait faire un calcul mental, il finit par me dire : « Non, je n'ai pas assez, mais j'ai ici des amis et, de ce pas, je vais dîner dans une maison où je m'occuperai de vous. Tous les militaires qui passent à Limoges y font séjour, vous serez donc ici demain toute la journée, venez demain à dix heures du matin au Lycée et attendez-moi chez le concierge, vous passerez la journée avec moi et nous tâcherons de vous tirer du mauvais pas où vous êtes tombé ; c'est convenu, à demain à dix heures. »

Je quittai, fort ému, ce brave M. Tisserand, sans savoir quel parti je devais prendre. J'arrivais devant le cabaret du Saint-Esprit, lorsque je vis accourir le sergent tenant à la main tous les billets de logement. « Venez, me dit-il, et prenez une leçon. » Il remit le paquet de billets au cabaretier qui, en un instant, eut trié ceux qui lui convenaient.

« J'ai beaucoup de monde aujourd'hui chez moi, dit le cabaretier, je ne puis loger que dix de vos hommes, puis vous et votre camarade, en tout, douze hommes ; choisissez les conscrits qui doivent loger chez moi, faites-les entrer de suite et distribuez les autres billets au reste de votre détachement. « En un instant la chose fut faite, le sergent m'accompagna dans la chambre que nous devions occuper à nous deux, les quatre murs en étaient blanchis à la chaux vive, deux lits placés côte à côte, deux bancs et une cruche pleine d'eau placée dans un coin, composaient tout l'ameublement; je dois cependant ajouter qu'un morceau de glace irrégulier était attaché, au moyen de quelques clous, à la face interne de la porte, et qu'au-dessus de chaque lit il y avait une planche pour y déposer un sac. Sans hésiter, j'y déposai le mien. « Bravo, me dit le sergent, vous prenez crânement votre parti et vous avez raison, après tout nous ne serons pas mal ici, les draps ne sont point en percale, mais ils viennent de la lessive, regardez et sentez, (ils avaient effectivement l'odeur particulière au linge sortant nouvellement d'une lessive de ménage) Maintenant que nous voilà installés comme des princes, je vais aller à la provision, vous allez voir que je m'y entends, dans un quart-d'heure je suis de retour. »

J'aurais voulu me livrer à mes réflexions pour savoir

ce que je devais faire relativement aux propositions de ce brave M. Tisserand, mais la chose me fut absolument impossible ; de toutes les chambres qui avoisinaient la nôtre s'élevaient des voix confuses, des cris et des chansons en toutes langues, car il y avait au Saint-Esprit, outre les dix Piémontais du détachement du sergent, des hussards alsaciens et des lanciers polonais allant en remonte, des soldats isolés des diverses armes revenant d'Espagne, et enfin, trois à quatre remplaçants mis en pension au Saint-Esprit, en attendant leur prochain départ et qui payaient à boire à tout le monde.

Voyant que je n'étais pas assez tranquille pour prendre une sage résolution, je descendis au rez-de-chaussée tout en jetant un coup-d'œil observateur sur les diverses chambres que je trouvais le long de l'escalier ; la chose n'était pas difficile, car toutes les portes étaient ouvertes, et l'inventaire du mobilier n'était pas long à faire, puisque ce mobilier était tout à fait semblable au nôtre, seulement je pus remarquer qu'on nous avait donné la chambre la plus nouvellement blanchie.

J'allais entamer la conversation avec notre hôte, lorsque je vis arriver le sergent portant fièrement une moitié de mouton qu'il mit sur la table de la cuisine ; puis sortant de sa poche un couteau fermant mais à bonne et longue lame, il détacha lestement toutes les côtelettes, et, après les avoir aplaties et crânement assaisonnées de sel et de poivre, il les mit en tas. Il sépara le gigot, coupa le reste du mouton en morceaux de la grosseur d'un œuf, et appelant notre hôte par son petit nom, il lui dit gaiement : « Patron de la case, vous allez mettre tous ces morceaux de côté et demain pour notre déjeuner, vous nous en ferez un fricot respectable ; le gigot sera pour le dîner en y joignant une salade Quant aux côtelettes, vous allez les mettre prestement sur le gril et à mesure qu'elles seront cuites à point vous nous les servirez, ainsi quatre couverts sur la table placée sous la tente qui abrite le devant de votre porte et deux litres de la Comète, nous serons au frais et plus à notre aise que partout ailleurs. »

Ne croyez pas, mes chers enfants, que le vin de la Comète fût quelque chose de fort extraordinaire ; c'était tout simplement du vin fait en octobre 1811 et qui, par conséquent, n'avait que six à sept mois au moment où nous le buvions ; mais la Comète en 1811 avait occasionné des chaleurs extraordinaires dans les mois de juillet, août et septembre, de sorte que, dans tous les pays vignobles, on avait fait un vin relativement exceptionnel auquel on avait donné le nom de *Comète*.

Lorsque nous eûmes fini de dîner, j'entendis les deux conscrits que nous avions admis à notre table, parler en piémontais au sergent et je compris qu'il s'agissait d'aller au café, or, comme je voulais éviter toute dépense, je me levai en disant que j'avais quelqu'un à voir à Limoges et que j'allais partir pour faire cette visite. Les deux convives dont je viens de parler comprenaient fort bien le français, mais, ne le parlant qu'avec difficulté, ils prièrent le sergent de faire auprès de moi de vives instances pour que j'acceptasse la politesse qu'ils voulaient m'offrir et dont ils faisaient tous les frais ; mais je fus inexorable, malgré toutes les assurances du sergent me garantissant que ces deux conscrits appartenaient à des familles fort à leur aise et qu'ils étaient bien loin d'avoir dépensé la moitié de ce que leurs parents avaient destiné à leurs frais de route. Je montai à ma chambre pour avoir l'air de me préparer à sortir, mais lorsque la brune fût venue et que j'eus vu partir mes convives d'un côté, je me dirigeai du côté opposé, car je voulais sérieusement réfléchir aux propositions de ce digne M. Tisserand.

Il y avait dans le voisinage de la place des Bancs une sorte de vilaine promenade déserte, j'allai m'y asseoir et je tins conseil avec ma conscience.

Si j'avais eu l'espoir de pouvoir rembourser un jour à M. Tisserand les avances qu'il m'offrait si généreusement, je n'aurais pas hésité un seul instant à les accepter, car je commençais à voir que le milieu dans lequel je serais obligé de vivre, au début de ma carrière militaire, n'était guère de mon goût; le sergent de recrutement, auquel j'avais adressé beaucoup de questions durant les longues marches que nous avions faites ensemble, m'avait fait voir clairement qu'il me faudrait au moins cinq à six ans pour arriver à l'épaulette; non seulement il m'avait confirmé tout ce que M. Hervié m'avait dit sur le peu d'avancement de l'armée d'Espagne, mais encore il m'avait assuré qu'il en était de même pour les troupes stationnaires en Italie, en Illyrie et en Dalmatie, où il avait été souvent conduire des conscrits et où il avait vu des sergents-majors capables et instruits, ayant sept à huit ans de service. « Il n'en est pas de même dans les régiments de la grande-armée, me disait-il, l'Empereur est là, et à chaque affaire qui crée des vacances, il y a des croix et de l'avancement pour les survivants; c'est une chose bien connue de tous les militaires, aussi tous désirent-ils faire partie de la grande-armée. » Je ne pouvais donc plus me faire d'illusions sur le sort qui m'attendait, par conséquent la combinaison qui aurait pu me faire obtenir une épaulette quelconque en entrant dans une École militaire me semblait un très grand bonheur, mais lorsque je réfléchissais que ma famille se trouvait dans l'impossibilité absolue de rembourser, n'importe quand, une somme quelconque, avancée pour moi par M. Tisserand, j'étais forcé de reconnaître que j'aurais agi en malhonnête homme, si j'avais accepté un prêt que ma famille ni moi ne pourrions jamais rembourser. Si je faisais cet aveu à mon brave professeur, et la probité m'ordonnait impérieusement de le faire, il est probable que M. Tisserand aurait retiré toutes ses offres, de sorte que sans arriver à un résultat avantageux, j'en aurais été pour des aveux qui coûtaient singulièrement à mon amour-propre.

Ma résolution une fois prise de ne point accepter les propositions de M. Tisserand, je me dis que le meilleur moyen de résister à la tentation était de partir le lendemain de bonne heure sans aller voir mon ancien professeur. Je revins donc au cabaret du Saint-Esprit et je me mis au lit, mais j'étais si préoccupé que je ne pus dormir, aussi étais-je encore tout éveillé lorsque j'entendis rentrer le sergent; mais, pour ne pas lui annoncer mon départ pour le lendemain matin, je fis semblant de ronfler, et comme j'étais passablement fatigué, je finis bientôt par m'endormir.

Le lendemain matin je fus réveillé de bonne heure par la trompette des hussards et des lanciers de la remonte, ainsi que par le bruit que faisaient les soldats des diverses armes logés au Saint-Esprit et qui se disposaient à se mettre en route. Le sergent, qui avait l'habitude de se lever de grand matin, se réveilla aussi, et lorsque je le vis s'habiller j'en fis autant; je lui racontai que la personne que j'avais été visiter la veille m'avait chargé d'une commission pour un de nos amis communs, qui habitait une maison de campagne près de Niort, et que, comme je serais forcé d'y rester quelques jours, je préférais ne pas séjourner à Limoges ; qu'en conséquence, à mon grand regret nous allions nous séparer.

Je demandai au sergent ce que je lui devais pour ma quote-part du dîner de la veille. « Rien, absolument rien, me répondit le brave garçon, c'est moi qui reste votre débiteur, puisque vous ne mangerez pas toutes les provisions que j'ai faites hier ; » et comme je paraissais étonné, il nous raconta alors que nos sept billets de logement avaient produit 15 fr 75, que les militaires qui connaissaient la marche à suivre pouvaient se loger dans *un palais comme le Saint-Esprit* à raison de 50 c. par lit et par nuit, soit 7 fr. pour les deux jours que nous devions passer à Limoges, que c'était un prix connu qui laissait encore un certain bénéfice au cabaretier, sans parler du vin, de l'eau-de-vie et des viandes accommodées qu'il pouvait vendre avec bénéfice à ses hôtes ; qu'en conséquence, s'il avait laissé à notre logeur les 8 fr. 75 résultant de la différence entre le produit des billets et ce qui lui était réellement dû, ce logeur aurait eu un trop gros bénéfice, qu'il lui avait donc fait payer les trois francs pour la moitié de mouton achetée la veille, que c'était ainsi qu'il opérait chaque fois qu'il passait à Limoges, etc., etc., et il en concluait que je ne devais rien.

Ne voulant pas rester en arrière de générosité avec mon brave sergent, je fis venir une bouteille de vin blanc que nous bûmes en mangeant un morceau sur le pouce, et nous nous séparâmes après nous être donné une cordiale poignée de main et nous être bien promis de ne rien négliger pour nous revoir un jour.

MON ARRIVÉE A NAPOLÉON — MON INCORPORATION AU 26ᵉ DE LIGNE. — MORT DU MAJOR BOYER.

Pendant tout le temps que je mis à traverser la ville, je craignais toujours de me trouver face à face avec M. Tisserand ; je me sentis donc soulagé d'un grand poids, lorsque j'eus dépassé les dernières maisons du faubourg.

Je franchis successivement les étapes de Saint-Junien Confolans, Civray, Melle, Niort et Fontenay, sans qu'il me soit arrivé la moindre chose digne d'attention. Je suivis le chemin des Mules tel qu'il m'avait été indiqué par le sergent, et je m'en trouvai fort bien ; mais voyageant seul sur des routes peu fréquentées, j'avais tout le temps de me livrer à mes réflexions, je ne m'en sevrai donc point, car tout ma vie j'ai aimé à réfléchir sur ce que j'avais fait et sur ce que je devais faire à l'avenir, et je ne me suis jamais mal trouvé de cette habitude. Plus je m'éloignais de Limoges, plus les déterminations que j'avais prises dans cette ville se modifiaient dans mon esprit, et je n'étais pas encore arrivé à Niort que je croyais que la conduite que j'avais tenue n'était pas la bonne. D'abord j'avais manqué de politesse envers un excellent homme qui me témoignait le plus vif intérêt, je n'aurais pas dû partir sans aller lui faire mes adieux, le remercier de ses bonnes dispositions à mon égard et lui avouer franchement que la position de fortune de mes parents m'ôtait toute possibilité d'accepter ses offres, puisque je ne prévoyais point la possibilité de lui rembourser un jour ses avances.

Si, malgré cet aveu bien franc et bien net, M. Tisserand avait persévéré dans ses offres d'argent, je ne voyais plus rien qui pût m'empêcher de les accepter, car mon bienfaiteur était un célibataire sans besoins et sans autre passion que celle de la science, touchant de bons appointements qui lui assuraient une existence parfaitement honorable et indépendante.

D'après cette nouvelle manière de raisonner, j'avais donc très probablement laissé échapper, par ma faute, l'occasion de débuter dans ma carrière militaire dans des conditions beaucoup plus favorables que celles qui me restaient.

J'en étais venu à considérer comme une lâcheté le parti que j'avais pris, car je ne devais pas rougir d'être pauvre, puisque mon honneur était intact, et que dans mon nouvel état je serais probablement exposé à avouer ma pauvreté et à faire litière de mon amour-propre.

Après avoir bien pesé le pour et le contre, je finis par conclure qu'il était maintenant trop tard, que j'aurais donc tort de me chagriner, et que devant bientôt arriver à ma destination, je devais me fier à la Providence et débuter dans ma nouvelle carrière avec la ferme résolution de surmonter tous les obstacles.

Arrivé à Fontenay, il me restait encore trois étapes pour me rendre à Napoléon ; mais j'appris qu'on venait d'ouvrir, au travers les bois et le Bocage de la Vendée, une nouvelle route qui pouvait m'y conduire en un jour si j'étais bon marcheur, et, dans tous les cas, en un jour et quart. Cette route n'était pas encore praticable pour les voitures, mais elle était très bonne pour un piéton, car on pouvait presque continuellement cheminer sur des sentiers ombragés.

Le lendemain de mon arrivée à Fontenay, je pris donc cette nouvelle route que je trouvai réellement telle qu'on me l'avait décrite. Sur les cinq heures du soir, me sentant un peu fatigué, je m'étais assis à l'ombre sur le bord de la route, pour me reposer et décider si je m'arrêterais dans un village que je devais trouver sur mon chemin, ou si je devais pousser jusqu'à Napoléon. Pendant que je me livrais à ces réflexions, je vis arriver une sorte de petit bourgeois de campagne qui me regardait avec attention. Lorsqu'il fut parvenu tout près de moi, je lui demandai combien il fallait d'heures pour se rendre à pied à Napoléon. Tirant sa montre de son gousset, le passant me répondit : « Il est maintenant cinq heures, il était deux heures lorsque j'ai quitté M. de Barante à la Préfecture ; par conséquent, j'ai mis trois heures pour venir jusqu'ici. »

— Ah ! répondis-je, vous connaissez M. de Barante ? il est de mon pays et je sais qu'il est préfet à Napoléon.

— Vous êtes donc des environs de Clermont ? me répondit mon interlocuteur, car M. de Barante m'a dit souvent qu'il était de la Limagne.

— Précisément. Je suis de Clermont, et je vais rejoindre le 26ᵉ à Napoléon.

— Je m'en doutais en apercevant la petite boîte de fer-blanc qui contient probablement vos papiers militaires. En vous voyant assis bien tranquillement à l'ombre, je me disais : « Il y a quinze à dix-huit ans je n'aurais probablement pas manqué l'occasion de tuer ce jeune bleu ; mais aujourd'hui c'est tout différent, je suis maire de mon village et je suis toujours disposé à rendre service aux militaires. »

— Diable ! m'écriai-je, il paraît qu'autrefois vous n'y alliez pas de main morte Vous avez donc fait les guerres de la Vendée ?

— Précisément. j'étais même chef de brigands, comme disaient les bleus. car j'étais sous-chef de paroisse ; mais cela n'empêche pas que je suis un honnête homme que M. de Barante invite souvent à sa table particulière et qu'il accable de politesses et de questions relatives aux guerres de la Vendée ; il prend même des notes d'après mes réponses. Je vais vous dire ce que c'était qu'un sous-chef de paroisse : dans les guerres de Vendée nous n'étions point organisés par compagnies et par bataillons, nous l'étions par paroisse. Le chef de paroisse était presque toujours un noble du pays, mais le sous-chef était toujours un bon *gars*, bon tireur, qui avait de l'influence sur le village parce qu'il se montrait toujours le plus ardent et le plus intrépide dans toutes les expéditions.

Comme cette conversation m'intéressait, je fis au Vendéen beaucoup de questions et il m'expliqua comment la guerre se faisait dans son temps. « C'était particulièrement une guerre d'embuscades et de surprises, me dit-il Les Vendéens avaient des espions partout ;

quand ils apprenaient qu'une colonne ou un convoi républicain partait pour telle destination, les paroisses des environs s'assemblaient aussitôt et allaient en silence attendre les républicains dans une position où il était facile d'en tuer beaucoup sans courir soi-même de grands dangers, car la configuration topographique du pays se prêtait à merveille à une pareille guerre; d'ailleurs tous les soldats Vendéens connaissaient parfaitement le pays, et lorsque le coup de main ne réussissait pas, ce qui arrivait assez rarement, car nous n'attaquions que lorsque nous avions l'avantage du nombre ou de la position, alors tout le monde s'éparpillait dans les bois et le Bocage et regagnait isolément le rendez-vous indiqué ; il en résultait que les troupes républicaines pouvaient rarement profiter de leurs avantages lorsqu'elles en remportaient. »

Je mis la conversation sur les causes qui avaient amené la prise d'armes des Vendéens : il me raconta ce que je savais déjà, que le pays était habité par un grand nombre de gentilshommes qui servaient le Roi dans l'armée de terre ou dans la marine, que ces gentilshommes étaient généralement aimés, qu'au lieu d'émigrer, beaucoup étaient venus habiter leurs terres où ils se croyaient en sûreté, que, dénoncés par les clubs on avait voulu les arrêter, que prévoyant la tournure que la Révolution allait prendre, ils s'étaient appuyés sur le clergé qui avait beaucoup d'influence dans les campagnes, que les paysans qui ne goûtaient guère les idées nouvelles et ne voulaient pas se soumettre à la réquisition s'étaient montrés très disposés à les seconder, que ce qui avait considérablement influé sur leurs résolutions, c'est qu'ils avaient vu venir chez eux le rebut des clubs des grandes villes voisines, hommes tarés pour la plupart, peu faits pour leur inspirer le goût de la République, que ces envoyés des clubs avaient commis dans le pays toutes sortes d'abus, de vols et de crimes, et qu'alors le pays avait pris les armes pour chasser eux et leurs suppôts.

Dès le début de l'insurrection, les Vendéens avaient eu des avantages marqués, parce qu'on avait envoyé contre eux des bataillons mal organisés, mal commandés qui avaient le désavantage de combattre dans un pays sans route, couvert et inconnu, contre des hommes connaissant parfaitement toutes les localités et ayant toutes les qualités voulues pour faire une guerre de partisans ; mais plus tard, quand on avait eu affaire aux troupes de Kléber qu'on nommait les *Mayençais* et surtout lorsqu'on avait voulu faire sortir les Vendéens de leurs genêts et de leurs bois pour les réunir en grandes armées, les choses avaient changé de face, la misère et la lassitude avaient amené la paix.

J'avais pris un extrême plaisir à la conversation de l'ex-sous-chef de paroisse, actuellement maire de son village, et comme l'entretien avait pris un certain temps, sur son conseil j'allai coucher dens un village sur la route à une heure de marche de l'endroit où nous étions, afin d'arriver à Napoléon le lendemain matin de bonne heure. Il m'indiqua en outre une petite auberge où il descendait lui-même à Napoléon et dans laquelle je pourrais prendre gîte et faire une toilette avant de me rendre auprès du major Boyer, commandant le dépôt du 26me.

Jusqu'à présent, lorsque je vous ai parlé de l'ami du

général Sauret, je me suis servi avec intention de l'expression de lieutenant-colonel, parce qu'aujourd'hui le major est un simple chef de bataillon, chargé de certaine comptabilité, tandis que sous le premier Empire le gros-major était immédiatement après le colonel.

Le gros-major commandait le dépôt et restait en France, tandis que le colonel commandait les bataillons de guerre et se trouvait par conséquent presque toujours à l'armée.

Lorsque les militaires voulaient désigner le commandant du dépôt ils disaient le gros-major, mais lorsqu'ils parlaient à ce gros-major ils disaient *mon colonel*. J'ai fait toutes ces observations afin qu'il n'y ait pas de confusion et que vous sachiez que l'ami du général Sauret était le gros-major Boyer dont j'aurai bientôt à vous parler.

Je couchai donc dans le village qui m'avait été indiqué par l'ex-chef vendéen et le lendemain matin j'arrivai à Napoléon. Avant de me rendre à la petite auberge où je devais descendre, j'allai réclamer les lettres qui devaient être arrivées pour moi *poste restante*. A ma grande joie je trouvai une lettre de ma mère qui me donnait de bonnes nouvelles de toute la famille. Ma mère me mandait que le lendemain de mon départ ma tante Élisabeth était venue pour quelques jours à la maison, que cette attention de sa sœur lui avait fait grand plaisir et avait grandement contribué à lui faire prendre courageusement son parti ; elle m'exhortait à ne pas m'inquiéter sur le sort de la famille, sa sœur ne s'était point contentée de lui faire des promesses pour l'avenir, elle était arrivée avec des sacs de blé, de légumes, et même avec des paniers de volaille, etc., etc.; et par conséquent je ne devais point avoir d'inquiétude pour ceux que j'avais laissés à Clermont. La lettre finissait par tous les conseils qu'une bonne et pieuse mère pouvait donner à un fils tendrement aimé et réclamait une prompte réponse.

Après avoir lu et relu vingt fois cette chère lettre, je me fis indiquer l'auberge du *Cheval blanc* et, après avoir déjeuné et fait un bout de toilette, je me rendis chez le major Boyer.

Avant de vous raconter notre entrevue, je dois vous dire que d'après le conseil du général Sauret, j'avais écrit de Clermont au major Boyer, une lettre à laquelle j'avais donné tous les soins possibles de rédaction : je lui annonçais mon départ pour le lendemain, et lui donnais l'assurance la plus formelle que par mon zèle pour le service et par ma bonne conduite, je saurais me rendre digne de sa bienveillance et de la recommandation du général.

Arrivé chez le major, je priai le planton de lui annoncer qu'un monsieur porteur d'une lettre du général Sauret demandait à lui parler. Le major donna l'ordre de m'introduire dans son bureau et comme je lui tendais ma lettre d'introduction il me dit :

— « C'est vous qui m'avez écrit de Clermont ? »

— Oui, mon colonel.

— Je suis content de votre lettre ; si vous tenez les promesses qu'elle contient, ma bienveillance vous est assurée ; dans le cas contraire, ne comptez pas sur moi, j'en ai prévenu le général, il a dû vous le dire. — On m'a mandé que vous connaissiez théoriquement et pratiquement le maniement des armes et que vous étiez en état de faire manœuvrer un peloton, est-ce vrai ?

— Je le crois, mon colonel.

— C'est bon, nous verrons bien, dans tous les cas vous l'apprendrez. Vous connaissez l'escrime, m'a-t-on dit ?

— Oui, mon colonel.

— Je n'en suis pas fâché, mais n'en parlez pas. Je vous engage à ne pas fréquenter les maîtres d'armes ni leurs salles, je veux faire de vous un très bon militaire mais non un ferrailleur, cependant il ne faut jamais vous laisser insulter. Allez sur le terrain si c'est nécessaire pour vous faire respecter.

— Je me conformerai à vos désirs, mon colonel.

— J'ai su que vous aviez appris par principe la langue espagnole et que vous la parliez facilement ; ne le dites à personne et voici pourquoi :

Tous les officiers et sous-officiers du régiment connaissent l'espagnol mais le parlent fort mal, j'ai été souvent témoin de discussions qui n'avaient pas le sens commun relativement à cette langue ; dans bien des occasions on vous prendrait pour arbître, il en résulterait pour vous mille désagréments : ceux auxquels vous donneriez droit ne vous en auraient aucune reconnaissance, ceux auxquels vous donneriez tort vous en voudraient. D'ailleurs, comme on va vous regarder d'abord 'comme un conscrit venant occuper dans le régiment une place qui devait appartenir à un caporal ayant fait campagne, il ne serait pas étonnant qu'on tînt en votre présence et sur votre compte des propos que vous ne devez pas entendre, on s'expliquera donc en une langue qu'on suppose que vous ne connaissez pas, il vaut donc mieux faire l'ignorant, ce sera le moyen de connaître vos ennemis et vos envieux.

— Mon colonel, vos conseils seront ponctuellement suivis.

— Je vous préviens que je ne veux pas faire de vous un homme de bureau, mais il faudra que vous connaissiez avant très peu de temps tout ce qui concerne la comptabilité militaire, c'est essentiel, pour votre avancement ; il faut devenir sergent-major aussi promptement que possible. Mais ce n'est pas seulement la comptabilité qu'il faut apprendre promptement, il faut aussi qu'avant peu de temps vous soyez un des meilleurs sous-officiers instructeurs du régimeut, c'est ce qui pose un homme dans un corps et surtout un jeune homme qu'on peut supposer protégé, donnez-vous-y tout entier. Soignez votre tenue militaire, c'est indispensable, à votre âge et dans votre position ; quand je parle de tenue, j'entends celle que doit avoir un sous-officier, car je déteste les muscadins qui veulent singer les officiers. Vous avez de belles bottes et un pantalon qu'un chef de bataillon ne dédaignerait pas, mais il ne faut ni porter ni prêter ces divers effets, il faut donc les vendre promptement

— Mon colonel, je me conformerai à toutes vos recommandations.

Après m'avoir donné quelques autres petits conseils qui concordaient avec ceux du général Sauret, le major prit quatre carrés de papier et écrivit divers ordres à peu près conçus en ces termes :

1º Le quartier-maître trésorier incorporera au 26me

en qualité de fourrier le nommé Faucheur (Narcisse), comme venant du Lycée porteur d'un ordre du Ministre de la Guerre, et le placera dans la compagnie à la suite du dépôt.

2º Le commandant de la compagnie à la suite du dépôt donnera des instructions au sergent-major et au fourrier de sa compagnie pour qu'ils aient enseigné au fourrier Faucheur d'ici à quinze jours au plus tard tout ce qui concerne la comptabilité d'une compagnie, je le rends responsable de la stricte exécution du présent ordre.

3º Le capitaine d'habillement délivrera au fourrier Faucheur tous les objets d'armement, d'équipement et d'habillement dont cet homme aura besoin, ses habillements seront faits sur mesure, en drap de sous-officier et d'après la nouvelle ordonnance. Je tiens à ce que ce fourrier paraisse à la prochaine inspection que je passerai.

4º Le capitaine-adjudant-major de semaine recevra le fourrier Faucheur dans le peloton d'instruction des sous-officiers, il s'assurera par lui-même si ce fourrier a l'instruction militaire suffisante pour y être reçu ; s'il ne l'a pas, il livrera ce fourrier aux soins du sergent *Dauny* qui le mettra le plus promptement possible en état d'être reçu au peloton des sous-officiers. Dans un des prochains rapports, l'adjudant-major me rendra compte de ce qui aura été fait.

Lorsque ces quatre ordres eurent été écrits, le major fit entrer le planton et lui dit :

« Sergent Dauny, vous irez de suite, avec le jeune fourrier que voici, chez tous les officiers auxquels les ordres que je vous remets sont adressés ; vous ne quitterez ce jeune homme que lorsque tous mes ordres seront exécutés ; je vous dispense pour aujourd'hui de tout autre service et de tous les appels ; je m'intéresse à ce fourrier, servez-lui de mentor, je m'en souviendrai. »

Le major me congédia en me disant de venir le voir de temps en temps et de faire des compliments de sa part au général, lorsque je lui écrirais.

Quand nous fûmes dans la rue, le sergent Dauny, se tournant de mon côté, me dit : « Ah ça, voyons, est-ce que vous avez ensorcelé le major ? il est gentil aujourd'hui, mais ça ne lui arrive pas souvent. » Il me raconta alors qu'il n'était guère aimé, parce qu'il était d'une extrême sévérité, qu'il avait fait casser, il n'y avait pas longtemps, deux sergents-majors qui avaient des dettes et les avait fait partir pour l'Espagne comme simples soldats, qu'à la vérité ces deux sergents-majors n'étaient que des *chieurs d'encre*, mais que si pareille chose était arrivée à des sous-officiers ayant fait campagne, l'irritation contre le gros-major aurait été bien plus grande. Comme je paraissais ne pas bien comprendre la valeur du mot dont il s'était servi, il me dit : « Ah ! je vois que vous ne savez pas bien ce que les troupiers nomment des *chieurs d'encre* ; eh bien, ce sont des jeunes gens qui, au lieu d'aller à l'armée, gagnent leurs galons dans les bureaux. Généralement on ne les aime guère et on les estime peu, je ne vous engage pas à entrer dans cette *séquelle*. » Je lui répondis aussitôt que j'étais totalement de son avis et que, pour me conformer aux recommandations du major, j'allais chercher à vendre mes bottes et mon pantalon qui avaient paru l'offusquer.

« Fourrier, saluez ce sergent-major qui va passer près de nous, » me dit vivement Dauny.

Un sergent-major, coiffé d'un bonnet de police d'officier, passa près de nous et regarda fort attentivement mon pantalon. « Tiens, dit Dauny, voilà justement un amateur de votre pantalon, c'est un sergent-major qui a sept ans de service et qui a reçu hier son brevet de sous-lieutenant, il en a déjà le bonnet et je crois qu'il serait bien aise d'avoir votre pantalon qui lui irait, du reste, à merveille, car vous êtes tous les deux de la même taille; si vous m'y autorisez, je lui en parlerai, car nous sommes bons camarades et je suis même très fâché de lui voir quitter le régiment, mais ça fera place pour un autre. »

Tout en causant de la sorte, nous arrivâmes chez le quartier-maître trésorier qui m'incorpora au 26me sous le N° 13023, comme fourrier, venant du Lycée, par ordre du Ministre de la Guerre.

L'incorporation d'un homme consiste en son inscription sur le registre matricule du régiment. Ce registre se compose de différentes cases qui ont chacune leur destination particulière, et dans lesquelles on inscrit les noms, prénoms et profession de l'arrivant, les noms et prénoms de son père et de sa mère, la date et le lieu de naissance, son signalement, en quelle qualité il est entré au service, etc., etc.; il y a aussi des cases pour inscrire les campagnes, les promotions, les actions d'éclat et enfin le numéro matricule, numéro qui ne quitte jamais le militaire et se trouve inscrit non seulement sur son livret, mais encore sur ses effets.

Le secrétaire du quartier-maître trésorier qui m'inscrivit sur le registre matricule du 26me était un sergent-major nommé *Barbier*, précisément un de ces *chieurs d'encre*, dont m'avait parlé *Dauny*, car Barbier avait alors cinq à six ans de service et n'avait jamais quitté le dépôt, il y était encore lorsque je revins de l'armée ; je l'ai revu à Lille trente ans plus tard, il était alors capitaine d'habillement : ainsi toute sa carrière militaire s'est passée dans les bureaux sans avoir jamais paru sur un champ de bataille.

En sortant de chez le quartier-maître, nous allâmes chez les divers officiers que nous devions voir, puis à la caserne où se trouvaient les magasins du capitaine d'habillement ; on me délivra tous les objets d'armement et d'équipement dont j'avais besoin, et on m'envoya chez le maître tailleur pour prendre mesure de mes habits, je promis un supplément de façon pour que tous mes habits fussent bien soignés.

Pendant que le maître tailleur prenait ses mesures, je voyais qu'il regardait avec une attention toute particulière le pantalon que je portais, je lui en demandai la raison, et il me répondit qu'un sergent-major qui venait d'être nommé officier sortait de chez lui et lui avait parlé d'un pantalon porté par un Monsieur qu'il avait vu avec un sergent du régiment, et, qu'à la description qu'il en avait faite, il supposait que c'était de mon pantalon dont il avait voulu parler. *Dauny* intervint dans la conversation, et, comme je savais déjà que je ne pouvais plus porter un pareil pantalon, il y eut de suite un marché fait avec le maître-tailleur qui, en échange de mon superbe pantalon *charivari*, tout à fait à la mode militaire de l'époque, s'engagea à me fournir un très solide pantalon en drap bleu croisé, avec deux paires de guêtres, et me promit, en outre, de soigner d'une manière particulière la confection des habillements dont il venait de prendre mesure.

Nous allâmes ensuite chez le maître cordonnier qui se nommait Berthelot pour avoir des souliers faits sur mesure. Mes bottes qui, comme mon pantalon, étaient neuves, attirèrent également l'attention du père Berthelot, et je finis par les lui céder contre deux bonnes paires de souliers, de sorte que le même soir j'avais livré à mes deux acheteurs bottes et pantalon, et me trouvai, dès le premier jour, avoir parfaitement tenu la promesse que j'avais faite au major.

Le lendemain j'avais mon pantalon, mes guêtres, une capote grise arrangée à ma taille, un bonnet de police et un schako. *Dauny* voulut alors s'assurer si, dans cette tenue, je savais manier convenablement un fusil ; quand il vit que je m'en tirais bien, il prit mon fusil et me dit : « Maintenant, c'est moi qui suis le conscrit, commande-moi la charge et les autres maniements d'armes. » Au bout d'un quart-d'heure il me dit : « C'est assez, je verrai l'adjudant-major et je lui dirai que vous pouvez parfaitement figurer dans le pelon d'instruction des sous-officiers, et alors personne ne pourra vous traiter de conscrit, je vous en félicite. »

Le même jour je fis mon entrée à la caserne, je fus installé dans la chambre des sous-officiers de ma compagnie, je mangeai à l'ordinaire des fourriers et je commençai mon service, de sorte que le surlendemain de mon arrivée, je commençai à quatre heures du matin à manœuvrer avec le peloton d'instruction des sous-officiers. Au bout de quelques jours, je sortis à mon tour des rangs pour commander le peloton, et comme j'avais parfaitement l'intonation convenable et que je m'en tirais bien, l'adjudant-major me félicita et me dit qu'il rendrait de moi un bon compte au major.

Je fus très heureux de ce bon témoignage et j'obtins, dès ce moment, la bienveillance de cet adjudant-major qui se nommait M. Coutancin. C'est lui qui fut si grièvement blessé, près de moi, à la bataille de Bautzen, qu'il fut forcé de quitter le service; c'était un homme fort bien, ayant de l'éducation.

Je fus le premier homme du régiment qui portai le nouvel uniforme qu'on avait baptisé *Marie-Louise*, du nom de l'Impératrice. Cet uniforme était loin d'être rationnel et hygiénique, mais c'était déjà une amélioration, comparativement à l'ancienne ordonnance qui donnait aux soldats de la ligne un habit bleu à revers blancs échancrés, un gilet en gros tricot blanc, une culotte en même étoffe avec boutons et boucle aux jarrets et de grandes guêtres noires à trente-six boutons, montant jusqu'au-dessus du genou, avec une jarretière se bouclant aux jarrets comme la culotte. Ces malheureuses culottes étaient étroites et doublées en grosse toile écrue, de sorte que c'était tout à la fois un vêtement salissant, gênant, et tout à fait impropre à la marche, dans un temps où les batailles se gagnaient avec les jambes, comme le disait Napoléon Ier; jamais en effet aucun grand capitaine n'a fait exécuter tant de marches forcées à son armée. J'ai été une seule fois dans ma vie affublé de ces abominables culottes blanches et de ces grandes guêtres noires, et jamais je n'ai été aussi gêné que ce jour-là.

L'uniforme *Marie-Louise* n'était pas beau, mais c'était déjà une amélioration : nous avions un pantalon demi-collant en tricot blanc avec des guêtres noires, venant seulement au-dessus du mollet, habit bleu, court, à revers blancs, descendant droit sur le pantalon, de sorte que nous n'avions pas de gilet.

Donner des pantalons blancs à des troupes destinées à coucher constamment au bivouac était une absurdité ; c'était d'abord une dépense superflue, car une fois en campagne, les soldats déjà trop chargés vendaient ou jetaient tout ce qui leur paraissait inutile, et se fabriquaient des pantalons avec toutes les étoffes qu'ils trouvaient sous la main.

Au bout d'une quinzaine de jours, j'avais appris à tenir toute la comptabilité d'un fourrier et d'un sergent-major, j'avais prouvé que je savais très bien faire manœuvrer un peloton, je jugeai donc qu'il était à propos d'aller faire une visite au gros-major. Il me reçut fort bien, me fit beaucoup de questions, me laissa entrevoir qu'il avait l'œil ouvert sur moi et qu'il fallait persévérer comme j'avais commencé, puis il me dit :

« — Il a été question de vous au rapport de ce matin,
» vous passerez demain à la 2me compagnie du dépôt
» pour remplir l'intérim d'un fourrier qui se meurt à
» l'hôpital et que vous remplacerez avant peu de jours. »
Effectivement le lendemain je changeais de position, j'étais fourrier à la 2me compagnie.

Mes nouvelles fonctions m'obligèrent à aller à l'hôpital demander des renseignements de comptabilité au fourrier que je remplaçais, je fus accompagné d'un sergent de la compagnie. Nous trouvâmes mon pauvre collègue dans un bien triste état, il se mourait à vingt-deux ans, épuisé par les fatigues de la guerre, mais il avait toute sa tête et connaissait parfaitement sa position. Après m'avoir donné tous les renseignements dont j'avais besoin il me dit :

« — Je sais bien que je serai mort avant peu de jours,

» j'ai chez le maître cordonnier un paquet de linge et
» d'effets que mes parents m'ont envoyé peu de temps
» avant mon entrée à l'hôpital, je vous prends tous les
» deux à témoin que je les donne au plus jeune des fils
» Berthelot par reconnaissance des soins et des petits
» services que sa famille m'a rendus, faites-moi le
» plaisir d'aller tous les deux aujourd'hui même chez
» le père Berthelot lui faire part de mes intentions. »

Nous promîmes à ce pauvre diable que ses dernières volontés seraient exécutées ; effectivement, nous allâmes de suite trouver le père Berthelot, il nous raconta que *Lutun* (c'était le nom du fourrier en question) était de Lille, que revenu d'Espagne dans un fort piteux état, il lui avait été recommandé par un de ses anciens camarades, maître cordonnier d'un régiment en garnison à Lille, et que sur cette recommandation, il lui avait rendu tous les petits services en son pouvoir.

J'eus bien vite fait connaissance avec la famille Berthelot, le plus jeune fils avait alors treize à quatorze ans, il apprenait le latin et lorsqu'il était embarrassé pour ses devoirs il venait me consulter. Comme je paraissais un aigle au père Berthelot, il me fit la confidence qu'il ne voudrait pas être en reste de générosité avec *Lutun*, qu'il se proposait donc de lui faire un convoi militaire et de le faire enterrer avec les cérémonies de l'Église ; qu'en conséquence, il serait très content si je voulais prononcer quelques mots sur sa tombe.

Je ne crus pas devoir résister aux instances de ce brave homme, d'autant plus qu'étant le collègue et le successeur de *Lutun*, il était tout naturel que je prisse la parole ; mais j'y mis pour condition que le père Berthelot ferait toutes les démarches auprès des chefs pour que ma conduite en cette circonstance fût approuvée, et c'est ce qui eut lieu. On me fournit quelques renseignements sur le défunt, et sur ces renseignements j'arrangeai quelques phrases que j'eus l'air de débiter d'abondance le jour de son enterrement.

Toute la famille Berthelot fut émerveillée de mon éloquence et ne parlait de moi que comme d'un jeune homme de grand avenir, tant il est vrai que les borgnes sont rois dans le pays des aveugles. Les officiers du régiment surent que j'avais parlé sur la tombe de *Lutun* et m'en firent compliment un jour que j'allais faire signer un ordre à la pension des capitaines.

La vie que je menais était assez rude: j'étais levé tous les matins à quatre heures, j'avais par jour six heures d'exercice tant pour l'école des sous-officiers que pour instruire les recrues, j'avais en outre la théorie à apprendre, les distributions à faire, les écritures à tenir tant pour moi que pour mon sergent-major qui me chargeait de toute sa besogne, etc., etc., si bien que soit fatigue, soit l'air du pays, du reste peu sain à cause des marais qui abondent dans le voisinage, je gagnai une fièvre paludéenne que je ne parvins à faire disparaître qu'à l'aide de vin de quinquina qui me coûtait fr. 24 la bouteille. Je dépensai de cette manière fr. 48 qui me semblèrent bien durs à extraire de ma pauvre petite bourse, mais j'avais mieux aimé me traiter à la caserne que d'entrer à l'hôpital, encombré de fiévreux qui mouraient en assez grand nombre; j'avais du reste agi de la sorte, d'après l'avis du chirurgien du régiment : enfin, au bout d'une quinzaine de jours, ma santé fut rétablie, je bus de temps en temps du vin pur qui n'était pas bon, mais qui n'était pas cher dans le pays, mon tempéramment se forma et se développa tout à fait, je finis même par devenir plus fort que je ne l'étais avant ma maladie.

Pendant que j'avais la fièvre, le major *Boyer* tomba lui-même si sérieusement malade qu'il mourut, au moment même où je me disposais à aller le voir. Cette mort me causa beaucoup de chagrin, car avec le major Boyer disparaissait pour moi toute chance d'un avancement rapide, d'autant mieux qu'il fut remplacé par un chef de bataillon du régiment, nouvellement rentré d'Espagne et qui devait nécessairement préférer les sous-officiers qui avaient fait la guerre, sous ses ordres, à un jeune débutant tel que moi, mais enfin je finis par en prendre mon parti et, pour ne pas chagriner ma famille, je ne lui mandai même point la perte que je venais de faire.

On s'occupait en ce moment à réorganiser les bataillons de guerre; le fourrier d'une compagnie venait d'être nommé sergent-major, il s'agissait de lui donner un successeur, les amateurs étaient nombreux, mentalement je me mettais du nombre, mais j'étais bien loin de supposer que je serais choisi, car tous mes concurrents avaient fait les campagnes d'Espagne; toutefois, comme un capitaine de grenadiers avait le droit de choisir les hommes et les sous-officiers de la compagnie, et *Dauny*, qui était sergent de grenadiers, ne demandant pas mieux que de me donner un coup d'épaule, je ne perdais pas tout espoir de faire partie d'une compagnie d'élite et d'obtenir ces épaulettes rouges qui me semblaient si belles.

Un jour que j'étais à démontrer l'exercice à une douzaine de jeunes soldats, je vis le capitaine *Marchand* s'approcher de mon peloton et donner toute son attention à ce que je faisais. Au bout d'environ dix minutes il vint à moi et me dit : « Seriez-vous bien aise d'être fourrier de grenadiers et de faire campagne, l'Empereur vient de passer le Niémen, nous allons très probablement partir pour joindre la grande-armée. »

— Capitaine, lui répondis-je, se sont les deux souhaits les plus ardents que je fais en ce moment, car mon intention n'est point de croupir dans un dépôt.

« — Bravo, me dit-il, j'aime cela, vous pouvez donc vous considérer comme faisant partie de ma compagnie ; voilà *Dauny* qui vous regarde, allez vous entendre avec lui pour qu'il vous procure une belle paire d'épaulettes, car je tiens à ce que mes sous-officiers soient bien ficelés et que vous soyez pour le moins aussi bien que les autres. » Je me retournai et je vis le capitaine faisant des gestes d'intelligence à *Dauny* qui vint à moi en me disant :

« — Est-il vrai que vous ne voulez pas être fourrier
» de grenadiers et que vous préférez rester au dépôt plu-
» tôt que de faire campagne ? »

— Farceur, lui répondis-je, vous savez bien le contraire ; le capitaine vient de me choisir et je suis le plus heureux des hommes.

Le lendemain, je fus reçu fourrier de grenadiers à la tête de la compagnie, mon bonheur était tel que je crois n'en avoir jamais éprouvé de plus grand. Ce bonheur venait fort à point pour me consoler de la perte du major, aussi dans ma folle présomption de jeune homme, je me disais : « J'aime dix mille fois mieux avoir été choisi par le capitaine que de devoir cette place à la protection du major. » Je fus bien vite équipé, tel que devait l'être un fourrier de grenadiers des mieux ficelés.

Pour dire toute la vérité, *Dauny* qui était, sous tous les rapports, un sergent modèle, n'avait pas été tout à fait étranger à ma nomination. Le capitaine lui ayant demandé s'il ne connaissait pas dans tout le dépôt un fourrier qui ne déparerait pas la compagnie, *Dauny* lui avait parlé de moi d'une manière très favorable et lui avait conseillé de prendre des renseignements à l'adjudant-major, de remarquer ma bonne tenue habituelle et enfin de me voir commander un peloton, de sorte que le capitaine *Marchand* ne s'était décidé à me choisir qu'après avoir pris tous les renseignements possibles sur mon compte. Lorsque j'appris tous ces détails, j'en fus encore plus fier.

Ce choix fut cependant fort critiqué, surtout par les autres fourriers. Ce fut alors que la prédiction du major se réalisa ; j'avais acheté des épaulettes magnifiques, on les trouva trop belles, ma taille laissait à désirer, je n'avais pas fait campagne, je n'étais qu'un jeune conscrit, etc., etc., tout cela était dit devant moi en espagnol, de sorte que je connus bien vite mes envieux, les indifférents et les amis qui prenaient ma défense.

A quelques jours de là, je fus entraîné presque de force à la salle d'armes dont un des caporaux de la compagnie aspirait à devenir prévôt. Lorsque j'y entrai, un des fourriers qui avaient le plus critiqué ma nomination achevait de prendre la leçon ; je regardais machinalement comme un homme qui ne connaît rien à l'escrime. La leçon finie, ce collègue vint à moi son fleuret à la main et me porta en riant des bottes que je cherchai à parer avec le coude, mais comme je n'y parvenais pas toujours, je fus passablement boutonné, et plus je priais le fourrier de finir, plus il s'acharnait à me poursuivre. Ennuyé de sa persistance et de son intention évidente de me vexer, je m'emparai d'un fleuret accroché à la muraille, et avec ce fleuret je cherchai à me garantir assez bien, mais avec la contenance d'un homme qui ne connaît rien à l'escrime. Plus je priais le collègue de cesser ce jeu déplaisant, plus il y mettait d'acharnement. Pour y mettre fin, je saisis le moment favorable et d'un coup je désarmai mon adversaire qui, courant ramasser son fleuret, revint ensuite sur moi avec plus d'acharnement que jamais, en annonçant que son désarmement était un simple coup de surprise. Je le laissai avancer de quelques pas, puis me mettant en garde selon les principes de l'art, je fondis sur lui en lui portant des bottes qu'il ne pouvait parer, car il n'était pas très fort; tous les spectateurs étaient ébahis d'un si grand changement de rôles, et tout en marchant en avant sans me compromettre, je lui portai des bottes furieuses, je le poussai de cette manière jusqu'à l'extrémité de la salle, et lorsque je l'eus adossé à la muraille et que je l'eus bien boutonné je le désarmai de nouveau en lui disant en espagnol : *Eh bien! pour un moutard de dix-huit ans ce n'est pas trop mal.* Pour exprimer le mot moutard je me servis à dessein du mot *mouchacho*, que dans une circonstance récente je l'avais entendu employer en parlant de moi, mot qui, dans le jargon des vieux soldats voulait dire un jeune garçon ou même un gamin sans expérience n'ayant pas fait campagne, car à cette époque le militaire gradé qui n'avait pas reçu le baptême du feu avait peu de considération. Mais comme je ne voulais pas humilier mon adversaire qui avait fait trois ou quatre campagnes, je lui tendis la main en signe de bonne amitié et je fis venir quelques bouteilles de vin pour régaler toute l'assistance uniquement composée de sous-officiers.

Vatin, le maître d'armes, vint à moi pour me complimenter chaleureusement, disant tout haut que si je voulais me confier à ses soins seulement pendant quinze jours, je serais infailliblement son premier prévôt. Il voyait bien que j'avais reçu les principes d'un excellent maître et que j'avais un jeu noble et distingué. Je remerciai *Vatin* de ses bonnes intentions à mon égard, et tout en lui faisant beaucoup de politesses chaque fois que j'avais l'occasion de le voir, je ne remis plus les pieds à la salle d'armes. J'obéissais en cela aux recommandations du major *Boyer* et j'agissais en outre très politiquement, car mon aventure avec mon collègue fut racontée dans tout le régiment avec tous les enjolivements que ces sortes d'affaires prennent toujours en passant de bouche en bouche, de sorte que j'eus bientôt une réputation de fine lame, tandis qu'en réalité je n'étais que d'une force très ordinaire.

Ce *Vatin* était le vrai type d'un maître de régiment, il s'intitulait *maître d'armes et de bâton, professeur de danse et de chausson*, lisez *savate*, et lorsqu'on s'émerveillait de tant de talents réunis, il disait fièrement : « *Je suis de Caen.* »

La petite aventure que je viens de raconter me fit grand bien dans l'esprit du régiment, et bien que je fusse alors le seul sous-officier des bataillons de guerre qui n'eût point fait campagne, je n'entendis plus prononcer à mon intention le mot *muchacho*.

Une autre circonstance me fit encore beaucoup de

bien. Je vous ai dit, je crois, que lorsque j'étais sorti de la classe de M. Chirac, j'étais très fort en géographie ; lorsque je sus que je devais faire partie du 26ᵐᵉ alors en Espagne, j'avais étudié d'une manière toute particulière la carte d'Espagne, de sorte que je connaissais parfaitement la position des villes, le cours des rivières, etc.. etc. ; une circonstance toute récente m'avait procuré la possibilité de ne point interrompre mes études à cet égard ; à mon arrivée au régiment, un vieux soldat qui avait obtenu sa retraite m'avait vendu, moyennant trois francs, une superbe carte d'Espagne imprimée sur fine percale, qu'il tenait d'un officier anglais qu'il avait fait prisonnier. Cette carte, de la grandeur d'une serviette, était non-seulement très exacte, mais encore fort commode, attendu que n'étant pas susceptible de se déchirer, elle pouvait être facilement consultée en tous lieux.

Dans nos réunions de sous-officiers, soit à la pension, soit ailleurs, la conversation revenait sans cesse sur les batailles livrées en Espagne et en Portugal, sur les distances d'une ville à l'autre, sur les noms des rivières, etc., etc. Comme j'avais souvent causé de tout cela avec *Daumy* qui n'avait aucune connaissance géographique et savait à peine écrire, quoique ayant de l'esprit naturel, j'avais fréquemment relevé ses erreurs sur les lieux, les distances, etc., etc., de sorte que lorsqu'il était en désaccord sur un point quelconque concernant l'Espagne, il venait me consulter, je lui donnais mon opinion et au besoin je consultais ma carte, de sorte qu'il avait fini par dire à tout le monde que je connaissais mieux l'Espagne que tous ceux qui y avaient fait la guerre pendant plusieurs années, et que personne du régiment ne parlait espagnol aussi bien que moi. Il en était résulté que j'avais fini par ne plus pouvoir cacher que je connaissais parfaitement l'espagnol, j'avais donc fini par le parler avec ceux qui m'adressaient la parole en cette langue, de sorte que ceux qui ne me connaissaient qu'imparfaitement croyaient que j'avais fait la guerre en Espagne.

Les deux bataillons du régiment rentrés nouvellement d'Espagne étaient uniquement composés des cadres de ces bataillons, c'est-à-dire que tous les tambours, clairons, caporaux, sous-officiers et officiers de tous grades étaient de vieux soldats de l'armée d'Espagne, leur mine et leur tenue l'indiquaient suffisamment, j'étais donc le seul sous-officier qui n'eût pas fait la guerre, comme aussi j'étais le plus jeune, par conséquent les petits prestiges que je viens de vous faire connaître arrivaient fort à propos pour rétablir tant soit peu l'équilibre.

Des conscrits nous étant arrivés, on s'occupa à les instruire et à les incorporer dans les bataillons de guerre ainsi que tous les hommes valides qui se trouvaient au dépôt, on fit rentrer les détachements occupant des postes le long des côtes, on prit dans les ateliers de confection du régiment des tailleurs et des cordonniers et on les distribua dans toutes les compagnies, afin qu'elles aient chacune des ouvriers d'état, on remplaça les hommes pris dans les ateliers par les jeunes conscrits tailleurs ou cordonniers les moins propres à faire campagne, et on composa de tout cela deux beaux bataillons dont les cadres étaient excellents, mais dont les simples soldats étaient pour la très grande majorité des conscrits trop jeunes et pas assez formés à la vie et à l'esprit militaires, devant cependant supporter des fatigues et des privations trop fortes, même pour de vieilles troupes, c'est ce qui fit que les dernières campagnes de Napoléon coûtèrent tant d'hommes à la France, ainsi que je l'expliquerai plus tard.

Comme je voyais approcher l'époque probable de notre départ, je vendis peu à peu les divers effets qui ne m'auraient pas été nécessaires et m'auraient chargé inutilement, je ne conservai que l'indispensable ; je me munis d'un sac pareil à ceux de tous les sous-officiers de ma compagnie ; ces sacs avaient été fabriqués en Espagne avec des peaux de boucs, ils étaient grands, solidement conditionnés et recouverts d'une sorte de petite bâche de la même peau qui garantissait parfaitement de la pluie tous les objets et tous les livres placés en dessus. Cette précaution me fut utile car j'eus quelquefois à porter sur mon sac de quoi vivre sept à huit jours, lorsque je trouvai l'occasion de faire des provisions pour l'avenir.

Enfin nous reçûmes avec joie l'ordre d'aller rejoindre la grande-armée, et nous partîmes le surlendemain.

DÉPART DE NAPOLÉON-VENDÉE. — NOUS TRAVERSONS LA FRANCE EN QUARANTE JOURS DE MARCHE. — NOUS ARRIVONS A MAYENCE.

Notre ordre de départ portait que nous devions nous rendre à Mayence où nous recevrions de nouvelles instructions.

Aujourd'hui on est habitué à franchir très rapidement de grandes distances, mais en 1812 il n'y avait point de chemins de fer, et comme il fallait quarante jours de marche pour se rendre de Napoléon-Vendée à Mayence, cela nous paraissait énorme, nous avions en effet à traverser diagonalement presque toute la France d'alors. Les principales villes que nous trouvions sur notre route étaient Fontenay-le-Comte, Niort, Poitiers, Châtellerault, Tours, Amboise, Blois, Orléans, Montargis, Sens, Troyes, Joinville, Toul, Pont-à-Mousson, Metz, Sarrebruck et enfin Mayence.

Vous savez sans doute que lorsque des troupes traversent la France par journées d'étapes, les fourriers partent chaque matin environ deux heures avant le régiment pour faire préparer les billets de logement, les distributions de pain, de viande, etc., etc., mais le jour de notre départ de Napoléon, les fourriers ne purent pas se mettre en route avant le régiment, attendu qu'ils étaient spécialement chargés par leur grade de faire la remise à l'administration militaire de tous les objets de casernement, opération qui ne pouvait se faire qu'à l'aide des hommes de troupe. Les fourriers ne purent donc partir qu'au moment même du départ du régiment, mais comme il fallait que nous fussions arrivés à l'étape bien avant le régiment, nous ne pouvions y parvenir qu'à l'aide d'une marche très rapide et presque sans arrêts. L'étape était très longue, le temps pluvieux et les chemins pleins de boue. J'avais fait facilement à pied la route de Clermont à Napoléon, mais alors rien ne me pressait, je marchais à ma volonté, je m'arrêtais lorsque je le voulais, je n'avais que mon sac à porter, tandis qu'en partant pour la grande-armée, j'avais en plus sabre, fusil, giberne, lourd schako, et mon sac était alourdi par deux registres d'ordre et de situation et par une boîte en fer-blanc longue de soixante centimètres et grosse comme le bras, contenant toutes les feuilles de la comptabilité militaire. J'avais en outre sur mon sac deux pains de munition, car il n'y avait pas à en recevoir avant notre arrivée à Niort.

Je fis assez facilement la moitié de la route de notre première étape, mais lorsqu'après un quart-d'heure de repos à la grande halte, je dus me remettre en route, je crus marcher sur des pointes d'épingles. C'était la première fois que je faisais aussi rapidement une aussi longue marche avec toute la charge et l'équipement d'un fantassin. J'avais de bons jarrets et de solides épaules, mais la peau de la plante de mes pieds était encore fine et délicate comme celle d'un jeune citadin, de sorte que pour arriver à l'étape je souffris tout ce qu'il est possible d'imaginer; pour rien au monde je n'aurais voulu rester en arrière, j'aurais eu la certitude de tomber mort de fatigue en arrivant que je ne serais point sorti de mon rang, tellement j'étais pénétré de cet amour-propre militaire qui fait la force des armées et leur fait surmonter les plus grandes difficultés. Tous mes collègues étaient d'anciens soldats fortement éprouvés par les rudes guerres d'Espagne, la peau de leurs pieds était comme de la corne, tandis que les aspérités de la route me causaient d'horribles souffrances. Enfin nous arrivâmes à l'étape, et lorsqu'après avoir fait mon service de fourrier je pus me retirer dans mon logement, je me hâtai de me déchausser et je vis avec effroi mes pieds couverts d'ampoules grosses comme des moitiés de noisettes, je les lavai avec de l'eau-de-vie, puis je les graissai avec du suif de chandelle et je les emmaillottai avec des mouchoirs.

Tombant de fatigue et souffrant le martyre, j'allai m'étendre sur quelques bottes de paille où je m'endormis. Je me réveillai deux ou trois heures après, et comme d'après les souffrances que j'endurais, je voyais bien qu'il me serait impossible de suivre la marche ordinaire de mes collègues, et qu'à aucun prix je ne voulais rester en arrière, je pris la résolution :

1º De marcher toute la nuit en m'arrêtant aussi souvent que cela me serait nécessaire ;

2º De faire de cette manière autant de chemin que cela me serait possible ;

3º Enfin de louer une voiture pour le cas où je ne pourrais pas me traîner jusqu'à la prochaine étape.

J'avais souvent entendu raconter par des troupiers que, dans des circonstances semblables à la mienne, des fantassins s'étaient parfaitement trouvés de battre des jaunes d'œufs avec de l'eau-de-vie, de mettre ce mélange dans leurs souliers dans lesquels on avait au préalable fait couler des gouttes de suif, qu'à l'aide de ce procédé les inégalités de la chaussure disparaissaient, que les pieds se fabriquaient eux-mêmes une sorte de loge où rien ne les gênait, que la peau se tannait tout en restant souple, et qu'au bout de quelques jours on était à même de supporter la plus rude marche. Je n'avais pas, à vrai dire, une foi bien vive dans un pareil procédé, mais enfin je voulus l'essayer. Je m'habillai, je mangeai passablement, chose que je n'avais pu faire en arrivant tellement mes souffrances étaient vives, je préparai le mélange sus-mentionné, je le mis dans mes souliers, je serrai très fortement les sous-pieds de mes guêtres pour ne laisser aucune issue à la mixture, et après avoir fait remplir ma gourde d'eau-de-vie pour me surexciter, si j'en sentais absolument le besoin, je me mis en route après avoir pris la précaution de passer au corps-de-garde pour prévenir le sergent qui le commandait que je prenais les devants, et que mes camarades n'avaient pas à se préoccuper de moi, attendu que je serais arrivé à l'étape avant eux.

Pendant la première lieue, je m'arrêtai plus de dix fois, mes pieds étaient en feu, j'aurais marché sur des charbons ardents que je n'aurais pas souffert davantage, il y avait des moments où je me désespérais et où je ne savais plus ce que je devais faire. Après quelques instants de repos je me remettais en route, mais ayant remarqué que c'était précisément au moment de ces reprises de la marche que je souffrais le plus, je pris le parti de m'arrêter beaucoup plus rarement et de braver toutes les douleurs. Je marchai avec précaution en choisissant avec soin les endroits où je mettais les pieds, préférant marcher dans la boue que sur un terrain inégal.

Après une nuit affreuse j'arrivai enfin à l'étape et je me rendis de suite à la Mairie où je trouvai M. Coutancin, l'adjudant-major dont j'ai déjà parlé; il me témoigna tout son étonnement de me voir arriver seul, je lui exposai ma situation et je lui demandai la permission de voyager isolément jusqu'à Niort, afin d'être sûr de ne jamais rester en arrière. Non seulement M. Coutancin m'accorda ce que je lui demandais, mais encore il me permit de marcher seul jusqu'à Saint-

Maixent, l'étape après Niort. Je trouvai le moyen de me faire donner un billet de logement pour une maison voisine de la mairie, sur la place même où devait arriver le régiment.

Un peu encouragé par ce succès et par la bienveillance de M. Coutancin à mon égard, je me rendis à mon logement où, après m'être débarrassé de tout mon équipage militaire, j'avais hâte de me déchausser pour examiner l'état de mes pieds. A mon grand étonnement, ils n'avaient pas de nouvelles ampoules, quelques-unes des anciennes s'étaient ouvertes et avaient laissé couler l'eau qu'elles contenaient, et la place qu'elles occupaient était recouverte de pellicules ridées et flétries. Avec la pointe de mon canif, j'ouvris même quelques autres ampoules qui me semblaient arrivées à leur état de maturité. Je me sentis un peu soulagé, je mangeai un morceau et, après avoir remis mes chaussures, j'allai sur la place au-devant du régiment.

Après avoir rempli mes fonctions, je racontai à Dauny ce qui m'était arrivé et lui dis que j'avais la permission de voyager seul jusqu'à Saint-Maixent. Je rentrai ensuite à mon logement où, après avoir frotté mes pieds avec de l'eau-de-vie, les avoir graissés avec du suif et les avoir emmaillotés dans des mouchoirs, je me mis au lit en priant mon hôte de me réveiller à huit heures du soir, si je ne l'étais point auparavant.

On vint effectivement me réveiller à huit heures et je me remis en marche comme la veille, mais cette nuit fut moins douloureuse que la précédente. Le lendemain matin toutes les ampoules avaient disparu, il ne restait à leur place que des peaux flétries et des coupures plus ou moins vives ; enfin, à mon arrivée à Niort, je me trouvai en état de voyager avec mes collègues. A la vérité (en me servant d'une expression de troupier), je *pilai encore du poivre* pendant une ou deux étapes, je fus bien en butte à quelques plaisanteries, mais à notre arrivée à Poitiers je marchais comme tout le monde, et, à Tours, j'étais déjà un excellent marcheur, au jarret souple et solide. Comme je voulais, aux yeux de mes camarades, me relever du tribut payé à la marche, je cherchais à rendre à mes collègues tous ces petits services de bonne camaraderie, au moyen desquels on se fait des amis, et pour prouver en même temps à tout le monde que j'étais devenu bon marcheur, capable de supporter vaillamment toutes les fatigues, j'avais toujour soin, quand j'étais arrivé à l'étape, de changer de pantalon, de guêtres, de nettoyer soigneusement mes boutons, l'aigle et les jugulaires de mon schako, de me laver la figure : en un mot, de donner à ma personne tous ces petits soins qui constituent la bonne tenue militaire que le major Boyer m'avait tant recommandée, et que je savais, d'ailleurs, plaire beaucoup à mon capitaine.

Comme le hâle de la route avait très fort bruni ma peau et que naturellement je paraissais plus vieux que je n'étais réellement, je finis en fort peu de temps par ressembler aux vieux militaires qui formaient les cadres de notre régiment dont j'étais cependant le plus jeune sous-officier. En me voyant si alerte et en si bonne tenue, personne n'aurait pu croire que dix à douze jours auparavant j'avais fait un si dur apprentissage.

Je ne m'appesantirai pas sur le reste de la route qui n'offrit rien de remarquable ; dans chaque ville je ne manquais jamais d'aller voir les monuments et autres objets dignes d'attirer mon attention.

En passant à Montargis je ne me trouvais plus qu'à soixante-quinze lieues de Clermont et sur la grande route qui mène directement de l'Auvergne à Paris, je revis là beaucoup de pataches ; c'étaient de bien horribles voitures, mais néanmoins leur vue me fit plaisir parce qu'elles me rappelaient mon pays natal que j'ai toujours si tendrement aimé. De quelques-unes de ces pataches, je vis sortir des jeunes gens qu'à leur costume je reconnus comme devant être de certains villages des environs de Clermont. Je fus vivement ému, et toutes mes pensées se reportèrent sur ma famille dont j'allais, à partir de Montargis, m'éloigner de plus en plus et que je ne reverrais peut-être jamais ; mais comme en m'abandonnant à de telles rêveries, je n'aurais pu que m'attrister, je cherchai à les rejeter bien loin et à m'étourdir.

Après quarante jours de marche nous arrivâmes à Mayence où nous reçûmes un détachement de jeunes conscrits bourguignons qui, depuis trois mois seulement, avaient quitté leurs vignes, mais qui avaient bonne tenue, de l'entrain, de la gaîté, du courage et qui déjà manœuvraient bien.

A Mayence, on nous délivra les ustensiles de campagne ; à chaque homme gradé ou non on donna un grand sac en grosse toile jaune de fil de chanvre. Ce sac dans lequel un homme entrait facilement devait, pour le bivouac, nous servir tout à la fois de tente, de matelas et de couverture.

A chaque escouade, on délivra un certain nombre de marmites, de gamelles, de bidons, de haches, etc., etc., de sorte que chaque homme avait à porter un de ces ustensiles, et de plus nos gibernes furent remplies de cartouches. Vous devez penser si nous étions suffisamment chargés, car à tout cela il fallait ajouter les vivres.

Lorsque toutes ces distributions furent terminées, nous passâmes le Rhin pour entrer en Allemagne.

SITUATION DE L'EMPIRE FRANÇAIS AU DÉBUT DE LA CAMPAGNE DE RUSSIE.

Avant de commencer le récit de mes campagnes, je crois nécessaire de vous faire connaître très brièvement la véritable situation de la France, au moment où l'Empereur Napoléon-le-Grand passait le Niémen au mois de juin 1812 ; afin que tout en reconnaissant les services qu'il a rendus au pays, vous puissiez plus parfaitement comprendre les fautes immenses que son ambition lui fit commettre.

Vous n'ignorez pas qu'au début de la Révolution française, tous les honnêtes gens étaient d'accord pour reconnaître qu'il y avait de graves abus à réformer ; mais lorsqu'il fut question de procéder aux réformes, il y eut de sérieuses difficultés par l'ardeur des uns, les résistances des autres et par la faiblesse et les indécisions de Louis XVI, ayant toutes les vertus d'un simple citoyen, mais n'ayant point les qualités indispensables à un roi se trouvant dans une situation difficile, en face d'un peuple ardent, enthousiaste des idées nouvelles et voulant absolument entrer dans la plénitude de droits tels que nous les concevons, depuis que les idées de 1789 ont fait leur chemin.

Avant la Révolution, la nation française formait trois ordres distincts : *le clergé*, *la noblesse et le tiers-état*. Les deux premiers ordres jouissaient d'énormes privilèges. Quoiqu'ils possédassent la presque totalité de la fortune territoriale de la France, ils étaient exempts d'impôts. Tout ce qui n'était pas clergé ou noblesse, c'est-à-dire la presque totalité de la nation, formant ce qu'on nommait le tiers-état, devait à lui seul supporter presque toutes les charges et payer presque tous les impôts.

Vous concevez que pour détruire de tels abus, il y avait de grandes difficultés à surmonter et de grandes résistances à vaincre. Je crois que, dans le principe, tous les honnêtes gens espéraient obtenir la réforme des abus sans renverser la monarchie ; mais je crois aussi que, lorsqu'on vit qu'on trouvait à la Cour et dans les deux ordres privilégiés, des hésitations, des répugnances et des résistances de tous genres, certaines têtes exaltées pensèrent que la réforme des abus ne pourrait être obtenue que par le renversement complet du gouvernement royal. Alors, à l'aide des clubs, des ambitieux et des scélérats mirent en avant tout ce qu'il y avait de plus impur dans les dernières classes des populations, et dès lors la France se trouva lancée dans toutes les horreurs d'une sanglante révolution, de telle sorte que de 1791 à 1796 le pays gouverné ou, pour mieux dire, mené par une infime minorité, ne présenta plus que le spectacle de tyrans se détruisant successivement les uns les autres.

La journée du 9 thermidor amena la chute de *Robespierre* et mit fin à ce qu'on nommait *le règne de la*

Terreur. On remplaça le Comité de Salut public par un Directoire, composé de trois personnes qui avaient en mains le pouvoir exécutif.

C'est sous le règne du Directoire que *Bonaparte*, qui s'était fait remarquer au siège de Toulon, puis ensuite à la journée du 13 Vendémiaire, fut mis à la tête de la portion de l'armée française qui se trouvait alors sur les frontières d'Italie. Dès qu'il en eût pris le commandement, il se signala par des victoires éclatantes et par la conquête rapide de toute l'Italie.

On prétend que le Directoire, craignant alors l'ambition de *Bonaparte*, lui suggéra l'idée de la conquête de l'Égypte, d'autres affirment au contraire que ce fut *Bonaparte* lui-même qui conçut l'idée de cette expédition pour nuire aux établissements anglais dans l'Inde. Mais de quelque part que vint l'idée de cette mémorable entreprise, toujours est-il que *Bonaparte* s'y distingua par de brillantes victoires qui donnèrent d'autant plus d'éclat à son nom qu'elles étaient remportées dans des pays légendaires.

Pendant le temps que *Bonaparte* faisait la conquête de l'Égypte, le Directoire gouvernait la France d'une manière moins tyrannique et moins sanglante que *Robespierre*, mais le gouvernement avait à sa tête des hommes profondément corrompus, qui, n'ayant ni l'énergie ni le fanatisme du Comité du Salut public, laissaient s'affaisser la puissance de la France.

Bonaparte ayant appris que nous avions perdu toutes les conquêtes qu'il avait faites en Italie, que les puissances de l'Europe menaçaient nos frontières, que nos armées étaient désorganisées, que la grande majorité du pays demandait un gouvernement juste et ferme, conçut le projet de quitter l'Égypte et de revenir en France pour remettre tout en ordre et se placer lui-même à la tête du Gouvernement. On prétend qu'il y fut encouragé par les correspondances de ses amis restés en France. Il laissa donc le commandement de l'armée d'Égypte au général *Kléber* et il revint en France, accompagné d'un petit nombre de généraux, d'aides-de-camp et de quelques personnages de distinction. Dès son arrivée, on le considéra comme un sauveur auquel il fallait confier le gouvernement, et comme tout le monde était las du Directoire, *Bonaparte*, aidé de ses partisans, renversa ce gouvernement dans la fameuse journée du 18 Brumaire, aux applaudissements de la France entière.

Le Consulat fut institué et *Bonaparte* fut nommé premier Consul à temps, puis premier Consul à vie et enfin Empereur.

Dès qu'il fut à la tête du gouvernement consulaire, il réorganisa les armées, mit de l'ordre dans l'administration et dans les finances, remporta le 18 juin 1800 la célèbre victoire de *Marengo*, fit de nouveau la conquête de l'Italie et força l'Autriche à lui demander la paix.

Peu de temps après, la paix fut également faite avec l'Angleterre par le traité d'Amiens; malheureusement ce traité ne subsista pas longtemps et la guerre recommença avec l'Angleterre; mais comme nous étions alors en paix avec toutes les puissances du continent, *Bonaparte*, devenu Empereur sous le nom de Napoléon Ier, eut le temps de rétablir l'ordre et la sécurité partout, d'organiser l'administration et le système financier, enfin de donner au pays les éléments de prospérité qui lui manquaient depuis 1791.

Ces premières années du règne de Napoléon furent

celles où son nom fut béni par les populations qui faisaient avec plaisir tous les sacrifices possibles pour affermir son gouvernement, car on était las des révolutions, tout le monde voulait le repos et la sécurité, sans cependant abdiquer les idées de grandeur convenable à un État comme la France.

L'Angleterre, effrayée des préparatifs de Napoléon pour porter la guerre en Angleterre même, trouva le moyen, à l'aide de ses subsides, de déterminer l'Autriche et la Russie à nous déclarer la guerre; l'armée qui se trouvait au camp de Boulogne, prête à opérer la descente en Angleterre, dut donc partir en toute hâte pour l'Allemagne où les victoires éclatantes d'Ulm et d'Austerlitz couvrirent de gloire l'armée française et contraignirent l'Autriche à conclure la paix.

Au moment même où Napoléon remportait la victoire d'Austerlitz, il acquit la certitude que s'il avait été vaincu, ou même si le succès n'eût pas été aussi éclatant, la Prusse allait lui déclarer la guerre, car elle attendait, pour se démasquer, que notre armée se fût profondément enfoncée en Allemagne et que les Russes fussent sérieusement entrés en ligne. Dès lors Napoléon voulut punir d'une manière exemplaire la puissance qui, sans aucun motif légitime de nous faire la guerre, nous faisait des promesses d'amitié, au moment même où elle allait traîtreusement tourner ses armes contre nous.

La campagne contre la Prusse fut donc résolue; l'éclatante victoire d'Iéna couvrit de gloire Napoléon qui, ne donnant point aux Prussiens le temps de se reconnaître, poursuivit les débris de leurs armées jusques sur les bords de la mer du Nord et vint enfin anéantir les derniers débris à Friedland, victoire mémorable où les Français vainquirent les Russes et les Prussiens réunis.

Après Friedland eut lieu la célèbre entrevue de Napoléon et d'Alexandre Ier, sur le radeau de Tilsitt, et c'est dans cette entrevue que fut conclue l'alliance de Napoléon avec Alexandre et la paix de la France avec la Prusse, paix désastreuse pour cette dernière puissance qui vit son territoire rogné, ses places-fortes occupées, et qui eut en outre à payer de fortes contributions de guerre.

Si, après Tilsitt, Napoléon alors au faîte de sa puissance et de sa gloire eût eu la sagesse de consacrer son immense génie au bonheur véritable de la France et à la consolidation de sa puissance, il serait mort sur le trône environné de tout le prestige de sa gloire, de l'amour des Français et de l'admiration de tous les siècles; car Napoléon n'était point seulement un incomparable capitaine, mais encore un immense génie qui avait su, en quelques années, retirer la France de l'abîme des révolutions, rétablir l'ordre, la sécurité, refaire les finances et enfin mettre la France à la tête de toutes les puissances de l'Europe.

Malheureusement, la gloire des armes l'avait ébloui et le dominait, il pensait que rien ne lui était impossible. Ce fut alors qu'il conçut le projet de placer les princes de sa famille sur divers trônes, afin de pouvoir, par leur intermédiaire, gouverner en quelque sorte l'Europe entière.

Après Austerlitz, Napoléon avait placé son frère Joseph sur le trône de Naples. Après Friedland, il organisa, pour son frère Jérôme, le royaume de Westphalie avec diverses provinces enlevées à la Prusse et à quelques petits princes.

On peut aussi regarder comme une chose malheureuse pour la France, l'institution de la Confédération du Rhin, composée de plusieurs petits princes, des électeurs allemands qui devaient, en cas de guerre, fournir des troupes à Napoléon; car, bien que plusieurs de ces princes, comme ceux de Wurtemberg et de Bavière, eussent été élevés à la dignité de rois avec des agrandissements de territoire, ils n'en furent point plus fidèles lorsque les jours d'adversité furent arrivés. La création de la confédération du Rhin ne fut donc point une heureuse inspiration, car cette ingérence de la France dans les affaires intérieures de l'Allemagne fut généralement vue de mauvais œil par les populations germaniques.

La branche de la famille des Bourbons qui, en 1807, occupait le trône d'Espagne, était une race vraiment dégénérée, indigne de régner et ne méritant aucune sympathie, le roi *Charles* était en désaccord complet avec son fils *Ferdinand*, accusé de vouloir détrôner son père. Le vieux roi, attiré à Bayonne, abdiqua en faveur de Napoléon et se retira en France où Ferdinand VII vint également résider dans une sorte de captivité.

Napoléon crut qu'à l'aide de cette abdication faite en sa faveur, il pourrait régner en Espagne en mettant son frère *Joseph* sur le trône de Castille. Si le génie de Napoléon eût dirigé la politique de l'Espagne, il est certain que cette nation se serait relevée du triste état où elle était tombée, et eût pris un meilleur rang en Europe; mais, après l'abdication du vieux roi, Napoléon ayant fait entrer des troupes en Espagne, sous le prétexte d'une expédition contre le Portugal alors entièrement sous la dépendance de l'Angleterre, la fierté espagnole s'en émut et le parti national excité par l'Angleterre, soutenu par les moines et par le clergé espagnol qui prévoyaient bien que si l'Espagne était gouvernée par un prince français, les abus criants qui existaient alors dans ce pays-là, comme en France avant 1789, seraient très certainement abolis ; de sorte que l'intérêt, le fanatisme et l'orgueil national s'émurent pour résister aux Français.

Joseph, roi de Naples, ayant cédé son trône à Murat pour occuper celui d'Espagne, ne put, malgré ses intentions libérales, faire accepter sa domination. Il y eut dans toute l'Espagne une insurrection générale contre les Français, et il s'en suivit une guerre désastreuse qui fut la cause première de la décadence de l'armée française, ainsi que je l'expliquerai plus tard.

Pendant que l'armée française était employée à combattre, dès 1808, l'insurrection espagnole, les Anglais persuadèrent à l'Autriche que le moment était favorable pour attaquer la France, et ils lui promirent de faire une heureuse diversion, en opérant eux-mêmes une descente vers les bouches de l'Escaut afin de s'emparer d'Anvers et de la flotte qui s'y trouvait.

Les hostilités recommencèrent donc entre la France et l'Autriche, dès les premiers mois de 1809, et au moment où notre armée était sur les bords du Danube, les Anglais opérèrent leur descente dans l'île de Walckeren et s'en emparèrent. On prétend même que s'ils avaient mis plus de célérité dans leurs opérations, ils auraient pu s'emparer d'Anvers ; mais leur lenteur permit aux Français de rassembler des troupes et de former dans tout le nord de l'Empire des bataillons de garde nationale. Grâce à ces forces réunies et surtout aux victoires d'Essling et de Wagram, les Anglais n'osèrent point s'avancer, et finirent même par abandonner l'île de Walckeren. La paix fut alors conclue avec l'Autriche à laquelle on enleva plusieurs provinces. C'est après le traité de paix de Schœnbrunn qu'eut lieu le mariage de Napoléon avec Marie-Louise, fille de l'empereur d'Autriche.

La raison, la prudence, tout devait alors engager Napoléon à vivre en paix avec toutes les puissances et à consacrer son immense génie au bonheur de la France. La sagesse la plus vulgaire aurait dû lui faire voir que la guerre que nous soutenions en Espagne était sans gloire et désastreuse pour notre armée détruite en détail par cette malheureuse guerre de partisans, par la misère et les marches incessantes dans d'affreuses montagnes où le soldat manquait de tout, où les hommes isolés, les malades et les blessés étaient cruellement assassinés.

Malheureusement pour Napoléon et pour la France, la prudence ne fut point écoutée, la guerre continua en Espagne où les Anglais avaient envoyé une armée sous les ordres de lord Wellington, armée qui, sagement conduite et ne manquant de rien, s'avançait lentement, ne s'exposait jamais sérieusement, car elle ne donnait rien au hasard. Aussi, après sept années d'une cruelle guerre, parvint-elle à nous faire évacuer l'Espagne, mais aussi faut-il dire qu'à ce moment-là toute l'Europe était liguée contre nous, comme vous le verrez plus loin.

Ainsi, à l'époque où Napoléon passait le Niémen, le 24 juin 1812, pour porter la guerre en Russie, nous soutenions en Espagne depuis plus de quatre ans une lutte atroce contre les Anglais, les Espagnols et les Portugais ; néanmoins la puissance de la France paraissait alors énorme, car, à l'exception de l'Espagne, nous avions tout le littoral depuis Hambourg jusqu'à Rome ; Murat régnait à Naples ; nous possédions toute l'Italie ; Venise, la Dalmatie, l'Illyrie, la Hollande ; Jérôme régnait en Westphalie et les divers petits princes de la Confédération du Rhin étaient en quelque sorte sous le sceptre de Napoléon.

Malgré cette vaste étendue de territoire, malgré toute notre gloire et nos prodigieux triomphes, la puissance effective de la France n'était point, pour un observateur attentif, aussi grande qu'on aurait pu le supposer, car depuis vingt ans nous étions constamment en guerre et les dernières campagnes d'Allemagne et d'Espagne avaient absorbé un nombre considérable d'hommes. Pour combler les vides on avait devancé les appels, de sorte que les hommes appelés sous les drapeaux n'avaient pas plus de dix-huit à dix-neuf ans. Dès qu'ils étaient habillés et armés on les faisait partir pour l'armée ; les marches, les fatigues, les privations et la nostalgie faisaient un grand nombre de victimes

Indépendamment de l'armée d'Espagne, nous devions avoir des troupes en Italie, en Dalmatie, en Illyrie, en Hollande et sur tout le littoral de la mer du Nord pour y assurer notre domination et l'exécution du blocus continental. Quant à nos alliés, pouvions-nous bien compter réellement sur eux ? L'expérience a prouvé qu'il ne fallait pas s'y fier, puisqu'ils nous ont tous successivement abandonnés et que l'abominable trahison des Saxons à Leipzig, au milieu même de l'action, a été une des principales causes de la perte de la bataille.

Je fais aujourd'hui toutes ces réflexions pour votre instruction, mais il ne faut pas vous imaginer que je les fisse lorsque je partais pour joindre la grande-armée, j'étais bien trop jeune pour penser si sérieusement ; d'ailleurs les journaux de l'époque ne jouissaient d'aucune liberté de discussion, n'enregistraient que les documents produits par le Gouvernement. Au Corps Législatif de l'époque jamais de discours, jamais de discussions, les conseillers d'État, orateurs du Gouvernement, présentaient les projets de loi, on les votait ou on les rejetait sans discours, de sorte que le pays connaissait bien le beau côté de la médaille mais n'en connaissait pas le revers.

Cette manière de gouverner avait été acceptée par la nation, parce qu'elle se souvenait de tous les maux que les violentes discussions des diverses assemblées de la Révolution avaient versés sur le pays qui, las de révolutions, rassasié de gloire, voulait l'ordre et la tranquillité. D'ailleurs, sous beaucoup d'autres rapports le Gouvernement était éclairé, libéral et faisait marcher le pays dans la voie d'un progrès réel.

Ah! si après Iéna et Friedland, ou si même après Wagram, Napoléon eût fait la paix avec l'Angleterre et n'eût pas entrepris de continuer la guerre d'Espagne, s'il eût appliqué son vaste génie au bonheur de son peuple, jamais empire n'aurait été plus glorieux, peuple plus heureux et souverain plus grand et plus digne des hommages de son siècle et de la postérité.

Maintenant, que pour vous faire mieux comprendre les événements des dernières années du premier Empire, je vous ai tracé l'esquisse rapide de la situation de la

France au commencement de la guerre de Russie, je reviens au récit de ce qui me concerne particulièrement.

PASSAGE DU RHIN.

Nous passâmes le Rhin sur le fameux pont de bateaux qui unit Mayence à Castel ou pour mieux dire *Cassel*, dénomination généralement donnée par l'administration française, lorsque Mayence faisait partie du premier Empire.

Cassel était alors un tout petit village parfaitement fortifié et servant de tête au pont de Mayence.

Notre première journée devait nous conduire à Francfort sur le Mein, c'était autour de cette ville que nous devions être cantonnés. Les fourriers partirent en avant pour faire tout préparer, comme si nous étions encore en France.

A notre arrivée à Francfort, où nous avions été devancés dès la veille par un adjudant-major, nous trouvâmes à l'hôtel-de-ville des guides qui devaient conduire chaque détachement dans les villages et hameaux où ces détachements devaient prendre leurs cantonnements. Ces guides étaient des sergents de ville qui tous savaient plus ou moins parler français. Comme j'avais appris que nous devions être logés et nourris chez l'habitant, je savais qu'il était très important d'obtenir pour moi un bon logement, je mis donc de nouveau en usage ce que m'avait appris le sergent de recrutement dont je vous ai parlé au commencement de ce récit. Je fis jaser mon guide pendant tout le trajet que nous fîmes ensemble, je lui dis que j'avais toujours été bien accueilli partout où j'avais logé, attendu que je m'étais toujours conduit comme un homme honnête, poli et bien élevé devait le faire, et que j'avais le plus grand désir qu'il en fût ainsi dans le village où nous allions être cantonnés, qu'en France les maires ou bourgmestres m'avaient toujours favorisé, parce qu'à ma manière de parler ils reconnaissaient de suite que j'étais un homme bien élevé, mais que je n'avais plus aujourd'hui la même recommandation puisque je n'aurais plus affaire qu'à des personnes qui ne comprendraient point ma langue et auxquelles je ne pourrais parler allemand. Je le priai donc de dire un mot en ma faveur au bourgmestre chez lequel nous allions arriver, il me le promit et il tint parole.

A mon arrivée dans le village, nous allâmes tout droit chez le bourgmestre, mais nous ne trouvâmes que sa femme qui envoya aussitôt sa servante pour ramener le mari. En attendant l'arrivée du bourgmestre, mon guide se mit à causer avec la dame, je ne comprenais pas un mot de tout ce qui se disait, mais je voyais facilement qu'il s'agissait de moi, car les yeux du guide et de la vieille dame se portaient alternativement sur moi. Tous les billets de logement étaient prêts et déposés sur la table, mais il y en avait un mis séparément devant la dame et sur lequel une écritoire était posée. Je vis la dame prendre ce billet, le donner au guide qui me le remit aussitôt en me disant : « Voici certainement le meilleur billet de logement de tout le village, mais comportez-vous bien, car vous aurez pour hôte le pasteur protestant qui est un homme à son aise et très recommandable sous tous les rapports ; mais qui, ne voulant avoir chez lui que d'honnêtes gens, est venu ce matin même prier le bourgmestre de lui envoyer des sous-officiers paraissant devoir se bien conduire.

Je remerciai beaucoup la dame et mon guide de ce qu'ils avaient fait en ma faveur et je leur promis de me comporter de manière à justifier la bonne opinion qu'ils avaient de moi.

Le bourgmestre ne tarda point à arriver : c'était le premier fonctionnaire de ce genre que je voyais de l'autre côté du Rhin, mais dès le premier jour, je trouvais un type parfait dont j'ai gardé un fidèle souvenir. C'était un homme d'une bonne soixantaine d'années, d'une taille moyenne, chaussé de grandes et larges bottes dans lesquelles entrait un pantalon assez ample, gilet rouge, habit bleu en queue de morue, à grands boutons en métal, tête carrée, coiffée d'une casquette dont le turban était en marocain et le dessus en fourrure commune ; de dessous cette casquette sortaient et pendaient sur chaque joue trois à quatre tire-bouchons de cheveux grisonnants. La femme du bourgmestre mit de suite son mari au courant de ce qu'on avait fait par rapport à mon logement, il approuva tout, me fit en allemand une assez longue harangue à laquelle je ne compris rien du tout ; mais mon guide m'expliqua brièvement toutes les recommandations qui m'étaient faites, et ajouta qu'il allait me conduire lui-même chez le pasteur pour lui dire de la part du bourgmestre que, si je ne me comportais pas bien, on me donnerait un autre logement.

Je pris tous les billets, je remerciai le bourgmestre et sa dame et je me fis conduire chez le pasteur qui devait être mon hôte.

Ce pasteur était un homme de 55 à 60 ans, vêtu de noir, cravaté de blanc, fraîchement rasé, proprement mis, d'une figure respectable mais un peu puritaine. Le guide lui parla quelques instants en allemand, s'acquitta de la commission du bourgmestre et lui parla probablement de moi d'une manière favorable, car à la fin de la conversation le pasteur m'adressa la parole en bon français d'une manière aimable en me disant qu'il espérait bien avoir chez lui un homme bien élevé, etc., etc., puis il me conduisit au logement que je devais occuper et qui était situé sur un des côtés du jardin potager qui faisait suite à la maison. C'était un tout petit bâtiment ayant deux pièces au rez-de-chaussée, l'une m'était destinée et l'autre servait de salle d'étude à un jeune homme d'une douzaine d'années qui y faisait ses devoirs, car je voyais entre ses mains des dictionnaires et des livres qu'il n'était pas difficile de reconnaître pour des livres de classe.

J'avais à peine quitté mon sac, déposé mon fusil dans un coin, lorsque je vis arriver le pasteur, accompagné d'une grosse maritorne allemande, tenant d'une main une bouteille et de l'autre une assiette, sur laquelle il y avait un petit pain à peu près semblable aux pains de Bruxelles et un verre à pied dans le genre de nos verres à vin fin. « Monsieur, me dit le ministre, je crois de mon devoir de vous prévenir qu'en vertu des arrangements pris entre le Gouvernement français et l'État de Francfort, les habitants qui logent des sous-officiers, leur doivent le matin un morceau de pain et un verre de *schnaps*, puis deux repas dans la journée ; je viens, en conséquence, vous faire offrir le déjeuner auquel vous avez droit, » et sur un mot dit à la servante, celle-ci se mit en devoir de me verser un verre de *schnaps*. Je fis signe à la servante de ne rien verser et je répondis au pasteur que j'avais déjeuné avant d'arriver, que j'avais même bu à ce déjeuner, pour la première fois de ma vie, du *schnaps*; que cette liqueur me paraissait bonne, mais que, d'après l'effet qu'elle m'avait produit, elle devait très facilement griser un jeune homme comme moi, pas du tout habitué aux liqueurs fortes, et qu'ayant pris la très ferme résolution de ne jamais m'enivrer, je ne pouvais accepter le verre qu'il m'offrait avec tant de politesse. Je vis de suite que ma réponse faisait le plus grand plaisir au ministre, car d'un air fort aimable, il me complimenta de cette bonne résolution qui dénotait un jeune homme élevé par une famille respectable.

« Je vois, me dit le ministre, que le billet de logement indique que je dois recevoir chez moi deux sous-officiers, votre camarade va-t-il bientôt arriver et avez-vous tous les deux les mêmes goûts ? »

Je répondis qu'à la vérité le billet de logement était pour deux sous-officiers, mais que mon sergent-major remplissait pour le moment les fonctions d'adjudant et qu'il logeait à Francfort à côté du chef de bataillon, dont il était en quelque sorte l'aide-de-camp. Cette seconde réponse parut faire à mon hôte autant de plaisir que la première.

Resté seul dans ma chambre, je me mis à faire ma toilette et à fourbir mes armes, mes boutons et l'aigle de mon schako. Pendant que je me livrais à ces occupations, j'avais vu le jeune écolier de la chambre voisine s'approcher peu à peu, tout en cherchant à ne pas être vu, d'un grand jeune homme blond et pâle qui se promenait solitairement dans une allée du fond du jardin et qui n'avait point eu l'air de faire attention à moi lorsque j'étais arrivé dans la maison.

Ce jeune écolier, en me voyant nettoyer mes armes, assistait probablement pour la première fois à un tel spectacle ; il ne disait rien, il paraissait en admiration, mais lorsque je sortis la lame de mon sabre pour l'essuyer afin qu'elle conservât tout son brillant, notre jeune gamin ne put contenir son émotion et il me dit en français, d'une voix étranglée : « *Monsieur le soldat français, vous avez un bien beau sabre, comme il doit bien couper ! !* » Je me mis à rire et je lui répondis : « Mon petit ami, puisque vous êtes si amateur de mon sabre, je vais vous le prêter pour un instant, » et en même temps je le coiffai de mon schako et je lui mis mon sabre en bandoulière. Notre jeune homme était aux anges et se promenait fièrement dans ma chambre et dans la sienne, le sabre au côté, faisant le fanfaron comme tous les enfants en possession d'une arme quelconque ; nous devînmes bientôt de grands amis et je lui fis à mon tour des questions. Il m'apprit que ses parents faisaient eux-mêmes son éducation, son père lui enseignait le latin et le français, sa mère l'anglais. Il me montra ses versions et ses thèmes, et à mon grand étonnement je vis qu'il apprenait en même temps, et presque sans s'en douter, deux langues à la fois. Voici comment les choses se passaient :

On lui donnait une phrase latine qu'il traduisait d'abord en allemand, puis ensuite en français. Pour les thèmes c'était l'inverse, on lui donnait une phrase française qu'il traduisait en allemand, puis en latin. J'examinai son devoir du jour, je le trouvai assez bien fait. Cependant, comme j'y trouvai quelques fautes, je les corrigeai de ma main et je lui expliquai de vive voix la valeur réelle de quelques mots français dont il ne comprenait pas bien la différence.

Je lui demandai ce qu'était ce Monsieur qui se promenait au fond du jardin, il me répondit que c'était son frère, étudiant, à l'Université de Iéna, que son père l'avait fait revenir tout nouvellement *à cause des Français*. J'allais demander de nouvelles explications relativement à ces mots *à cause des Français*, lorsque la servante vint dire à Fritz qu'il était temps d'aller montrer son devoir du jour à son père. Fritz partit immédiatement avec tous ses cahiers.

Après avoir fait ma toilette militaire, comme c'était mon habitude journalière, j'allais sortir pour aller au devant du régiment, lorsque je rencontrai dans le jardin le ministre qui me dit : « J'ai oublié de vous annoncer que nous dînions à midi et que nous soupions à sept heures, si ces heures vous conviennent il nous sera agréable de vous voir vous asseoir à notre table. » Je répondis que j'étais excessivement flatté de cette politesse, que l'heure du souper me convenait parfaitement parce qu'à cette heure-là tous mes devoirs militaires étaient remplis ; que quant à l'heure de midi, j'ignorais encore si mes fonctions me rendraient libre à ce moment-là, mais qu'à l'arrivée du régiment je saurais à quoi m'en tenir et que je donnerais une réponse, que dans tous les cas il ne fallait pas se gêner pour moi, attendu que je serais désolé de déranger les habitudes de la maison.

J'allai au devant de notre compagnie qui logeait seule

dans le hameau, je distribuai les billets de logement et, avant de rompre les rangs, le capitaine fit former le cercle et annonça que tous les jours il y aurait inspection avec armes et bagages en tenue de route à dix heures du matin et appel à cinq heures du soir, qu'il fallait profiter des quelques jours de repos que nous allions avoir pour laver le linge, mettre les armes en parfait état, réparer les habillements et les chaussures, etc., etc., et qu'enfin il fallait que tous les soldats se conduisissent bien dans leur logement, car, à la moindre plainte légitime, les délinquants seraient sévèrement punis.

Aussitôt les rangs rompus, je me hâtai de rentrer à mon logement et, quoiqu'il fût plus de midi, personne n'était encore à table. Je témoignai combien j'étais touché de cette politesse et j'annonçai qu'à l'avenir rien ne m'empêcherait d'être exact à l'heure des repas.

Le pasteur me présenta à sa femme, grosse dame âgée, d'un air fort respectable, elle était, comme son mari, habillée de noir et portait une coiffe plissée à la mode de nos arrière-grand'mères, et comme je me rappelais en avoir vu dans de vieux tableaux.

Nous nous plaçâmes à une table ronde, j'avais le ministre à ma gauche, Fritz à ma droite, la dame était à la gauche de son mari, puis venait l'étudiant d'Iéna.

Je m'aperçus bien vite que Fritz avait montré le devoir que j'avais corrigé et que c'était peut-être à cette circonstance que je devais l'honneur d'être assis à la table de mes hôtes.

A ce premier dîner je fis peu de conversation, je répondis aux questions de Fritz et au ministre qui m'adressait de temps en temps la parole, madame dit quelques mots en allemand à Fritz; quant à l'étudiant d'Iéna il ne prononça point une seule parole pendant tout le dîner et, au sortir de table, il monta dans sa chambre, armé d'une longue pipe allemande, à fourneau en porcelaine peinte et à tuyau élastique

Comme je ne voulais pas être gênant pour mes hôtes, j'allai voir mes camarades logés dans le village et je rentrai un quart-d'heure seulement avant l'heure du souper.

La conduite discrète que j'avais tenue parut plaire beaucoup au ministre et à sa dame, on se mit à table et le souper se prolongea fort longtemps en conversations amicales. Ayant trouvé l'occasion de faire compliment au pasteur de sa manière élégante de parler le français, il me répondit qu'il n'y avait pas grand mérite pour lui, car il avait été en quelque sorte élevé dans un pays où l'on parlait le français, puisqu'il avait très longtemps habité Genève où il avait fait ses études théologiques; que plus tard il avait été gouverneur d'un jeune Allemand très haut placé avec lequel il avait beaucoup voyagé en France en s'occupant de minéralogie, science qu'il affectionnait par dessus tout. Je lui demandai s'il avait visité l'Auvergne, il me répondit affirmativement en me citant les noms des diverses montagnes de la chaîne du Puy-de-Dôme. Je lui dis alors que je connaissais parfaitement toutes ces montagnes, car j'étais de Clermont même, et que c'était au lycée de cette ville que j'avais fait mes études. Pour lui prouver que je connaissais bien toutes les localités qu'il me citait, je lui indiquai ce qu'elles offraient de curieux et lui fis la description des diverses coulées de laves parties des volcans du *puy Pariou*, du puy du Chaudron, etc , etc. La conversation devint intéressante pour mon hôte et je vis que l'étudiant d'Iéna y prêtait toute son attention , sans cependant proférer une seule parole.

Le pasteur m'ayant demandé comment il se faisait qu'ayant reçu une bonne éducation j'étais entré dans l'état militaire avec un si faible grade, puisqu'en France les écoles militaires étaient accessibles à toutes les classes de la société et que les places étaient données au concours. Pour répondre à cette question, je racontai fidèlement mon histoire, et lorsque j'en vins au moment où je me séparai de mes parents, je vis des larmes mouiller les yeux de la femme du pasteur qui me demanda alors en bon français, mais avec un accent allemand très prononcé, si j'avais encore ma mère et si depuis peu de temps j'en avais reçu des nouvelles. Je répondis que j'en avais reçu à Mayence et que j'allais lui écrire le lendemain matin.

Cette soirée me mit tout à fait bien dans l'esprit de mes hôtes et nous nous séparâmes pour aller nous coucher.

Le lendemain matin j'écrivis à mes parents et je leur racontai ce qui venait de m'arriver ; ma correspondance terminée, j'allai faire un tour de jardin où je ne tardai pas à voir le pasteur venir à ma rencontre.

« Monsieur, me dit-il, je suis charmé que le hasard m'ait procuré le plaisir de vous recevoir chez moi , et je viens vous prier de me donner une preuve de votre bonne éducation en ne parlant jamais de Napoléon, ni de ses victoires, ni de sa politique devant mon fils aîné ; il est maintenant, comme toute la jeunesse des universités allemandes, enrôlé sous la bannière du *Tugend-Bund* (ce qui signifie en français Lien de vertu). Cette société a été longtemps secrète et même portait ombrage aux princes de l'Allemagne, parce qu'on y prêchait la liberté des peuples et certains principes qui peuvent être bons en certaines circonstances et fort dangereux dans beaucoup d'autres; mais aujourd'hui qu'on croit Napoléon très affaibli et que l'Allemagne veut s'affranchir, les princes les plus despotes parlent de liberté et se servent du *Tugend-Bund* pour électriser toutes les têtes. Les plus fameux professeurs des universités dirigent et accélèrent le mouvement. Vous ne savez peut-être pas que la Prusse va devenir l'ennemie de la France et que vous aurez à combattre à la fois les Russes et les Prussiens, et peut-être même d'autres nations; déjà on a enrôlé les étudiants des diverses universités, et comme on aurait pu entraîner mon fils à prendre les armes, je l'ai fait revenir d'Iéna. Nous aurons, quand vous voudrez, mais à nous deux seulement, une plus longue conversation à ce sujet; mais aujourd'hui je me borne à vous prier de vous abstenir de parler politique devant mon fils et ma femme, je vous quitte pour qu'on ne se doute pas du sujet de notre entretien. » Je promis tout ce que demandait le pasteur, je tins parole et je m'en trouvai bien, car je fus toujours admirablement bien traité par ces braves gens.

C'est dans cette maison que j'appris à connaître la véritable cuisine allemande de la classe bourgeoise: choucroûte, nouilles, lard et viandes salées et fumées, saucisses, cervelas, légumes de tous genres conservés, confitures mangées avec le rôti, etc., etc. J'étais jeune, j'avais bon appétit, tout me paraissait bon, de sorte que j'étais un fort bon convive qui ne critiquait jamais la cuisine allemande.

J'étais trop bien dans ce bienheureux village pour croire que nous puissions y rester longtemps, et comme certains bruits me faisaient penser que nous ne tarderions point à partir, je cherchai à me ménager quelques tête à tête avec le pasteur pour connaître les véritables sentiments des Allemands à notre égard. Nous eûmes ensemble quelques conversations dans lesquelles il montra les meilleurs sentiments pour la France, l'esprit le plus modéré et le plus dégagé d'injustes préjugés.

Voici à peu près le résumé de nos entretiens : Il convenait que lorsque la Prusse, l'Autriche et les divers états de l'Allemagne avaient cherché à envahir la France occupée à rompre les liens qui la retenaient captive, les Français avaient pu avec raison porter la guerre en Allemagne, que celle-ci n'avait, suivant lui, jamais fait sincèrement la paix, parce qu'elle était excitée par l'Angleterre, par les princes dépossédés et par ceux qui craignaient de l'être, par la propagation des idées nouvelles ; que la France avait eu notamment beaucoup à se plaindre de la duplicité de la Prusse et de l'Autriche qui du reste en avaient été bien cruellement punies, mais que les peuples avaient largement payé les fautes des rois ; que depuis près de vingt ans l'Allemagne avait servi de champs de batailles aux armées françaises qui s'y étaient fait nourrir, payer, habiller, très souvent à l'aide de moyens violents, que les agrandissements de territoire donnés à divers princes qui, d'électeurs étaient devenus rois, avaient bien pu donner satisfaction à l'amour-propre de ces princes, sans pour cela obtenir l'assentiment des peuples et leur sympathie pour la France, attendu que ces divers changements opérés dans les limites des États, avaient toujours été le résultat de guerres, dans lesquelles ces territoires avaient été foulés par les armées ou bien ruinés par des réquisitions et des contributions de guerre, sans donner aucune satisfaction légitime aux populations.

Que, dans ces derniers temps, la saisie des marchandises anglaises, sous prétexte de blocus continental, avait ruiné bien des négociants allemands, que toutes les grandes villes du littoral de la mer du Nord voyaient leur négoce anéanti, que leur ruine se faisait sentir de proche en proche jusque dans le cœur du pays qui ne trouvait plus à écouler par Hambourg, Lubeck, etc., etc., les produits de son agriculture et de son industrie.

Qu'à Francfort, État libre et neutre, beaucoup de négociants étaient ruinés par suite des catastrophes lointaines causées par la rigueur du blocus continental, que le commerce y était nul, etc., et que tous ces malheurs, étant attribués à Napoléon, l'irritation y était aussi grande que dans les pays vaincus sur les champs de bataille, etc., etc.

Tout ce que je viens de raconter en abrégé me fut dit en un grand nombre d'entretiens, plutôt provoqués par moi-même que désirés par le pasteur, qui mettait du reste une modération et une politesse extrêmes dans ses récits. Il m'avoua que, jusqu'en 1809, il avait été un admirateur passionné de Napoléon, mais depuis quelques années il l'avait vu s'écarter tellement de la voie que la Providence semblait lui avoir tracée, qu'il était obligé d'avouer que son ancien héros ressemblait trop au roi de Suède, Charles XII, et à ce propos il ajoutait, que le fameux vingt-neuvième bulletin, tout en avouant des pertes cruelles, était resté beaucoup au-dessous de la vérité, et que des renseignements précis et certains qui lui étaient parvenus, ainsi qu'à beaucoup de négociants de Francfort très intéressés à connaître toute la vérité pour leurs opérations commerciales, affirmaient que l'armée française se trouvait diminuée de moitié à son arrivée à Moscou, par suite des combats, des chaleurs, des maladies, des fatigues et des privations de tous genres, et que le retour avait été tellement désastreux qu'il n'y avait pas un seul corps organisé qui eût repassé le Niémen, mais seulement une cohue désordonnée d'hommes débandés, démoralisés, mourant de faim et de froid : que parmi les débris recueillis dans les places fortes, où ces malheureux s'étaient réfugiés, il y avait peut-être bien de quoi former les garnisons pour les défendre, mais non les éléments d'une armée capable de résister aux Russes et aux Prussiens réunis ; qu'il savait parfaitement que les ressources de la France étaient encore considérables et le génie de Napoléon inépuisable, aussi craignait-il beaucoup que des torrents de sang fussent répandus sans rendre les hommes plus libres et plus heureux, car pour son compte il n'ajoutait aucune foi aux promesses libérales de la Prusse.

Je dois avouer que tous les raisonnements du ministre avaient sur moi très peu de prise, je crus voir de l'exagération dans ses récits ; car ainsi que tous les jeunes gens de mon âge, je regardais Napoléon comme un guerrier tellement supérieur à tous les généraux qu'on pourrait lui opposer, qu'avec lui la victoire était certaine. Puis je venais à peine d'achever mes études et j'avais comme tous les écoliers la tête pleine des exploits d'Alexandre, Annibal, César, etc., etc. ; d'ailleurs la gloire militaire m'apparaissait comme le faîte des grandeurs humaines.

Après avoir séjourné une huitaine de jours chez l'honnête et vertueux pasteur, nous reçûmes l'ordre de partir pour *Hanau* d'où nous allâmes à *Séligenstadt* où nous trouvâmes le 82me régiment de ligne avec lequel nous formâmes la première brigade de la 3me division du 6me corps. Ce régiment ainsi que les 47me, 66me, 70me qui formaient la seconde brigade de la même division étaient des régiments qui avaient fait partie avec le nôtre de la même division dans les guerres de Portugal et d'Espagne, de sorte que tous les officiers se connaissaient.

Notre général de brigade fut le général *Cohorn*, connu dans toute l'armée comme le crâne des crânes; on lui reprochait même d'avoir montré trop de témérité au passage du pont d'*Ébersberg*, lors de la campagne de Wagram en 1809. Il fut tué à Leipzig le 18 octobre 1813 ainsi que le général *Friédérisch* qui commandait notre division.

Ce fut à *Séligenstadt* que nous complétâmes nos apprêts d'entrée en campagne; les voitures qui jusque-là portaient les bagages des officiers et la comptabilité furent supprimées; on alloua un cheval pour les trois officiers d'une compagnie, ce cheval avait un bât supportant les valises et les cantines des officiers. On nommait *cantines* des paniers recouverts de cuir, se fermant avec un cadenas: elles contenaient les livres, les ustensiles de cuisine et les effets de campements, couvertures, sacs et manteaux des officiers.

Après un court séjour à *Séligenstadt* où la division fut plusieurs fois réunie, nous partîmes dans la direction de *Fulda*. J'emploie à dessein le mot direction, car nous marchions en division, et comme nous étions nourris et logés chez l'habitant, il fallait étendre la division sur une assez grande ligne pour trouver à la loger et à la nourrir; d'un autre côté, il fallait combiner la marche de manière à pouvoir réunir fréquemment la division ; il résultait de tout cela que nous avions souvent d'assez longues marches à faire pour opérer ces réunions; puis ensuite nous ne suivions pas les grandes routes qui étaient spécialement réservées aux convois, à l'artillerie et aux bagages.

A *Fulda* nous cessâmes d'être nourris chez l'habitant, on nous distribua des vivres de campagne qui consistaient en pain, viande, quelquefois du riz. Du moment où nous reçûmes les vivres de campagne, nous fûmes beaucoup plus mal ; nous arrivions souvent dans des villages où rien n'était préparé ; nous étions souvent exposés à attendre que les vivres fussent arrivés et que la soupe ou la ratatouille fussent faites. Une compagnie entière couchait sur la paille dans des granges ou sous de mauvais hangars. Plus nous avancions dans le cœur de l'Allemagne, plus il y avait de concentration de troupes et plus mal nous étions sous tous les rapports, car bientôt nous devions cesser d'avoir des abris dans des granges ou autres bâtiments.

A l'entrée de la Thuringe, nous commençâmes à bivouaquer par division ; comme vous ne savez pas ce qu'est un bivouac, je vais vous l'expliquer. Aujourd'hui les troupes ne bivouaquent plus, elles campent au moyen de *tentes-abris* divisées en quatre compartiments portés par les soldats et qu'on réunit pour former une tente où quatre soldats sont préservés de la pluie, de la neige, etc., etc.; mais du temps de Napoléon Ier les choses ne se passaient pas ainsi. Quand on était en campagne et qu'une brigade, une division, un ou plusieurs corps d'armée étaient arrivés à une position désignée, on y établissait le bivouac.

Les armes étaient mises en faisceaux sur une ou plusieurs lignes qu'on nommait le front de bandière. En avant de cette ligne on distribuait des piquets de troupes avec des sentinelles avancées pour préserver le camp de toute surprise. Des patrouilles reliaient les divers postes, les commandants de ces patrouilles s'assuraient que le service était fait avec vigilance, de sorte qu'il était défendu de dormir, lorsqu'on faisait partie d'un avant-poste.

En arrière du front de bandière, on construisait une ou plusieurs lignes de baraques, et en arrière de ces baraques se trouvaient les feux de bivouac où bouillaient les marmites et où les hommes se réchauffaient ou se séchaient, lorsque les habits étaient mouillés.

Ces baraques variaient de forme, de grandeur et de construction selon le temps et les matériaux que l'on avait pour les établir. La plupart du temps une baraque était un simple abri dans le genre de ceux que les cantonniers, occupés à casser des pierres le long des grandes routes, se construisent pour se préserver de la pluie ou du vent à leurs moments de repos, c'est-à-dire des espèces de claies en paille ou en branchages. Lorsqu'on était arrivé à un endroit où l'on devait bivouaquer et que les postes avancés étaient placés, chacun se mettait à l'ouvrage selon sa spécialité : les uns ramassaient du bois, allumaient du feu, allaient chercher de l'eau dans de grands bidons, mettaient les marmites au feu pour cuire la viande ou les légumes qu'on avait pu se procurer d'une manière ou d'une autre. Les autres abattaient les arbres des environs, coupaient les branches et employaient les troncs à faire du feu. Les branches fourchues étaient enfoncées en terre en leur donnant l'inclinaison ordinaire d'une toiture, elles étaient distancées les unes des autres d'une manière variable, suivant la longueur des pièces qui servaient à les relier ensemble transversalement. Sur cette pièce transversale, on attachait d'autres morceaux de bois fichés en terre et l'on formait ainsi une sorte de claie sur laquelle on mettait de la paille, lorsqu'on pouvait s'en procurer; mais le plus souvent on n'avait que des branches d'arbres garnies de leurs feuilles. Ce n'était certainement point une toiture imperméable, aussi était-on souvent mouillé lorsque la pluie était persistante ou abondante. D'autres fois l'ouvrage était à recommencer lorsque le vent changeait de direction, car si le vent était nord on mettait au midi le côté ouvert de la baraque, mais si le vent sautait brusquement du côté opposé aux prévisions, on était mouillé ou glacé, et souvent le frêle édifice était emporté par un tourbillon, ou s'effondrait sur ceux qui étaient dessous.

Lorsqu'on avait le temps et que le bois et la paille ne manquaient pas, on construisait des baraques plus solides en appuyant, l'une contre l'autre, deux claies fabriquées comme je viens de l'expliquer, de manière à leur donner la forme d'un $\wedge$ dont le fond était fermé et dont l'ouverture était du côté opposé au vent; enfin on s'ingéniait, à qui mieux mieux, pour s'abriter le moins mal possible, et c'était un spectacle vraiment curieux que de voir l'habileté de certains hommes pour ces sortes d'ouvrages ; les militaires qui avaient fait plusieurs campagnes étaient généralement ceux qui se distinguaient le plus : on leur apportait et on apprêtait les matériaux suivant leurs indications et ils les mettaient en œuvre, aussi voyait-on s'établir en très peu de temps un campement d'une division et souvent même d'un corps d'armée tout entier.

Vous me demanderez peut-être comment on pouvait se procurer le bois et la paille ? Pour le bois, ce n'était pas bien difficile, on abattait ou l'on arrachait tous les arbres qui se trouvaient dans les environs. Les pins, les sapins et autres arbres de la même essence étaient déracinés en un clin-d'œil, on attachait une corde à une certaine hauteur, puis quinze à vingt hommes tiraient brusquement l'autre bout de la corde et l'arbre était déraciné avec toutes ses racines. Aussitôt un arbre abattu, on le dépeçait pour construire les baraques ou pour faire du feu.

Il était bien plus dificile d'avoir de la paille. Lorsqu'on campait en vue d'un ou de plusieurs villages, on allait à ces villages et on enlevait toute la paille qu'on pouvait y trouver; elle était presque toujours insuffisante pour les toitures, mais on l'employait pour s'en faire une bonne litière.

Lorsqu'on n'était pas en vue de villages, on s'orientait pour trouver où il pouvait y avoir des habitations, on montait sur des arbres pour mieux découvrir la campagne ; lorsqu'on voyait des touffes d'arbres ou un ruisseau, on présumait qu'il y avait des habitations de ce côté-là ; on consultait les chemins : lorsqu'ils laissaient voir des traces de roues, c'était encore une indication ; enfin il y avait des militaires et surtout de vieux troupiers qui découvraient les villages comme un habile chasseur sait découvrir les endroits fréquentés par le gibier. Mais, hélas! on faisait bien souvent des pas inutiles, très souvent encore on n'avait pas le temps d'entreprendre les courses nécessaires, on se bornait à allumer de grands feux où deux à trois arbres brûlaient en même temps, on se rangeait tout autour de ces feux ; si la terre était sèche et le temps serein, on se mettait dans son sac de campement, le havre-sac servait d'oreiller et l'on tâchait de dormir ; si le terrain était humide, on ramassait du bois ou des feuilles, on s'en faisait une litière et l'on passait ainsi la nuit.

Lorsqu'il ne pleuvait pas, il m'était à peu près indifférent de coucher à la belle étoile ; si j'avais l'estomac garni, je dormais comme un bienheureux et le bivouac n'avait pour moi aucun inconvénient ; mais il n'en était pas de même lorsque j'étais à jeun. Je supportais également bien les fatigues de la marche, mais la privation de sommeil était ce qu'il y avait de plus pénible pour moi.

Pour le moment je n'en dirai pas davantage sur nos bivouacs ; j'aurai par la suite l'occasion de vous faire connaître toutes les misères de la guerre.

Ce fut en Thuringe que je vis les premières épaves de la malheureuse campagne de Russie; nous étions au bivouac autour d'une petite ville nommée *Rultha* où l'on fabrique beaucoup de ces pipes à tuyaux élastiques, très en usage en Allemagne. Notre général s'était établi dans la ville, la compagnie de grenadiers dont j'étais le fourrier avait été désignée pour lui servir de *piquet d'honneur*. En arrivant devant la demeure du général, nous fûmes reçus par un officier d'état-major qui fit entrer la compagnie dans la cour d'une sorte de ferme se trouvant en face. Après avoir désigné à nos officiers les logements qu'ils devaient occuper, il prescrivit à notre capitaine d'établir un corps-de-garde à l'entrée de l'habitation du général et d'installer le reste de la compagnie dans des hangars et des écuries assez délabrés qui se trouvaient au fond de la cour, en ajoutant : « Il y a dans les granges de la paille et du bois, vous en userez avec modération, mais vous prendrez tout ce qui vous sera nécessaire ; faites de suite allumer du feu, je veillerai à ce qu'on vous distribue de la viande et du pain. »

Après avoir expliqué tout ce qui précède au capitaine, il dit quelques mots en allemand à un individu moitié bourgeois, moitié paysan, qui paraissait être le maître du logis, et il s'éloigna en ajoutant : « Tout est entendu avec Monsieur », nous montrant l'individu qui était à ses côtés.

Le capitaine m'ayant ordonné de faire exécuter les instructions que je venais d'entendre, je fis former les faisceaux et déposer les sacs ; puis, immédiatement, les grenadiers se mirent à prendre dans la grange la paille nécessaire pour notre litière et des bûches pour allumer du feu dans une encoignure de la cour, afin de faire la soupe ; mais lorsque notre Allemand vit qu'on se préparait à faire du feu, il se mit dans une colère épouvantable et, courant vers les grenadiers qui apportaient de la paille ou du bois, il se mit en position d'un homme qui voulait empêcher l'exécution des ordres qui m'avaient été donnés. Présumant que la crainte d'un incendie pouvait être la cause de sa colère, je pris une marmite et je fis signe à l'Allemand de me suivre. J'entrai dans l'intérieur de la maison et, mettant la marmite devant le feu, je lui indiquai avec mes doigts le nombre de marmites nécessaire pour la compagnie ; notre homme alors ne se contenant plus, prit la marmite et fit mine de la jeter au loin, je la lui arrachai des mains, je le fis marcher devant moi, je me rendis dans la cour où je fis immédiatement allumer du feu dans un coin où il n'y avait point danger d'incendie. Notre Allemand avait tant crié et fait tant de tapage que ses vociférations avaient été entendues de l'officier d'état-major qui nous avait installés ; cet officier vint voir ce qui se passait et si nous avions outrepassé ses recommandations. Lorsqu'il se fut bien rendu compte de la fidèle exécution de ses ordres et que je lui eus expliqué ce qu'avait fait le *paour* (nom que les Français donnaient aux paysans allemands), il adressa une verte réprimande à notre individu et m'autorisa à le faire conduire au corps-de-garde s'il continuait à nous contrarier, et il le lui dit en allemand.

Je reconduisis l'officier d'état-major jusqu'à la rue en le remerciant de ce qu'il avait fait pour nous. Au moment où l'officier s'éloignait, je vis venir à moi un homme qui marchait avec peine en s'appuyant sur un bâton, sa figure était celle d'un homme exténué et son costume celui des paysans allemands. En m'abordant, il me dit en très bon français : « Tel que vous me voyez, je suis votre compatriote et votre collègue, car je suis fourrier comme vous dans l'armée française. J'ai été témoin de toute la scène qui vient de se passer, et elle m'a prouvé qu'en Thuringe, comme dans tous les pays que je viens de traverser, l'armée a besoin de donner une bonne leçon aux Prussiens et à leurs partisans. Je loge en face chez des amis, venez manger un morceau avec moi, j'ai besoin de renseignements que vous pourrez sans doute me fournir, j'attends ce service de votre complaisance. »

Je répondis que j'acceptais son offre avec plaisir, que j'allais dire au sergent de semaine où l'on me trouverait, si on avait besoin de moi. Cette précaution prise, je suivis l'individu : nous entrâmes dans la maison qu'il m'avait indiquée, il me laissa seul un instant dans la chambre, puis il revint avec une servante qui apportait un plat de viande, du pain et de la bière : « Installez-vous, me dit-il, mangez, buvez, pendant ce temps-là je vous expliquerai mon affaire. »

Lorsqu'il m'eût servi à boire et à manger, il me dit : « Je suis Alsacien et fourrier d'artillerie, j'ai été grièvement blessé à la bataille de la Moskowa ; relevé du champ de bataille le lendemain de l'affaire, j'ai été porté dans un couvent russe où l'on avait établi une ambulance, j'y ai été soigné par des chirurgiens français aussi bien qu'on pouvait l'être dans un local encombré de malades et de blessés dont le plus grand nombre expirait sous mes yeux. Après un très court séjour dans cet hôpital improvisé, voyant que j'aurais très probablement le même sort, si j'y restais plus longtemps, je trouvai le moyen de me faire évacuer sur *Smolensk* ; je n'y suis point arrivé d'emblée, mais dans l'artillerie il y a une confraternité d'armes beaucoup plus grande que dans les autres corps, et grâce à cette circonstance, j'ai pu arriver peu à peu jusqu'à Wilna ; je m'y suis un peu rétabli, mais voyant affluer à Wilna une foule de malheureux à moitié morts de faim, de froid et de misère, je suis parvenu à gagner Kœnigsberg où je suis entré à l'hôpital. J'y étais à peine de quelques jours, lorsque nous avons appris que l'armée avait repassé le Niémen dans un état désastreux ; j'ai vu alors arriver à Kœnigsberg, pêle-mêle et sans ordre, une cohue de généraux, d'officiers de tous grades, d'hommes de toutes les armes et de tous les corps, affamés, gelés, enfin dans un état difficile à comprendre. Parmi les arrivants je reconnus mon lieutenant, il était mourant ; je cherchai à lui rendre tous les services en mon pouvoir, mais le malheureux mourut dans mes bras deux jours après son arrivée ; comme il avait conservé toute sa présence d'esprit, il me dit avant de mourir de prendre dans la poche de son pantalon une bourse contenant quelques centaines de francs qui m'aideraient à regagner la France.

« Mon lieutenant mort, je sortis de l'hôpital et j'eus le bonheur de rencontrer un cantinier, possesseur d'une petite voiture avec laquelle il se proposait de gagner l'*Oder* pour se mettre en sûreté ; car dans les environs de Kœnigsberg, les malheureux militaires isolés étaient assassinés et dépouillés de la manière la plus cruelle. Je lui fis comprendre que deux hommes pourraient plus facilement se défendre qu'un homme seul, que d'ailleurs j'avais le projet d'acheter à Kœnigsberg des vêtements de paysan et qu'à l'aide de ce déguisement et de ma connaissance parfaite de la langue allemande, nous pourrions passer pour des gens du pays et arriver de cette manière dans une contrée où nous serions en sûreté ; j'offris enfin de payer la majeure partie de la dépense. Mon offre fut acceptée ; à une certaine distance de Kœnigsberg, je me revêtis de mes habits de paysan, je jetai dans un fossé les misérables haillons militaires qui me restaient encore. Nous cheminâmes ainsi assez heureusement, évitant les villes, couchant dans les villages, vivant le plus modestement possible pour épargner notre argent ; enfin, après bien des angoisses nous arrivâmes sur l'Elbe où nous trouvâmes le prince Eugène à la tête d'une petite armée, composée principalement des troupes venues d'Italie et qui, pendant longtemps, avaient tenu garnison à Berlin. Dès que nous nous trouvâmes sous la protection de l'armée française, mon cantinier me signifia qu'il allait reprendre son ancien métier et qu'il n'irait pas plus loin.

« Je trouvai le moyen de gagner *Leipzig*. Là, après avoir compté l'argent qui me restait, je résolus de louer une voiture pour me faire conduire à *Rulha* où ma famille avait un correspondant que j'avais vu souvent en Alsace et chez lequel j'étais sûr de trouver un refuge, jusqu'à ce que je fusse en état de me remettre en route, avec l'argent que mes parents m'enverraient. »

Le fourrier d'artillerie ne s'était point trompé, il avait été bien reçu chez ce correspondant. Aussitôt arrivé il avait écrit en Alsace et par une lettre nouvellement reçue, on lui mandait que son frère était parti avec une voiture pour le ramener dans la maison paternelle ; on ajoutait que ce frère n'avait point pris la route de Mayence et de Francfort, parce qu'on savait en Alsace que toute l'armée française suivait cette route, qu'il y aurait sans doute encombrement partout et que pour cette raison il passait par le Wurtemberg et Wutzbourg pour se rendre à *Rulha*.

Après cette narration, le fourrier d'artillerie ajouta : « Je vous ai demandé une entrevue parce que, depuis Kœnigsberg, j'ai entendu de tels propos sur le compte de la France que mon patriotisme en a été profondément alarmé et que je suis bien aise de connaître l'exacte vérité de la bouche même d'un militaire français, puis ensuite de vous consulter sur la meilleure route à suivre pour rentrer en France. Il me tarde tellement d'arriver, que j'hésite beaucoup à prendre la route suivie par mon frère, tandis que si je pouvais gagner promptement *Mayence*, il me serait possible de faire le reste du chemin en bateau sur le Rhin, manière de voyager qui conviendrait beaucoup mieux à l'état déplorable de ma santé. » Son correspondant de *Rulha*, qui lui était entièrement dévoué, le dissuadait de prendre la route de *Francfort*, non seulement à cause des difficultés de tous genres qu'il y trouverait, mais encore à cause du danger d'être enlevé par des partis prussiens.

Je lui répondis qu'il était plus prudent de faire retour par le Wurtemberg, car dans les environs *d'Eisenach* on avait signalé des partisans prussiens, qui, disait-on, avaient enlevé des militaires isolés ; que nous n'avions rien vu, mais que néanmoins nous avions marché avec une prudence qui indiquait qu'il y avait quelque chose à craindre : que relativement à l'état de la France tout y était fort calme, qu'on avait fait, il est vrai, de grandes levées d'hommes, que les simples soldats étaient fort jeunes, mais que les cadres étaient excellents et que nous comptions bien battre l'ennemi dès que nous le rencontrerions.

Les explications que le fourrier Alsacien m'avait données sur l'état de l'armée de Russie cadraient parfaitement avec les renseignements du pasteur de Francfort, mais néanmoins je restai persuadé que le collègue voyait les choses comme devait les voir un homme exténué par toutes les souffrances physiques, et le pasteur comme un homme qui avait entendu parler des ennemis de la France.

Le lendemain nous partîmes au point du jour, de sorte que je ne pus revoir le fourrier d'artillerie, comme je le lui avais promis.

Nous continuâmes notre marche en avant de manière à nous enfoncer de plus en plus dans le cœur de l'Allemagne. Nous bivouaquions tous les soirs, et plus nous avancions, plus les fatigues et les privations augmentaient. Nous traversâmes *Gotha* et vînmes ensuite camper autour d'*Erfurth* où nous reçûmes d'assez bonnes distributions de vivres, car c'était une place forte occupée par les Français depuis la fameuse campagne de 1806-1807. Napoléon avait formé à *Erfurth* des magasins considérables de munitions de guerre, de vivres, d'habillements, etc.. etc.; en un mot *Erfurth* était, comme *Magdebourg*, et *Glogau*, une de ces stations fortifiées que l'Empereur s'était réservées pour tenir l'Allemagne en respect.

A *Erfurth*, nous trouvâmes quelques échappés de la campagne de Russie dans un piteux état, nous y vîmes aussi des portions de cadres de l'ex-grande-armée qui y avaient été envoyés pour se refaire et pour recevoir des conscrits qu'on leur enverrait de France, la plus grande partie de ces portions de cadres appartenant à des régiments qui n'avaient pas été jusqu'à Moscou et qui néanmoins avaient beaucoup souffert. Le plus grand nombre appartenait aux corps qui, sous le commandement des maréchaux *Macdonald* et *Oudinot* avaient été dirigés sur *Riga*.

Continuant toujours de marcher en avant, nous arrivâmes à *Weimar*; là tout sentait la guerre, l'Empereur était arrivé à l'armée, des promotions furent faites, des décorations furent distribuées; les anciens officiers de l'armée d'Espagne, qui avaient été si longtemps oubliés, furent récompensés et dédommagés du long oubli où on les avait laissés, l'enthousiasme fut grand et l'Empereur acclamé chaque fois qu'on le voyait paraître.

Nous traversâmes ensuite le champ de bataille d'*Auerstaedt* où le maréchal *Davoust* s'était si fort distingué en 1806 en résistant toute une journée avec sa seule infanterie aux charges furieuses de la cavalerie prussienne, brillant fait d'armes qui lui avait valu le titre de duc d'*Auerstaedt*. Tout notre corps d'armée fut passé en revue par le maréchal *Marmont* sur le terrain même de la bataille.

Nous étions alors tout près d'*Iéna* où les Français remportèrent une si grande victoire sur les Prussiens le 14 octobre 1806; mais au moment où nous approchions d'*Iéna*, nous reçûmes l'ordre de nous diriger sur *Naumbourg*.

Je n'oublierai jamais le spectacle que présentait *Naumbourg* pendant la nuit que nous y passâmes. C'est une ville d'environ dix mille âmes, dans une position stratégique importante; on nous donna l'ordre de l'occuper avec toute notre division; on mit dans les maisons autant de soldats qu'elles purent en contenir, et lorsqu'elles furent pleines, survint une autre division de notre corps d'armée qui bivouaqua dans les rues et sur les places, de sorte qu'on voyait partout soldats et officiers couchés sur les pavés, les feux de bivouac allumés partout et les marmites bouillant autour de grands feux.

Nous avions fait dans la journée une marche très pénible à travers champs ; j'étais assez bien installé sur une botte de paille, j'espérais passer une bonne nuit et n'être réveillé que pour manger la soupe lorsqu'elle serait prête ; je m'endormis donc dans cette douce perspective que ne savent pas apprécier les personnes qui n'ont point marché toute une journée, à jeun, dans les terres labourées, avec armes et bagages.

A des signes non équivoques, nous savions bien que l'armée ennemie était peu éloignée et que sous un jour ou deux nous en viendrions aux mains, mais cette pensée ne me préoccupait pas du tout.

Tout à coup, au milieu de la nuit, nous fûmes réveillés par une canonnade épouvantable, la toilette fut bientôt faite, personne n'était déshabillé, mais il fallait réunir les hommes d'une même compagnie, puis les compagnies d'un même bataillon et ainsi de suite, ce n'était pas une petite besogne dans une ville si encombrée ; on frappait aux portes des maisons pour réveiller ceux qui y étaient : c'étaient des cris, des jurements, un tapage épouvantable augmenté du bruit du canon. On dut sortir la viande des marmites avant qu'elle fût cuite, chacun en prit un morceau, le bouillon fut jeté dans le ruisseau, les marmites vides remises sur les sacs, enfin nous parvînmes à assembler tout notre monde, à sortir de *Naumbourg* et à nous porter sur *Weissenfels* où grondait si fort le canon.

Dans le chapitre suivant je vous raconterai ce qui advint.

COMBAT DE WEISSENFELS. — BATAILLE DE LUTZEN. — COMBAT DE KOLDITZ. — NOTRE ENTRÉE A DRESDE.

Avant de commencer le récit des combats et des batailles où j'ai figuré personnellement, je dois vous prévenir que je n'écris point une histoire des campagnes de Napoléon Ier en 1813 et 1814, mais simplement un récit de ce que j'ai vu de mes propres yeux, des dangers personnels que j'ai courus, des privations et fatigues que j'ai eu à supporter, afin que vous compariez votre sort à celui de ma pénible et laborieuse jeunesse.

Pour bien comprendre comment il se faisait que les hostilités commençaient sur les bords de la *Saale*, lorsque quelques mois auparavant nous étions au cœur de la Russie, il faut nécessairement que je vous explique brièvement ce qui s'était passé depuis le passage du Niémen, au mois de juin 1812, jusqu'à la fin d'avril 1813.

A la suite du passage du Niémen, l'armée française s'était avancée dans le cœur de la Russie, avait livré de nombreux combats dont les résultats avaient toujours été à son avantage ; enfin, le 7 septembre 1812, elle avait remporté la fameuse victoire de la Moskowa qui lui livrait Moscou où elle fit son entrée le 14 septembre.

Moscou, incendié par les Russes sous l'inspiration du fameux *Rostopchin*, n'offrait plus à l'armée française les ressources qu'on espérait y trouver ; d'ailleurs, on ne pouvait songer à prendre des quartiers d'hiver dans un pays aussi désert et où le froid est ordinairement si rigoureux. Après un séjour malheureusement trop long, on quitta *Moscou* le 19 octobre. On tenta, inutilement, d'opérer la retraite par la route qui n'avait point été suivie par les deux armées belligérantes ; on fut forcé de prendre la route de *Smolensk*, c'est-à-dire celle qui avait été suivie depuis le Niémen par les armées russes et françaises et où, par conséquent, les pays qu'on traversait, ruinés par la guerre, n'offraient plus de ressources.

On arriva à Smolensk les 7 et 8 novembre, le froid commença alors à se faire sentir d'une manière bien rigoureuse, puisque le thermomètre Réaumur était descendu à dix degrés au-dessous de zéro. Les hommes, obligés de coucher sans abris sur la neige et sans autre nourriture qu'un peu de farine délayée dans de l'eau, et de la viande de cheval, succombaient par milliers et se débandaient pour chercher des vivres, de sorte que le nombre des traînards augmentait tous les jours ; les chevaux périssaient encore plus vite que les hommes.

Les moyens de transport manquant, on fut obligé d'abandonner les blessés et les malades ; presque toute la cavalerie fut démontée.

Lorsque l'armée arriva à *Smolensk*, elle fut bien loin d'y trouver les ressources qu'elle espérait ; la détresse augmenta dans l'armée réduite alors à trente-six ou trente-sept mille hommes sur les cent mille qu'on avait encore en partant de Moscou.

Lorsqu'on quitta Smolensk, vers le 14 novembre, il y avait vingt-un degrés de froid. De *Smolensk* à Krasnoë, l'armée eut à surmonter les plus grands obstacles ; les Russes qui cotoyaient et même devançaient souvent l'armée française, n'avaient point osé l'aborder tant que les corps, quoique cruellement décimés, étaient encore unis ; mais, près de Krasnoë, ils trouvèrent l'occasion d'attaquer avec avantage notre arrière-garde, et ce ne fut qu'après des prodiges de valeur, que le maréchal Ney put rejoindre le reste de l'armée.

Grâce à des efforts inouïs, on arriva à la *Bérézina*, on construisit deux ponts sur chevalets et l'on put franchir la rivière, mais après de terribles combats soutenus sur les deux rives ; car les Russes de l'armée qui revenait de Turquie étaient sur la rive droite, attaquant la tête de nos colonnes, tandis que notre arrière-garde était vivement attaquée sur la rive gauche par la grande armée russe.

Les combats livrés le 28 novembre sur les deux rives de la *Bérézina* par l'armée française, dix fois inférieure à l'armée russe, furent de glorieux faits d'armes ; mais en réalité ils furent un désastre épouvantable, car l'armée y fut réduite à un petit nombre de combattants suivis par une foule de traînards.

De nombreux dangers et de grandes difficultés se présentaient encore pour arriver à *Wilna* et ce fut précisément dans le trajet de la *Bérézina* à *Wilna* que le froid augmenta d'une manière même inaccoutumée dans ces tristes climats, car il atteignit jusqu'à trente degrés. Avec une pareille température, les hommes et les chevaux périssaient par centaines en quelques instants. Enfin on arriva à *Wilna* le 8 et le 9 décembre, mais dans un état épouvantable. On était si pressé de s'y procurer des vivres et des abris qu'une foule extraordinaire se rua dans la ville et se mit à piller les magasins de l'armée. Le lendemain soir l'avant-garde russe parut devant Wilna et alors on se porta confusément sur la route de *Kowno* pour arriver au Niémen au-delà duquel on espérait être en sûreté. Enfin, du 11 au 12 décembre 1812, l'armée repassa le Niémen, mais dans quel état! dans quelle confusion! il ne restait pas un seul corps organisé, et pour donner une idée du désastre et des souffrances endurées, on saura que la vieille garde qui, pendant toute la campagne, était le seul corps qui eût reçu des distributions régulières de vivres, était réduite à environ 1,400 hommes debout, dont à peine 500 étaient capables de tirer un coup de fusil; cependant elle n'avait presque pas subi de pertes sur les champs de bataille, et au début de la campagne elle comptait sept mille vieux soldats choisis avec un soin tout particulier dans tous les régiments.

Les calculs les plus modérés portent à trois cent mille le nombre des soldats français ou alliés qui périrent dans la malheureuse campagne de Russie.

Les survivants se retirèrent par petites bandes sur la Pologne et sur Kœnigsberg où se trouvaient des troupes françaises bien organisées; mais lorsque l'étendue de nos désastres et la défection du général d'York furent connues, il s'opéra en Prusse une sorte de révolution qui obligea la garnison française de Kœnigsberg à en sortir pour rallier les malheureux débris de l'armée de Russie.

Le prince Eugène s'étant mis à la tête de toutes les troupes qu'il put trouver sur sa route, opéra sa retraite d'abord sur la *Vistule*, puis sur l'*Oder* et enfin sur l'*Elbe*, de sorte qu'à la fin d'avril 1813 il se trouvait sur l'Elbe à peu près à l'endroit où la Saale se jette dans l'Elbe.

C'était sur la Saale que l'empereur Napoléon Ier, à

la tête de toutes les troupes qu'il avait pu réunir, avait formé le projet d'opérer sa jonction avec le prince Eugène ; en conséquence, il avait ordonné à ce dernier de passer l'Elbe, au-dessous du confluent de la Saale, et de remonter la rive gauche de cette rivière, tandis que l'armée venant de France descendrait cette même rive gauche.

Maintenant que vous connaissez tous les préliminaires des événements militaires qui vont se passer, je quitte les généralités pour commencer le récit de ce que j'ai vu de mes propres yeux.

A la fin du chapitre précédent je vous ai fait connaître comment nous quittâmes *Naumbourg*. Nous marchâmes sur *Weissenfels* où nous appelait le canon ; le maréchal *Ney* venait de s'en rendre maître, de sorte que nous arrivâmes juste à temps pour recevoir les derniers boulets que l'ennemi devait lancer ce jour-là.

Nous bivouaquâmes à *Weissenfels* ; le lendemain 1er mai 1813 il y eut un petit combat en avant de *Weissenfels* dans lequel fut tué le maréchal *Bessières* ; nous étions en ce moment un peu en arrière du champ de bataille, mais lorsque le maréchal *Ney* eut fait reculer l'ennemi, nous arrivâmes sur le terrain même où le maréchal *Bessières* venait d'être tué. Je me souviens parfaitement avoir vu dans un fourgon un général qui, disait-on, venait d'être emporté par un boulet ; mais nous ne savions pas quel était le général dont le corps était d'ailleurs recouvert d'un manteau, ce ne fut qu'à *Dresde* que nous apprîmes la mort de *Bessières*.

Notre division, ayant reçu l'ordre d'appuyer à droite, nous entrâmes dans un ravin dont l'extrémité débouchait dans la plaine de *Lutzen* ; nous nous y engageâmes avec la plus grande prudence, en ayant soin de nous faire précéder par de nombreux éclaireurs et d'occuper le faîte des deux petites collines qui dominaient à droite et à gauche le ravin en question. Nous bivouaquâmes sur ces petites éminences.

Le lendemain matin 2 mai 1813, de la petite hauteur que nous occupions on voyait fort distinctement nos troupes marchant par *Lutzen* sur *Leipzig*. Nous restâmes dans cette position jusqu'à dix heures environ, puis nous reçûmes l'ordre de sortir du ravin où se trouvait la majeure partie de notre division et de déboucher dans la plaine de *Lutzen*, en carrés par bataillon. Vers midi le mouvement prescrit était exécuté; nous étions près d'un village que j'ai su depuis se nommer *Starsiedel*, lorsque nous fûmes assaillis par une forte canonnade. Notre artillerie se mit aussitôt en avant et dans l'intervalle des carrés, et pendant un temps que je ne saurais préciser, le combat continua à coups de canon. Devant nous, sur une petite éminence, nous voyions une nombreuse cavalerie qui, à chaque instant, faisait mine de nous charger.

Sur notre gauche, il y avait plusieurs villages où l'on se battait avec acharnement; le maréchal *Ney* avec tout son corps d'armée occupait ces villages qui, à plusieurs reprises, avaient été pris et perdus par les Prussiens.

La bataille était au plus fort de son action lorsqu'un cri de « *Vive l'Empereur* » retentit sur toute la ligne: c'était, en effet, *Napoléon* lui-même qui parcourait le champ de bataille pour animer les soldats dont la plus grande partie allait au feu pour la première fois.

Notre régiment était en carré, l'arme au pied, recevant sans broncher les nombreux boulets que l'ennemi lançait sur nous ; mais de notre côté notre artillerie faisait aussi de grands ravages dans les rangs de la masse de cavalerie qui nous était opposée et qui, à plusieurs reprises, tenta des charges sur nos carrés ; jamais elle ne parvint jusqu'à nos baïonnettes. Chaque fois qu'on se voyait menacé d'une charge, les canons étaient placés aux coins de la face menacée, tous les sous-officiers et les tirailleurs se portaient à la face qui devait être attaquée et, lorsqu'on voyait la cavalerie ennemie suffisamment rapprochée, on la repoussait par la mitraille et la fusillade, elle se retirait ; puis quelque temps après elle faisait mine de recommencer, ou pour mieux dire, d'autres escadrons remplaçaient ceux qui avaient été repoussés.

Je voyais tout cela de sang-froid et je dirai même avec un certain plaisir, mais pour le moment nous formions l'extrémité de l'aile droite de notre armée, et comme nous n'avions après nous ni fossé, ni ravin, ni batterie de canons pour nous appuyer et nous garantir contre les attaques multipliées de la cavalerie prussienne, je me disais que si cette cavalerie faisait un détour et venait nous prendre à revers, nous serions grandement exposés.

A peu de distance de notre carré, en avant et un peu à droite, il y avait un petit bouquet de bois grand tout au plus comme trois ou quatre fois mon jardin actuel, et à la suite de ce bouquet et sur notre ligne le village de *Starsiedel*. Or, comme il est probable que l'ennemi supposait que nous avions des troupes blotties dans le bois et dans le village, il accablait de boulets ces deux points, c'était fort heureux pour nous, car c'était autant de projectiles qui n'arrivaient point sur notre carré.

Notre général voulant savoir si le petit bois ne recélait pas quelque cause ignorée qui attirait sur lu une aussi forte canonnade, ordonna à un de ses aides-de-camp de se porter rapidement de toute la vitesse de son cheval sur ce bois, de le fouiller et de venir promptement lui rendre compte de ce qu'il aurait vu. Cet aide-de-camp partit au galop et bientôt se trouva dans le bois avec un officier russe qui venait très probablement dans le même but. D'un coup de pistolet il atteignit le russe, l'acheva à coups de sabre, lui enleva sa giberne sur laquelle se trouvaient les armes russes, et revint triomphant à notre carré rendre compte de sa mission à son général. Cet aide-de-camp se nommait *Fournier*, il était d'*Issoire*, sortait de l'élite de la garde et était alors lieutenant, il fut décoré pour cette action d'éclat. J'ignorais alors qu'il fût d'*Issoire*, si je l'avais su je n'aurais pas manqué, malgré l'infériorité de mon grade, (je n'étais alors que fourrier) de tâcher de faire sa connaissance, car j'avais à Issoire beaucoup d'amis parmi les jeunes gens des meilleures familles Ce ne fut qu'après la chûte de l'Empire que j'eus l'occasion de revoir *Fournier*, qui était devenu capitaine à vingt-quatre ans, après avoir si bien débuté dans la carrière militaire ; mais le brillant officier dont j'avais si souvent envié le sort, lorsqu'il était aide-de-camp du général *Cohorn*, était bien loin d'être heureux lorsque j'eus l'occasion de le revoir à Clermont, cinq ou six ans après *Lutzen*. Il avait été mis à la demi-solde comme bonapartiste enragé, et comme il n'avait pas de fortune il avait fini par épouser une petite marchande de modes d'*Issoire*.

Mais revenons au champ de bataille : l'ennemi s'était

probablement aperçu qu'il envoyait inutilement des boulets sur le petit bois et sur le village, car à peine l'aide-de-camp avait-il rendu compte de sa mission à son général que tous les boulets qui, quelques instants avant pleuvaient sur ces deux points, nous furent adressés et ils étaient nombreux. Heureusement, tous ne nous atteignaient pas, beaucoup passaient par dessus nos têtes, d'autres venaient tomber à nos pieds, ricochaient et dépassaient le carré.

Bientôt les choses changèrent de face; le général *Drouot*, à la tête de quatre-vingts pièces, vint s'établir près de nous, partageant son feu entre les troupes qui nous faisaient face et celles qui attaquaient les villages que nous avions à gauche, villages qui, pris et repris plusieurs fois dans la journée, formaient la position capitale, car de la possession de ces villages dépendait le succès de la bataille.

Il y avait plusieurs heures que nous combattions sans que, à mon avis, il y eût un résultat acquis, lorsque de grands cris de « *Vive l'Empereur* » se firent entendre suivis de ceux-ci : « *La bataille est gagnée, l'armée d'Italie a fait sa jonction, l'Empereur ordonne de se porter en avant.* » Bien peu de militaires comprenaient sans doute ce que signifiait cette jonction de l'armée d'Italie, et j'avouerai que j'étais du nombre; mais pour des soldats français l'ordre de se porter en avant est toujours bien accueilli, et pour mon compte j'aimais mieux marcher en avant que de voir les boulets enlever nos files sans que nous puissions nous servir de nos fusils.

Tous les généraux se portèrent sur le front des troupes, et au moment où le mouvement en avant se dessinait, nous vîmes apparaître, sur notre droite, de nombreuses et épaisses colonnes de troupe qui se faisaient précéder par une furieuse canonnade, c'était le corps du maréchal *Bertrand* qui entrait en ligne et venait enfin combler la lacune qui avait existé si longtemps à notre droite.

L'artillerie de *Drouot* d'un côté et celle de *Bertrand* de l'autre, nous eurent bientôt tiré de la dangereuse position où nous étions ; c'était un fracas épouvantable, la terre tremblait sous nos pas. Marchant toujours en carrés, nous nous portâmes vivement en avant et nous attaquâmes à notre tour les troupes que nous avions devant nous. Charges de cavalerie, fusillades d'infanterie furent successivement mises en usage pour nous arrêter; mais ce fut inutilement, car le même mouvement en avant s'exécutait sur tout le front de l'armée. Cette marche en avant que rien n'arrêtait détermina la retraite de l'ennemi, la nuit était arrivée mais n'arrêtait pas notre poursuite; malheureusement, nous n'avions pas de cavalerie, de sorte que nous ne pûmes pas retirer de notre victoire tous les fruits que nous devions en attendre; tout en suivant l'ennemi, nous devions agir avec prudence, car il avait une bonne et nombreuse cavalerie avec laquelle il pouvait nous faire beaucoup de mal pour peu qu'un carré se laissât intimider, et c'est ce qui arriva précisément lorsque la nuit fut tout à fait noire.

Il y avait déjà quelque temps que le canon avait cessé de gronder, on commençait à respirer et à mettre tous les carrés dans l'ordre qu'ils devaient occuper, lorsque tout à coup la cavalerie prussienne fondit sur nous avec rage; un régiment d'infanterie légère qui se trouvait sur son passage et qui n'était pas suffisamment sur ses gardes fut surpris à l'improviste et sabré, les fuyards vinrent se réfugier près de nous; mais malheureusement l'obcurité les empêchait de reconnaître dans quelle direction ils devaient faire feu, de sorte qu'il y eut une fusillade entre Français et c'est dans cette bagarre que fut tué le premier aide-de-camp de *Marmont*; ce maréchal fut même obligé d'entrer dans un carré pour ne pas être sabré par les Prussiens Au bout d'un instant le désordre inséparable d'une pareille charge fut réparé et les Prussiens repartirent au grand galop, en nous envoyant quelques volées de mitraille, car pour soutenir leur retraite possible ils avaient eu la précaution d'amener plusieurs pièces d'artillerie légère.

Cette dernière charge, que nous sûmes plus tard avoir été dirigée par *Blücher* en personne, fut le dernier incident militaire de la journée.

Notre division ayant reçu l'ordre de se porter plus au centre, nous passâmes devant *Kaja* qui était en feu et nous traversâmes tout le champ de bataille qui avait été successivement occupé par l'ennemi et par nos troupes et nous bivouaquâmes au milieu des morts, des blessés, des affûts et des caissons brisés; enfin de toutes les épaves d'un champ de bataille où l'ennemi avait perdu vingt mille hommes, tant en tués que blessés, et où nous-mêmes en avions eu seize mille environ.

Pendant notre marche au milieu de tous les débris du champ de bataille, je heurtai du pied un objet qui rendait un son argentin, je me baissai pour voir ce que c'était et je reconnus ce que nous nommions une *musette*. C'était une sorte de carnassière comme beaucoup d'officiers en avaient pour porter leurs vivres de la journée et leurs objets les plus nécessaires. Je pris la *musette* par la courroie et je la traînai ainsi pendant assez longtemps. Comme à chaque objet qu'elle heurtait elle rendait un son métallique je m'imaginai promptement que j'avais fait une heureuse trouvaille, car j'avais entendu raconter souvent que plusieurs soldats du régiment avaient trouvé sur les champs de bataille du Portugal les bourses fort bien garnies des officiers anglais. Je me souvenais même avoir vu à Napoléon un simple grenadier nommé *Savin* qui avait trouvé à *Coïmbre* une sorte de trésor qui lui avait permis de rentrer au dépôt où il cherchait à se faire remplacer. Je n'allais pas jusqu'à m'imaginer que j'avais trouvé un trésor, mais dans mon infime position deux à trois cents francs auraient été pour moi une très heureuse aubaine.

Après avoir traîné longtemps la musette en question, nous nous arrêtâmes et tout aussitôt je me mis à examiner ma trouvaille. Le contenu ne répondait point à l'élégance de la musette qui était en beau cuir de Russie avec un chiffre couronné. Inventaire fait, elle contenait une étrille neuve, un peigne, des brosses, un superbe mors de cheval et enfin un petit miroir fort joli, grand comme la main, mis dans une petite gaîne en bois, à peu près semblable à un porte-cigares actuel, mais avec des peintures qui indiquaient une origine russe. Je gardai le miroir et je donnai tout le reste à mes camarades qui me plaisantèrent beaucoup de ma trouvaille.

Dans ce moment-là j'avais besoin d'avoir des compagnons qui ne se laissassent point abattre facilement par le triste tableau que nous avions sous les yeux et qui me communiquassent leur contentement d'être sortis sains et saufs d'une aussi grande bataille, car je venais d'être témoin d'un spectacle qui m'avait très péniblement impressionné.

Lorsque j'étais au Lycée, j'avais un bon et joyeux camarade, fils d'un juge au tribunal civil de Clermont ; il se nommait *Trébuchet*, mais nous l'appelions *des Galons* parce qu'un jour il nous avait décrit l'uniforme qu'il donnerait à ses aides-de-camp lorsqu'il serait général. Au demeurant c'était un fort bon garçon que j'aimais beaucoup et qui entra à Saint-Cyr au moment où je quittais le Lycée.

Peu de temps avant la bataille de *Lutzen*, j'avais appris que *Trébuchet* était sorti de l'École militaire, comme sous-lieutenant au 2me régiment d'artillerie de marine qui faisait partie de notre corps d'armée ; aussi je me proposais bien de rechercher toutes les occasions de revoir mon ancien condisciple.

Après la dernière charge que venait de faire la cavalerie prussienne au milieu des ténèbres, charge qui avait mis une certaine confusion dans la position des troupes, nous nous trouvâmes à côté d'un carré du 2me régiment de marine. Je m'en approchai aussitôt avec l'intention de m'informer si *Trébuchet* en faisait partie et lui serrer la main, si la chose était possible ; mais au moment où j'arrivais à ce carré, je vis les rangs s'ouvrir pour laisser passer des soldats qui portaient à l'ambulance, sur un brancard composé de fusils et de branchages, un officier grièvement blessé dans la dernière charge ; je m'effaçai pour laisser passer le lugubre cortège, puis m'adressant au sergent-major qui avait fait ouvrir les rangs, je lui demandai s'il ne connaissait pas un sous-lieutenant nommé *Trébuchet*, nouvellement sorti de Saint-Cyr, qu'on m'avait assuré faire partie du 2me régiment de marine. « Oui, me dit-il, je le connais, mais il ne fera plus longtemps partie de notre régiment, car il vient d'être blessé à mort, vous venez de le voir passer, c'est M. *Trébuchet* qu'on portait à l'ambulance et il n'y arrivera probablement point vivant, car un coup de mitraille lui a déchiré les reins et la colonne vertébrale est gravement atteinte. » A cette triste nouvelle, je portai mes regards sur le sinistre cortège que la lueur de l'incendie des villages me permit encore d'apercevoir. Si j'avais été libre, j'aurais cherché à rejoindre et à revoir le pauvre ami que je venais de perdre, mais la discipline me retenait à mon poste et je rejoignis notre carré qui chemina encore longtemps avant de prendre définitivement son poste à l'avant-garde. Comme nous n'étions qu'à une petite distance de l'ennemi, nous restâmes en carré toute la nuit, le fusil sous la main et prêts à nous défendre si nous étions attaqués. Il était alors onze heures du soir; je n'avais rien mangé depuis le matin; tant que la bataille avait duré, je n'avais pas songé que j'étais presque à jeun, mais à onze heures du soir la faim me talonnait. On avait allumé de grands feux au milieu de chaque carré, on y avait mis les marmites pour cuire le peu de viande qu'on avait; mais, ayant calculé qu'il se passerait encore bien du temps avant que les marmites pussent nous donner un aliment quelconque, j'allai bravement couper quelques tranches sur la cuisse d'un cheval tué par un boulet, sur le terrain même que nous occupions, et m'approchant de notre feu de bivouac, je retirai un peu de braise et j'y étendis mes tranches de cheval que je dévorai à moitié cuites. Je retournai au cheval qui commençait à avoir de nombreuses pratiques, j'en emportai une bonne provision, mes camarades m'imitèrent et, au bout d'un instant, il ne restait plus rien du cheval ; mais il n'en manquait pas dans le voisinage, de sorte que tout le monde pouvait se satisfaire. Les sous-officiers de notre régiment qui tous avaient fait plusieurs campagnes, étaient experts dans la manière de faire des grillades ; on eut bien vite installé des grils à l'aide de tous les débris qui jonchaient le champ de bataille. Nous fîmes des provisions pour le lendemain, et la précaution ne fut pas inutile car nous marchâmes toute la journée sans avoir le temps de nous occuper de notre cuisine.

Notre carré était en face, mais en avant de *Kaja* qui brûlait ainsi que quatre à cinq autres villages des environs ; on prétendait que l'incendie de Moscou, qui avait si bien servi les intérêts des Russes, engageait nos ennemis à brûler les villages où nous pouvions nous abriter et trouver des ressources.

Assis sur mon sac, mon fusil près de moi, je regardais brûler tous les villages ; je voyais de nombreux pigeons tournoyer autour de leurs colombiers, probablement dans l'espérance de retrouver leurs femelles ou leurs petits ; je ne me doutais pas alors que trente-sept ans plus tard, je reverrais *Kaja* et tous les villages en feu, que je les retrouverais rebâtis et en meilleur état qu'avant la bataille. C'est cependant ce qui m'est arrivé ; aussi avant de continuer le récit des événements militaires qui eurent lieu après la bataille de Lutzen, je crois nécessaire de vous rendre compte du voyage que j'entrepris en Allemagne en 1850 avec ma chère Céline.

Vous avez pu voir, par le commencement de ce récit,

combien ma jeunesse avait été pénible et laborieuse et quelles luttes j'avais eu à soutenir pour me créer une position sociale. Mais lorsque, après trente-cinq années de labeurs, je fus parvenu à une honnête aisance, je pensai que je pouvais satisfaire l'extrême désir que j'avais depuis longtemps de revoir les champs de bataille où j'avais figuré. J'entrepris donc en 1850, en compagnie de ma fille Céline, un voyage en Allemagne, et aussitôt que je fus arrivé à Leipzig, je louai une voiture découverte, je pris un guide parlant très bien français et qui naguères était resté plus d'un mois au service du maréchal *Marmont*, avec lequel il avait visité tous les champs de bataille des environs. Nous partîmes de Leipzig de grand matin et comme je voulais voir avec attention tous les lieux où j'avais combattu dans la journée du 2 mai 1813, je donnai l'ordre au cocher de dépasser la petite ville de *Lutzen* et de ne tourner à gauche qu'à l'endroit que je lui indiquerais et dont le souvenir était profondément gravé dans ma mémoire.

Avant d'arriver à *Lutzen*, nous nous arrêtâmes cependant à l'endroit où avait été tué, en 1632, le roi de Suède *Gustave-Adolphe*, et nous visitâmes le monument élevé à sa mémoire. Un soldat prussien, qui avait perdu un œil à notre bataille, était gardien de ce monument ; il nous fit voir un registre sur lequel tous les étrangers étaient invités à signer leur nom et à enregistrer leurs pensées, j'écrivis sur le registre qu'un manufacturier de Lille (Nord), ancien combattant du 2 mai 1813, était venu, avec sa fille, visiter le champ de bataille de *Lutzen* et je signai.

Après avoir mis ma signature, je voulus voir si beaucoup de Français avaient eu la même curiosité que moi et, à ma grande confusion, je vis plus de mille noms russes, anglais, allemands, polonais, etc., etc., pour un nom français, et rien n'indiquait que les Français qui avaient signé fussent d'anciens militaires de l'Empire.

L'invalide me vendit une gravure représentant le monument de *Gustave-Adolphe*, je l'ai précieusement conservée.

Nos chevaux avaient mangé l'avoine pendant que nous visitions le monument, de sorte que nous remontâmes en voiture. Nous dépassâmes *Lutzen*, puis, arrivés à un certain endroit, je m'arrêtai et je demandai au guide si je ne devais pas prendre à gauche de la route. Le guide me répondit que c'était précisément à cet endroit que le maréchal *Marmont* s'était arrêté; nous prîmes un petit chemin qui devait nous conduire à des villages que nous apercevions dans la plaine et assez rapprochés les uns des autres. Je ne pouvais pas citer les noms allemands de ces villages mais j'indiquais du doigt dans quelle direction devait se trouver le village *Kaja*, qui avait été le centre de la bataille; nous visitâmes successivement tous les villages où nous avions combattu et dans l'un d'eux nous vîmes un monument élevé à la mémoire d'un *prince de Hombourg*, à la place même où il avait été tué le 2 mai 1813 en combattant contre les Français. Enfin nous arrivâmes à *Kaja*; je ne dirai point que je reconnus le village, la chose était absolument impossible, car le village avait été totalement brûlé et détruit; mais je reconnus parfaitement la position des lieux. Notre cocher m'ayant conduit chez le bourgmestre de *Kaja*, je vis au-dessus de la porte de la maison une plaque en marbre noir sur laquelle on

lisait, en lettres d'or, l'inscription suivante, en français :
« *C'est dans cette maison que le maréchal Ney avait établi son quartier-général le 2 mai 1813.* »

Le bourgmestre ne parlait point français, mais à l'aide de mon guide nous fîmes une assez longue conversation durant laquelle il répondit avec complaisance à toutes mes questions. Je me souviens lui avoir dit : « *Je ne peux pas reconnaître votre village puisqu'il était en flammes lorsque je l'ai vu jadis, mais je reconnais parfaitement les lieux, cependant il me manque un petit bois qui devait se trouver là*, en lui montrant un point de la campagne. » Mes paroles ayant été traduites par le guide, le bourgmestre me regarda avec étonnement et me dit : « *Oui, Monsieur, il y avait là un bois, mais depuis que nous sommes devenus Prussiens, le roi de Prusse, qui avait besoin d'argent, l'a fait abattre pour vendre les bûches.* »

Le bourgmestre me raconta qu'il était alors le seul habitant qui se fût trouvé à *Kaja* le jour de la bataille, que son père et toute la famille ainsi que tous les autres habitants avaient pris la fuite et emmené leurs bestiaux à l'approche des deux armées ; mais que lui, qui était jeune et fort à cette époque, avait voulu rester pour garder la maison où il se croyait en sûreté auprès du maréchal *Ney*; mais lorsqu'il avait vu les boulets arriver il s'était évadé, avait été se cacher et n'était revenu que le lendemain à son village où tout était détruit et brûlé.

Lui ayant dit qu'il avait dû trouver bien des cadavres dans le village, il nous mena à une cinquantaine de mètres de l'entrée du village, à un endroit où l'on venait de commencer des travaux pour une route, et il me fit voir une tranchée qui, sur au moins deux mètres d'épaisseur, ne présentait plus qu'une couche d'ossements des cadavres enterrés en cet endroit, et il ajouta que dans toute la plaine il y avait de pareils ossuaires. La vue de ces tristes débris parmi lesquels il y avait sans doute les restes de mes anciens camarades du régiment, peut-être même ceux de mon ami et compatriote *Trébuchet*, m'inspirèrent de très pénibles pensées. Je me dis que parmi tous ces braves qui avaient succombé dans cette journée, il y en avait qui seraient peut-être devenus des hommes éminents et recommandables si les balles, les boulets et la mitraille les avaient épargnés, et je me mis à maudire l'ambition des conquérants qui sacrifient à une vaine gloire la vie et le bonheur des peuples. Je serrai cordialement la main du bourgmestre de *Kaja*, et prenant un chemin de terre qui devait me faire traverser diagonalement la plaine de *Lutzen*, nous arrivâmes en peu de temps sur l'emplacement même où j'avais bivouaqué le soir de la bataille et près duquel existait un chemin qui nous ramenait à *Leipzig*. Pour le moment je n'entrerai point dans de plus grands détails relativement à mon voyage de 1850, me réservant d'en parler plus tard.

Après cette digression, revenons au bivouac où je me trouvais le soir de la bataille de *Lutzen* : j'étais harassé, j'avais satisfait ma faim, je m'étendis sur la terre et je m'endormis d'un si profond sommeil qu'on fut obligé de me réveiller, lorsque nous dûmes prendre les armes le lendemain matin, au point du jour, comme c'est l'usage dans une armée en campagne.

Avec le jour je pus reconnaître tout le carnage qui avait été fait sur les lieux mêmes ou nous bivouaquions: les cadavres abondaient dans l'enceinte de notre carré, et je me souvenais fort bien que pendant mon sommeil j'avais repoussé à plusieurs reprises une jambe que je croyais être celle d'un de mes camarades, et qui était celle d'un artilleur prussien dont un boulet avait enlevé la tête.

Lorsque le jour fut arrivé, on rectifia toutes les positions des diverses divisions de l'armée et l'on vit que l'ennemi avait décampé pendant la nuit. Si alors nous avions eu la belle cavalerie qui avait péri en Russie, nous aurions pu la lancer à sa poursuite et l'anéantir, car il avait reçu dans la journée du 2 mai une terrible leçon; malheureusement nous manquions totalement de cavalerie et malgré toute l'ardeur et la bonne volonté de nos jeunes soldats, des fantassins constamment menacés par une nombreuse cavalerie ne pouvaient pas recueillir le prix d'une aussi éclatante victoire.

La matinée du 3 mai fut employée à ramasser les blessés qui n'avaient pas pu être relevés la veille, à reconnaître la direction de la retraite de l'ennemi ; ce ne fut donc que vers onze heures que nous nous mîmes à le poursuivre dans la direction de Dresde.

De Lutzen à Dresde nous cessions d'être en plaine ; le terrain est accidenté, il y avait plusieurs cours d'eau à traverser dont l'ennemi pouvait nous disputer le passage. Cependant il ne fit de résistance qu'à *Kolditz* : il y là une petite rivière nommée la *Mulda* venant des montagnes de la Bohême et coulant dans la direction de Leipzig, son lit est fort encaissé. La petite ville de *Kolditz*, devant laquelle coule la *Mulda*, est dans un fond, entre deux hauteurs dont la plus élevée est sur la rive droite, c'est-à-dire sur la route qui conduit à Dresde. Pour entrer à *Kolditz* il fallait passer la *Mulda* sur un pont, et il avait été détruit ; la hauteur qui le domine avait été garnie d'une nombreuse artillerie ; aussi dès que nous parûmes sur la rive gauche nous fûmes assaillis par de nombreux boulets ; au lieu de suivre la route nous nous jetâmes à droite et à gauche dans les bois et les broussailles et nous parvînmes de cette manière jusqu'aux bords de la rivière. Nous tiraillâmes assez longtemps et pour mon compte je ne comprenais pas trop comment nous parviendrions à passer la *Mulda*, lorsque tout à coup nous vîmes décamper l'artillerie et les troupes qui garnissaient la hauteur qui nous faisait face. Nous eûmes bientôt le mot de l'énigme, notre démonstration sur *Kolditz* était une ruse de guerre : nous occupions l'attention de l'ennemi, pendant qu'un corps de troupes françaises, ayant remonté la rivière au-dessus de *Kolditz*, avait passé la *Mulda* et venait prendre en flanc les troupes ennemies que nous avions devant nous. On eut bien vite mis le pont en état de nous donner passage et, aussitôt la *Mulda* franchie, nous nous mîmes à la poursuite de l'ennemi.

Après le passage de la *Mulda* à *Kolditz*, nous n'eûmes pour notre part aucun combat à soutenir jusqu'à notre arrivée sur l'Elbe. Nous cheminâmes donc comme à l'ordinaire, bivouaquant toutes les nuits à la belle étoile ; mais le temps était superbe de sorte que le bivouac n'aurait eu pour moi rien de désagréable si j'avais pu m'étendre sur la terre, l'estomac bien garni ; malheureusement il n'en était pas toujours ainsi ; enfin après sept à huit jours de marche nous arrivâmes en vue de *Dresde*.

De la hauteur de notre camp on planait sur la ville et sur le riche bassin au milieu duquel elle est située. Les derniers gradins des montagnes de Bohême viennent mourir en pentes douces aux portes mêmes de *Dresde* et l'entourent en forme de fer à cheval. L'*Elbe*, dont la source est en Bohême, sort d'une échancrure de ces hauteurs et vient partager *Dresde* en deux parties à peu près comme la Seine partage Paris, et avec cette autre ressemblance qu'à *Dresde* l'Elbe est à peu près de la largeur de la Seine à Paris.

Le lendemain matin nous reçûmes l'ordre d'entrer à *Dresde* déjà occupée en partie par les troupes françaises qui nous avaient précédés depuis *Kolditz*. Je dis en partie parce que nous n'avions en notre pouvoir que la portion de la ville située sur la rive gauche de l'*Elbe*; c'était à la vérité la partie principale et celle où se trouvaient le palais du Roi et les principaux établissements publics.

La seconde portion de la ville nommée *Neu-Stadt*, c'est-à-dire la ville neuve, se trouve sur la rive droite; elle était occupée par l'ennemi qui garnissait tous les abords de la rivière et paraissait vouloir sérieusement nous empêcher de franchir l'*Elbe*; nous y parvînmes cependant ainsi que je l'expliquerai dans le chapitre qui va suivre.

PASSAGE DE L'ELBE. — BISCHOFFWERDA. — LES POUX RUSSES. — BATAILLE DE BAUTZEN, 20 ET 21 MAI 1813

Après avoir traversé *Dresde* nous arrivâmes à *l'Elbe* et nous le cotoyâmes jusqu'à l'extrémité de l'ancienne ville ; c'était là que l'Empereur avait lui-même choisi l'endroit où devait s'effectuer le passage du fleuve. La rive que nous occupions était beaucoup plus élevée que la rive opposée où se trouvait l'ennemi, on y plaça une nombreuse artillerie qui fit beaucoup de mal aux Russes et aux Prussiens ; ils nous opposèrent vainement une aussi nombreuse artillerie, nous parvînmes à les éloigner du bord où devait aboutir le pont que nous devions établir et dont tous les préparatifs de construction avaient été faits, dès l'arrivée de nos premières troupes à *Dresde*. A cet effet, on avait rassemblé tous les canots, nacelles et bateaux de tous genres qu'on avait pu trouver dans les environs, et, à l'aide de ces divers moyens de transport, on fit passer sur la rive droite une certaine quantité d'infanterie. Les premières troupes arrivées se retranchèrent sur le bord de la rivière, de manière à ne pouvoir être débusquées, puis les embarcations de toute espèce continuèrent à transporter des troupes ; on gagna du terrain toujours sous la protection de notre artillerie, en très peu de temps le pont fut établi, nous nous mîmes alors à tirailler contre l'ennemi en le poussant toujours devant nous, de manière à lui faire évacuer successivement les rues de *Neu-Stadt*, jusqu'au pont de pierre qui relie les deux villes.

Ce pont ne pouvait pas tout d'abord nous livrer passage, car on en avait fait sauter deux arches, mais dès qu'on eût un peu éloigné l'ennemi il servit également, car ces deux arches furent si vite mises en état, qu'en très peu de temps l'artillerie pût passer, de sorte que vers le soir, les Russes et les Prussiens avaient totalement évacué *Neu-Stadt*.

La journée avait été, de toutes les manières, très rude

pour nous, nous avions besoin de repos, on nous en procura en nous faisant bivouaquer sur les dalles des trottoirs d'une large rue. Je n'avais jamais vu de trottoirs, car, à cette époque, il n'y en avait pas un seul même à Paris, je les trouvai donc fort beaux mais un peu durs pour nous servir de lit de repos, néanmoins je dormis fort bien.

Toutes les maisons devant lesquelles nous étions couchés étaient fermées, on ne voyait de lumière nulle part, on n'entendait aucun bruit dans l'intérieur des maisons. Les ordres les plus sévères nous avaient été donnés pour que nous ne cherchassions pas à pénétrer dans l'intérieur des habitations ou de leurs dépendances ; pour nous faire prendre patience, on nous avait promis, qu'au jour, nous serions logés chez les habitants et que nous aurions d'abondantes distributions de vivres. Effectivement, lorsqu'il fit jour, nous vîmes arriver des officiers d'état-major accompagnés de quelques gardes de police et de bourgeois remplissant, pour la circonstance, le rôle de commissaires de quartiers. Nous vîmes s'ouvrir peu à peu les fenêtres des étages supérieurs, des têtes d'hommes apparaître à ces fenêtres, puis des conversations s'établir entre les habitants et les commissaires qui firent successivement ouvrir les portes des maisons pour les visiter et estimer le nombre d'hommes qu'on pouvait y loger. Pendant ces divers colloques, j'avais aperçu à une fenêtre de la maison devant laquelle nous avions passé la nuit, un individu qui paraissait écouter attentivement ce que disaient les commissaires ; une conversation s'engagea, en allemand, entre cet individu et un de ces messieurs, et peu après il vint ouvrir la porte de la maison. Dès que je le vis apparaître, j'allai à lui d'une manière très polie et je lui fis dire par un caporal de la compagnie qui était Alsacien et qui, en cette qualité, parlait un très mauvais allemand, mais qui comprenait fort bien tout ce qui se disait en bon allemand :

« Votre maison paraît grande, vous avez dit tout à
» l'heure au commissaire du quartier que les proprié-
» taires étaient absents et que vous étiez seul dans la
» maison en qualité de gardien, permettez-moi d'entrer
» dans votre maison, je vous proposerai un moyen de
» vous tirer d'embarras et de sauvegarder les intérêts
» des propriétaires. »

Il paraît que mon caporal ne traduisait pas très facilement tout ce que je voulais lui faire comprendre, car l'individu auquel je m'adressais, me dit en assez mauvais français :

« *Moi peu parler français, mais moi mieux comprendre ce que vous dire que le caporal, parlez à moi français, pas vite.* »

Dès que je vis que j'avais affaire à un homme comprenant le français, je lui dis que la discipline militaire serait mieux observée s'il recevait dans sa maison une compagnie entière, officiers et sous-officiers compris, et comme en parlant je l'avais accompagné dans l'intérieur, je vis une maison qui avait cinq à six pièces au rez-de-chaussée, sans un seul meuble, mais qui, à l'aide d'un peu de paille, pouvait offrir un bon logement à une compagnie entière ; j'expliquai à mon Allemand qu'en affectant au logement des officiers une chambre du premier étage, il serait tout à fait tranquille, etc., etc. ; je conduisis mon homme à mon capitaine, la chose fut vite arrangée comme j'avais proposé, et notre compagnie prit aussitôt possession des lieux.

Nous commencions à nous installer, lorsqu'apparut le commissaire du quartier, on le mit au fait de ce qui s'était passé, il approuva tout et il allait nous quitter lorsque mon capitaine lui dit qu'en occupant une maison, veuve de ses habitants, nous n'étions point aussi bien partagés que ceux qui logeaient dans les maisons habitées par leurs propriétaires ; car dans leur intérêt, bien entendu, ceux-ci ne manqueraient sans doute pas de donner à nos camarades tout ce qui serait nécessaire à leurs premiers besoins — que l'armée française n'ignorait pas la conduite peu honorable que nos alliés les Saxons avaient tenue, en élevant des arcs-de-triomphe pour recevoir le roi de Prusse et l'Empereur de Russie, et en illuminant en l'honneur de la prétendue victoire que les Prussiens et les Russes se vantaient d'avoir remportée à *Lutzen*, tandis qu'en réalité ils fuyaient honteusement devant nous — que toute l'armée savait que l'Empereur avait promis de tout oublier, à condition qu'il serait fait aux troupes d'abondantes distributions de vivres, etc., etc.

Le commissaire répondit que la ville de *Dresde* commencerait dans la matinée des distributions, qu'il était chargé de noter le nombre d'hommes logés dans chaque maison de sa section, qu'il comprenait notre situation exceptionnelle et qu'il y aurait égard, car il présidait lui-même un bureau de distribution. Il eut ensuite une conversation en allemand avec le gardien de la maison et celui-ci en parut très satisfait.

Nos officiers s'installèrent dans une grande chambre du premier étage, mon sergent-major et moi prîmes notre logement dans une sorte d'entresol où nous avions aperçu une table qui nous était bien nécessaire pour nos écritures. En furetant dans la maison, dont les chambres étaient totalement dégarnies de meubles et de lits, j'arrivai à une porte située au fond d'un corridor, et par le trou de la serrure je vis que c'était un magasin dans lequel on avait entassé tout le gros ameublement de la maison. J'allai chercher le gardien et je lui fis comprendre qu'il fallait établir des lits pour nos officiers, qu'il était de son intérêt de ne pas indisposer ces Messieurs, qu'il devait se souvenir de ce que mon capitaine avait dit au commissaire, etc., etc.; enfin, après beaucoup d'hésitations, notre homme sortit de sa poche une clef qui ouvrait le magasin et me dit de prendre ce qui était nécessaire; je me montrai très discret, nous sortîmes une demi-douzaine de matelas, nous en portâmes nous-mêmes quatre dans la chambre des officiers, et après avoir raconté à mon capitaine la trouvaille que j'avais faite, je lui demandai si ce mobilier lui suffisait, le capitaine me répondit que pour le moment c'était assez, mais que j'avais entendu ce qu'il avait dit au commissaire du quartier et qu'il fallait maintenant me mettre en campagne avec le gardien de la maison pour aller à la recherche de ce fameux bureau de distribution de vivres présidé par le commissaire en question et en tirer tout le parti possible.

Je pris des hommes de corvée et, guidé par le gardien, j'arrivai après une assez longue course à l'endroit où l'on distribuait les vivres; notre commissaire tint sa parole et nous fûmes très abondamment servis.

Je revenais triomphant à notre logement lorsque nous rencontrâmes, à la porte même de notre maison, une autre corvée qui revenait d'une distribution faite par les employés des vivres de l'armée.

Afin d'avoir une réserve, le capitaine me fit enfermer dans une chambre les vivres que j'avais apportés et m'ordonna de distribuer les autres à la troupe. Les marmites allèrent leur train. Nous pûmes manger et dormir comme nous ne l'avions pas encore fait depuis le commencement de la campagne, nos hommes étaient contents, aucun dégât n'avait été fait dans la maison, et tout le monde avait obéi aux ordres du capitaine.

Le lendemain je me mis de bonne heure à la recherche du gardien, je lui fis voir qu'il régnait la plus exacte discipline parmi nos grenadiers, qu'il devait donc être content de nous, et qu'à son tour il fallait qu'il s'arrangeât de manière à procurer quelques petites douceurs à nos officiers, meubler un peu mieux leur chambre, et surtout veiller à ce que leur cuisinier ne manquât de rien, etc., etc.; puis, le prenant en particulier, j'ajoutai que la veille je n'avais pas voulu trop approfondir les choses, mais qu'à certains indices j'avais reconnu qu'il n'était pas seul dans la maison. Il m'avoua alors qu'il était marié avec une blanchisseuse, ancienne femme de chambre des propriétaires de la maison, lesquels s'étaient retirés en Bohême avec leurs effets les plus précieux, au moment où la guerre avait éclaté, qu'il habitait avec sa femme un appartement du second étage, et puisque nous lui paraissions des gens raisonnables, il s'offrait de me faire laver notre linge sale : j'acceptai de grand cœur sa proposition. J'étais si heureux d'avoir du linge bien lavé que je changeai de chemise et fis blanchir immédiatement celle que j'avais sur le corps. Hélas ! je ne me doutais pas alors que cette chemise si blanche que je portais avec tant de plaisir, recevrait quelques jours après une garnison dont je vous parlerai bientôt.

Nous restâmes à Dresde trois à quatre jours que j'employai de mon mieux à voir la ville en compagnie de mon hôte et à cultiver la connaissance du brave commissaire, qui tint scrupuleusement la promesse qu'il nous avait faite de ne pas nous laisser manquer de vivres.

Ce fut pendant une de ces courses fructueuses pour notre compagnie que je vis le roi de Saxe faire sa rentrée dans sa capitale ; il était à cheval, ayant l'Empereur à sa droite, et le prince Eugène, vice-roi d'Italie, à sa gauche ; le cortège était nombreux et brillant, le temps superbe ; je fus émerveillé d'un pareil spectacle tout nouveau pour moi.

Hélas ! il fallut quitter Dresde et prendre la route de *Bautzen*, où l'on annonçait que les Russes et les Prussiens nous attendaient de pied ferme pour nous livrer une grande bataille.

Les bivouacs recommencèrent comme avant. Nous étions arrivés à une faible distance d'une petite ville nommée *Bischoffwerda*, lorsque nous entendîmes une assez forte canonnade ; les troupes qui nous précédaient étaient engagées dans un combat avec l'arrière-garde russe ; nous hatâmes le pas et nous arrivâmes à *Bischoffwerda* juste assez à temps pour voir brûler totalement cette jolie petite ville. Comme il n'entrait point dans les habitudes de l'armée française de brûler les villes par partie de plaisir, nous accusâmes les Russes d'avoir mis le feu pour retarder notre marche ; plus tard l'ennemi prétendit que des obus avaient été cause de l'incendie. Quelle qu'en fût la cause, la ville fut entièrement brûlée sous nos yeux.

Nous avions déjà fait ce jour-là une longue marche, on nous fit donc prendre possession d'un camp parfaitement installé que les Russes venaient d'abandonner. Malheureux camp ! j'en garderai le souvenir toute ma vie, car j'y fus soumis à une rude épreuve.

Lorsque la perte de la fortune de mes parents m'obligea à commencer ma carrière militaire par le faible grade de fourrier, j'avais bien passé en revue tous les inconvénients inhérents à un pareil début, j'avais bien calculé que je serais exposé à plus de fatigues, à plus de privations que si je sortais d'une École militaire, je savais parfaitement que, blessé ou prisonnier, mon sort serait tout différent ; la mort, qui à chaque instant pouvait m'atteindre, ne me préoccupait aucunement ; mais je n'avais jamais songé que, malgré les plus grands soins de propreté, je serais un jour couvert de vermine; aussi lorsque le lendemain matin, voulant me rendre compte de certaines démangeaisons que j'avais resssenties dans le courant de la nuit et auxquelles je n'étais point habitué, j'entr'ouvris mon habit pour voir ce que cela pouvait être, je fus étourdi comme un homme qui aurait reçu à l'improviste un terrible coup de poing sur la tête ; je venais, en effet, d'apercevoir des *poux* fourmillant en grand nombre sur ma chemise; mais ce n'étaient point des *poux* ordinaires, ils étaient gros comme un grain de blé, avaient une grosse ligne noire sur le dos, et au museau de grands poils qui ressemblaient à des moustaches : leurs gros yeux saillants leur donnaient une hideuse figure. Jamais de ma vie je n'avais été aussi stupéfié que je le fus dans ce moment-là. Vous pensez bien que je n'avais pas été le seul à héberger une aussi détestable garnison, tous mes camarades avaient le même sort. Les anciens militaires qui avaient fait les guerres d'Espagne avouaient bien avoir eu quelquefois des poux, mais ils affirmaient que quatre poux espagnols n'égalaient pas un seul des monstres que nous avions sous les yeux et qui de suite furent baptisés *cuirassiers russes*.

Je me déshabillai, j'ôtai ma chemise et je commençai un massacre si considérable, que las de tuer avec les ongles et d'ensanglanter ma chemise, je pris mon couteau de la main droite, de la main gauche ma chemise, puis la râclant du haut en bas, je faisais tomber le produit de ma chasse dans un fossé plein d'eau sur le bord duquel je m'étais placé. Je fis la même opération pour tous mes vêtements, mais j'avoue que de ma vie je n'avais éprouvé un pareil dégoût, et que malgré tous mes soins je ne pus pas, pendant le reste de la campagne, me débarrasser complètement d'hôtes si dégoûtants et si désagréables.

Nous partîmes de *Bischoffwerda* dans la matinée et nous arrivâmes en vue de *Bautzen* le 18 mai 1813. Le point qui fut assigné à notre brigade pour établir son bivouac, présentait un coup-d'œil admirable. Tous les corps qui, depuis *Dresde*, avaient marché devant nous ou sur notre droite avaient déjà pris position sur le penchant de diverses collines dont nous occupions nous-mêmes le point culminant, de sorte que, *pour le moment*, nous formions l'extrémité de l'aile gauche de l'armée française.

Du point où nous étions, nous voyions nos divisions arriver successivement et prendre leur place de bataille. Les Russes et les Prussiens étaient en face, sur la rive droite de la *Sprée* dont nous occupions la rive gauche; il n'y avait donc que la rivière qui séparait les deux armées, car de part et d'autre les avant-postes étaient sur les bords extrêmes de la rivière, mais des deux côtés le gros des troupes se tenait hors de la portée du canon.

La ville de *Bautzen* était en face de nous, elle avait un pont sur la *Sprée* mais il était barricadé et fortement occupé par l'ennemi. Dans les journées des 18 et 19 mai, nous vîmes arriver la garde impériale et le reste de nos troupes. Je n'avais jamais vu autant d'hommes armés, assemblés sur un aussi petit espace; car la bataille de *Lutzen* avait été livrée dans une plaine si étendue qu'il était impossible de voir ce qui se passait au loin, tandis qu'à *Bautzen*, de l'endroit qu'occupait notre brigade, nous embrassions d'un coup-d'œil non seulement l'armée française mais encore l'armée ennemie. On reconnaissait facilement que les Russes et les Prussiens occupaient une ou pour mieux dire deux très fortes positions qui nous seraient très vivement disputées.

Mais avant d'entrer dans de plus grands détails sur la bataille de *Bautzen*, je dois vous raconter une visite qui me fut faite par divers Clermontois, visite qui eut un singulier dénouement.

Les devoirs de mon grade de fourrier m'ayant conduit à l'extrémité des lignes occupées par le 6e corps, je vis sur mon chemin deux sapeurs du 22e régiment d'infanterie légère; or, comme depuis une douzaine d'années, ce régiment se recrutait spécialement dans le département du Puy-de-Dôme, je demandai à ces sapeurs si leur régiment était dans le voisinage et s'il s'y trouvait encore beaucoup de Clermontois; ils me répondirent que leur régiment était peu éloigné et que presque tous les sous-officiers étaient de Clermont ou des environs, et ils me déclinèrent plusieurs noms qui m'étaient très connus; quant à eux ils étaient de Rochefort-Montagne. Dans l'impossibilité où j'étais d'abandonner la corvée dont j'étais chargé, j'écrivis mon nom, mon grade et le numéro de mon régiment sur un morceau de papier que je remis aux sapeurs, en les priant de le donner au premier sous-officier clermontois qu'ils rencontreraient, et de lui exprimer tout le plaisir que j'aurais à voir des compatriotes; j'indiquai en même temps la hauteur où se trouvait notre bivouac et je retournai à mon régiment. Moins de deux heures après, je vis arriver une vingtaine de sous-officiers du 22° léger qui m'engagèrent à les accompagner du côté des cantines où ils voulaient boire à ma santé et au souvenir de notre commune patrie. Il y avait un bon quart de lieue pour nous rendre au campement où se trouvaient les bagages et les cantiniers de la division, et pendant tout le trajet nous ne cessâmes de parler de nos familles, de nos amis et de notre pays, de sorte que nous étions déjà en grande connaissance lorsque nous arrivâmes aux cantines. A peine avait-on commencé à nous servir du *schnaps*, que de grands cris se firent entendre : « *Voilà les Cosaques, les voitures en carré, les Cosaques !!* » Ces cris étaient poussés par quelques cantiniers qui, ayant voulu faire du bois dans une forêt voisine de leur campement, avaient rencontré des Cosaques qui les avaient poursuivis. Comme nous n'avions que nos sabres et qu'en cas de véritable attaque, nous devions être tous dans nos rangs respectifs, nous nous séparâmes à la hâte, en courant chacun dans la direction où nous devions rejoindre notre brigade.

Hélas! parmi tous ces compatriotes plusieurs devaient être tués le lendemain et le surlendemain, d'autres dans les batailles qui suivirent; en effet, lorsque je fus rentré à Clermont en 1814, sur dix-huit

Clermontois que j'avais vus à *Bautzen*, j'appris que trois seulement avaient survécu. Vous devez voir par cet exemple, mes chers amis, quelle consommation d'hommes il se faisait à cette époque.

Puisque je vous ai parlé des Cosaques dans les paragraphes qui précèdent, je crois bien faire de vous expliquer ce qu'étaient les Cosaques et le rôle qu'ils jouaient dans l'armée ennemie.

Les Cosaques sont des hordes à demi-civilisées, disséminées dans diverses parties de l'Empire russe, se gouvernant par leurs propres lois et reconnaissant pour chef un *hetman* nommé par le *tzar* de toutes les Russies. Ils forment une cavalerie légère destinée particulièrement à réprimer ou empêcher les excursions des Tartares et à faire une sorte de police dans les provinces les plus reculées de l'Empire. Ce sont des cavaliers habiles, entreprenants, d'une aptitude étonnante pour la guerre de partisans, montés sur des petits chevaux de peu d'apparence mais d'une vigueur extrême, d'une grande frugalité, pouvant supporter les plus grandes fatigues ainsi que les plus grandes privations, sans que leur énergie en soit diminuée.

Les Cosaques sont eux-mêmes des demi-sauvages, vivant de courses, de pillages, toujours prêts à faire la guerre pourvu qu'ils aient l'espoir d'un riche butin. Comme tous les peuples primitifs, ils ont une habileté extraordinaire pour se reconnaître et pour retrouver leur chemin dans les courses, souvent très aventureuses, qu'ils entreprennent; aussi pourrait-on à bon droit les surnommer les *Mohicans du Nord*.

Les souverains de Russie, ayant de tout temps employé les Cosaques comme éclaireurs et comme partisans, l'empereur Alexandre Ier avait fait venir, de tous les points de son vaste empire, des troupes nombreuses de Cosaques qui nous ont fait le plus grand mal dans les campagnes de 1812, 1813 et 1814, surtout dans les deux dernières campagnes, alors que nous étions privés d'une cavalerie suffisante pour bien éclairer notre marche, assurer les communications entre les divers corps d'armée, ou protéger nos convois et les derrières de l'armée.

Dès que nous eûmes passé l'Elbe, toutes nos colonnes furent précédées ou flanquées à gauche et à droite d'une nuée de Cosaques qui nous faisaient beaucoup de mal, non parce qu'ils étaient des soldats redoutables, car ils n'osaient pas affronter le moindre peloton d'infanterie bien armé; mais ils nous harcelaient continuellement, gênaient nos communications, enlevaient les hommes isolés, les traînards, les maraudeurs et même les convois mal escortés. Il leur arrivait souvent de se cacher dans une forêt, dans un ravin écarté, de laisser passer une ou plusieurs divisions, puis de se montrer à l'improviste, sur les derrières, pour tenter un coup de main qui leur laissait espérer un butin quelconque.

C'était précisément ce qui leur était arrivé pour l'alerte que je viens de vous raconter. Pour parer à ces attaques incessantes des Cosaques, les convois qui se voyaient menacés, formaient le carré avec les voitures, puis, par les créneaux, les hommes armés faisaient feu sur les assaillants. Les Cosaques disparaissaient alors bien vite, sans avoir honte de fuir devant un petit nombre d'hommes déterminés.

Les Cosaques n'avaient point d'uniformes, ceux qui étaient encore vêtus comme dans leur pays, portaient une sorte de capote très large en gros drap de diverses couleurs, mais principalement d'un gris jaunâtre. Une ceinture leur serrait la taille, mais comme le devant de ces capotes était fort large, c'était une sorte de vaste poche qui leur servait à mettre leur butin le plus précieux. Par dessus la capote dont je viens de parler, ils portaient une peau de mouton. Leur coiffure était une sorte de bonnet persan en fourrure. Quelquefois un pistolet était passé dans leur ceinture; quelques-uns étaient munis d'un sabre quelconque trouvé sur un champ de bataille, mais leur arme principale était une longue lance très primitive dont ils faisaient un terrible usage contre les hommes isolés, mais qui n'intimidait point un peloton d'infanterie. Tous portaient une longue et horrible barbe hérissée, de sorte que l'aspect de ces barbares était affreux.

Il était bien rare de voir des selles aux chevaux, elle était remplacée par une sorte de bât ou pour mieux dire par des sacs pleins de butin sur lesquels ils étaient hautement perchés.

J'ai cru devoir vous donner tous ces détails pour vous faire bien connaître ces Cosaques dont on a tant parlé, qui, toujours incapables de se présenter devant un carré français, ont fait cependant tant de mal à la France par l'effroi qu'ils répandaient partout et par le rôle d'éclaireurs et de partisans qu'ils remplissaient à merveille.

Lorsque, après m'être séparé si brusquement des Clermontois du 22ᵉ léger, j'arrivai à notre bivouac, je fus accosté par M. *Coutancin*, l'adjudant-major dont je vous ai déjà parlé, qui m'annonça que, d'accord avec mon capitaine, il avait conseillé à notre chef de bataillon de me proposer pour sergent-major, en remplacement d'un sergent-major nommé *Pondant*, tué quelques jours avant dans une escarmouche ; que notre chef de bataillon avait approuvé la proposition, mais que les sergents-majors étant au choix des capitaines, il fallait avant tout obtenir l'assentiment de mon futur capitaine. M. Coutancin ajouta qu'il allait trouver ce capitaine et que, dans quelques instants, il allait m'apporter sa réponse. Un quart-d'heure après je le vis revenir, il paraissait contrarié. « Je n'ai pas réussi, me dit-il, le capitaine a jeté les yeux sur votre camarade *Dehorter* qu'il connaît depuis longtemps et qui est plus ancien de service que vous ; consolez-vous, à la première occasion vous serez sergent-major et ça ne tardera pas. » Je remerciai vivement M. Coutancin de ses bonnes dispositions à mon égard, et je pris si vite mon parti que je fus le premier à aller annoncer à *Dehorter* sa nomination ; le 19 mai, au soir, il passa sergent-major, et c'est dans son nouveau grade que le lendemain, 20 mai, il fut atteint par une balle qui lui laboura le front et une partie du crâne ; or, comme j'avais quelques centimètres de plus que *Dehorter*, j'aurais été très probablement tué sur le coup si j'avais occupé la même place que mon camarade, et très probablement je l'aurais occupée cette place, car il fut blessé à son rang de bataille réglementaire. Ainsi tout est hasard dans la vie et surtout à la guerre.

J'ajouterai que ce bon et brave M. Coutancin, qui m'avait toujours témoigné beaucoup d'intérêt, reçut le même jour une très grave blessure qui l'estropia pour la vie et le força à quitter le service militaire. Je fus très vivement affecté de son malheur, car c'était alors mon seul protecteur et l'homme que j'aimais le plus au régiment.

Je reviens maintenant au spectacle qui se présentait à

mes regards du haut de l'éminence où notre régiment était campé. Je crois vous avoir dit que l'armée française occupait la rive gauche de la *Sprée*, depuis les derniers gradins des montagnes de la Bohême jusqu'au campement de notre régiment qui formait l'extrémité de l'aile gauche de l'armée.

L'ennemi occupait sur la rive droite de la *Sprée* deux fortes positions au moyen desquelles il prétendait atteindre deux buts :

1º Nous empêcher de passer la rivière et de prendre *Bautzen*;

2º Nous arrêter net si, après avoir passé de vive force la *Sprée*, nous prétendions aller plus loin, car ses deux ailes occupaient des hauteurs qu'il était difficile d'aborder, et son centre s'appuyait sur des villages défendus par des redoutes et des tranchées qu'on distinguait parfaitement du point où je faisais mes observations stratégiques ; jeune comme je l'étais alors (dix-neuf ans), la tête encore pleine des récits belliqueux de *Quinte-Curce*, de *Tite-Live*, etc., etc., je m'amusais à faire mes plans de campagne dont je ne vous dirai cependant rien, d'autant mieux qu'ils ne cadraient pas avec ceux que *Napoléon-le-Grand* nous fit exécuter les jours suivants; il est vrai qu'il ne m'avait pas mis dans la confidence de la savante marche que, dans le même moment, il faisait exécuter au maréchal *Ney* et dont je vous parlerai succinctement, en faisant le récit du second jour de la bataille de *Bautzen*, car je vous préviens encore une fois que je ne vous parlerai que du terrain où j'ai combattu et des choses que j'ai vues de mes propres yeux.

Le soir du 19 mai 1813, tout était prêt dans l'armée

française pour livrer une grande bataille le lendemain. La hauteur, occupée par notre division, avait en face d'elle une hauteur à peu près semblable occupée par l'ennemi, la *Sprée* séparait les deux collines. La mission bien nette de notre division était de passer la *Sprée* à la barbe de l'ennemi, de gravir la hauteur qu'il occupait et que défendait une nombreuse artillerie, de le débusquer de cette position et de nous y maintenir pendant que le reste de notre corps d'armée (le 6ᵉ corps) passait la *Sprée* au-dessus de nous, c'est-à-dire à notre droite, battait les troupes qui lui étaient opposées et cherchait à s'emparer de *Bautzen* et de son pont.

Le brouillard qui avait régné pendant la matinée du 20 mai 1813 s'étant dissipé vers les onze heures, nous descendîmes la *Sprée* en nous dirigeant vers les bâtiments d'une grosse ferme, située sur les bords mêmes de la rivière. Dès que l'ennemi eut aperçu notre mouvement, il nous envoya de terribles bordées, mais nous ne nous en occupions point, laissant à notre artillerie, qui marchait dans les intervalles de nos colonnes, le soin de répondre.

Aussitôt que nous fûmes arrivés à la grosse ferme, nous vîmes qu'un pont sur chevalets, préparé pendant la nuit, venait d'être construit presque spontanément et nous donnait le moyen de passer la *Sprée*; mais l'ennemi, qui s'était aperçu un peu trop tard de notre stratagème, s'en dédommageait en envoyant à foison de la mitraille sur ce malheureux pont qu'il fallait cependant franchir. Nous prîmes le pas de course et notre régiment passa le premier. Tant que défila la brigade, le général *Cohorn* qui la commandait se tint à la tête du pont pour faire passer vivement tout son monde, la mitraille concentrée sur ce point atteignit certainement bien des hommes,

mais cependant point autant qu'on pourrait le croire.
Au moment où je passais une volée de mitraille vint
déchirer le bord supérieur du claque du général *Cohorn*;
je le vois encore, de ses deux mains, enfoncer son
claque en faisant une horrible grimace, car il n'était
pas beau lorsqu'il n'était pas de bonne humeur, le
brave général ! Pâle et maigre, il portait d'énormes
moustaches et une longue barbiche qui lui donnaient
un certain air de brigand napolitain, d'autant plus
qu'il avait une ceinture garnie de pistolets et un sabre
fantastique; d'ailleurs, à cette époque, les généraux portaient rarement des moustaches et jamais de barbiches,
il n'y avait que *Murat* qui, avec son costume théâtral, se
donnait cette fantaisie. Au surplus, le général *Cohorn*
était connu de toute l'armée comme le crâne des crânes
et cette tenue correspondait à l'individu.

Aussitôt après le pont, se trouvait une grande prairie
bordée à droite et à gauche d'un ravin garni d'arbres et
de buissons, derrière lesquels étaient embusqués des
tirailleurs ennemis ; nous nous jetâmes sur eux au pas
de course et une fois couverts par ces arbres et ces buissons, nous nous trouvâmes un peu à l'abri de la mitraille.
L'ordre était de se mettre à couvert autant que possible,
de profiter des arbres, des creux, des rochers, de tout
ce qui pouvait nous garantir, mais de marcher toujours
en avant. Nous avançâmes ainsi jusqu'à moitié du
sommet de la hauteur, mais arrivés à ce point nous
trouvâmes tout à coup une résistance plus vive que
précédemment ; les tirailleurs ennemis avaient été re-
nouvelés, ils étaient plus nombreux et surtout mieux
placés que nous. Nous n'étions séparés que par une
faible distance, aussi voyait-on très distinctement leurs

officiers les ramener en avant, lorsqu'ils quittaient les embuscades d'où nos balles les chassaient. Je me souviens, comme si j'y étais encore, qu'à un certain endroit, des arbres abattus gisaient en avant des trous qui avaient contenu leurs racines, je sautai dans un de ces trous et j'y combattis longtemps avec succès ; mais comme un certain nombre de nos hommes cédant à l'instinct naturel des jeunes soldats qui se croient plus à l'abri lorsqu'ils sont dans le voisinage des chefs, étaient venus se grouper près de mon trou, il en était résulté que cette sorte d'agglomération avait attiré plus particulièrement l'attention de nos ennemis ; aussi les balles pleuvaient-elles dru en cet endroit, elles labouraient la terre ou l'écorce des arbres qui se trouvaient en avant de nos trous ; je sentais que le sommet de mon schako avait été plusieurs fois touché, aussi me tardait-il de sortir de cet endroit, lorsque de grands cris de « *Vive l'Empereur* », poussés à notre droite et à peu de distance de nous, me firent pressentir qu'il s'était passé dans notre voisinage un fait glorieux pour nos armes et qu'il fallait en profiter ; nous sortîmes tous de notre embuscade en criant également « *Vive l'Empereur* », et nous nous jetâmes au pas de course à la baïonnette sur les tirailleurs ennemis, nous en prîmes quelques-uns, les autres nous cédèrent le terrain.

Nous eûmes bientôt l'explication des cris de « Vive l'Empereur » que nous avions entendus ; nos troupes venaient de prendre un petit village dans lequel les Russes et les Prussiens s'étaient retranchés, de sorte que notre division se trouvait par ce fait reliée aux deux autres divisions du 6me corps ; nous étions donc beaucoup mieux appuyés que nous ne l'avions été auparavant.

Des troupes qui avaient passé la *Sprée* un peu plus haut que nous, sans avoir été trop inquiétées par la mitraille ennemie, vinrent relever notre régiment qui avait jusques-là combattu en tirailleurs et qui était fort fatigué; nous formâmes dans la prairie dont je vous ai parlé, une colonne de soutien qui empêchait nos tirailleurs de droite et de gauche d'être tournés et enveloppés par l'ennemi, mais il s'en fallait de beaucoup que notre position fût moins dangereuse. qu'en tirailleurs; nous étions à découvert, l'arme au pied et fort exposés à l'artillerie ennemie dont les projectiles passaient en majeure partie fort heureusement au-dessus de nos têtes, car nous étions dans un pli de terrain qui nous préservait un peu; mais malgré tout, nous eûmes dans cette position d'assez grandes pertes à subir, sans avoir la consolation de la chaleur et de l'animation du combat. Enfin, après un temps qui me parut assez long, nous reçûmes l'ordre de nous former en colonne d'attaque, de marcher la baïonnette en avant et de donner tête baissée sur tout ce qui voudrait nous arrêter. Les tambours se placèrent sur le flanc de la colonne, battirent la charge et aux cris de *Vive l'Empereur* nous arrivions sur le plateau de la hauteur, lorsque nous fûmes chargés par des cuirassiers russes; un bon feu roulant, à très faible distance, les arrêta net, ils firent demi-tour en laissant sur place pas mal des leurs; nous étions si près que nous entendions le bruit des balles sur les cuirasses, comme dans un orage on entend la grêle sur les vitres, malgré le bruit du tonnerre. Mais à peine les cuirassiers avaient-ils décampé, qu'un corps d'infanterie qui se trouvait sur le plateau nous salua d'une fusillade bien nourrie; ce fut dans ce moment-là qu'une balle traversant entièrement ma capote que je portais en bandouillère, traversant également mes baudriers de sabre et de giberne vint mourir sur ma poitrine et me fit éprouver la sensation d'un bon coup de poing bien appliqué.

Notre artillerie, qui jusques là n'avait pu nous suivre, étant parvenue à nous joindre, couvrit de mitraille les troupes qui nous étaient opposées ; sous sa protection, nous continuâmes notre marche en avant et nous restâmes complètement maîtres de la position

Pendant que les événements que je viens de raconter avaient lieu, le reste de notre corps d'armée avait passé la *Sprée*, repoussé les troupes ennemies, assailli la faible enceinte de Bautzen et pénétré dans la ville qui fut aussitôt évacuée par les Russes et les Prussiens ; le pont fut attaqué et emporté, dès lors notre artillerie put très facilement passer sur la rive droite.

Tout le reste de l'armée française suivit le mouvement en avant, de sorte que le 20 mai au soir nous étions maîtres de toute la première position de l'ennemi.

Malgré tout mon désir de ne vous entretenir que des combats auxquels j'ai pris part, je n'ai pu me dispenser de vous raconter ce qui s'était passé à notre droite, afin de vous faire bien apprécier les heureux résultats de cette première journée de la bataille de *Bautzen*, journée dans laquelle notre corps d'armée (le 6me corps) joua le plus grand rôle et eut à surmonter les plus grands obstacles.

Pendant que nous livrions tous ces combats, la nuit était arrivée, nous bivouaquâmes sur le champ de bataille, nos fusils près de nous.

'Le lendemain matin, on régularisa la position des

divers régiments un peu enchevêtrés les uns dans les autres et l'on vit distinctement que l'ennemi tenait ferme dans sa seconde position.

Son aile gauche s'appuyait sur les montagnes boisées de la Bohême ; son aile droite, qui nous faisait face, occupait une hauteur pareille à celle que nous venions de conquérir ; et enfin son centre occupait dans la plaine plusieurs villages sur le front desquels on avait fait des tranchées et élevé des redoutes en terre, garnies d'une nombreuse artillerie ; il était donc évident que nous aurions le 21 une seconde grande bataille : tout le monde s'y prépara, nous mîmes nos fusils en état, je m'aperçus alors que le mien était hors de service, le bois près de la première capucine avait été déchiré par des balles et n'offrait plus de solidité, la baïonnette était faussée, le point de mire en cuivre avait été enlevé dans le sens du canon, probablement au moment où je tirais mon dernier coup, car je me souvenais fort bien qu'à ce dernier coup j'avais ressenti une secousse beaucoup plus forte que le recul ordinaire. La balle qui avait enlevé ce point de mire m'aurait certainement atteint en pleine figure si ce léger obstacle ne l'avait point fait dévier.

Au reste, ce n'était pas la seule qui m'avait effleuré, car le bord supérieur de mon schako était ébréché à plusieurs endroits, le schako lui-même avait été traversé et la patte d'une de mes épaulettes labourée par une balle. Je fus forcé d'abandonner mon fusil, mais comme il n'en manquait pas sur le champ de bataille, je l'eus bien vite remplacé.

Du point que nous occupions, on dominait les deux armées : le coup-d'œil était superbe, le soleil radieux ;

il était facile de voir que tout s'apprêtait pour une seconde grande bataille. Des aides-de-camp vinrent annoncer que l'Empereur visitait le champ de bataille et accordait des récompenses. Notre division se rangea en bataille face à l'ennemi, les deux compagnies de grenadiers de notre régiment étaient devant une sorte de belvédère rustique où notre général de division *Fricderichs* avait passé la nuit et où l'on prétendait qu'avait stationné pendant la bataille le fameux *Blücher*.

L'Empereur, en effet, ne tarda point à arriver, passa devant notre division, la complimenta de sa belle conduite dans les rudes combats de la veille, dit qu'il voulait récompenser tous les braves et ordonna aux chefs de corps de lui faire des propositions pour la décoration, puis s'approchant de l'observatoire, il vint à nous, l'air souriant et tout à fait gracieux et, s'adressant au capitaine de la seconde compagnie de grenadiers de notre régiment, il lui dit d'un ton fort aimable : « *Eh bien, capitaine, il paraît que les jeunes grenadiers se sont bien comportés hier !* » « Oui, Sire, ils ne sont pas encore bien habitués à recevoir une charge de cavalerie, mais ils n'ont point bronché et hier ils ont fait mordre la poussière aux cuirassiers russes.... » « *C'est très bien, je les récompenserai.* »

En arrivant à notre compagnie, il dit à notre capitaine qui était fort bel homme et avait plus de quarante ans : « *Capitaine, êtes-vous officier depuis longtemps ?*

— Sire, depuis 1794, j'ai été fait sous-lieutenant lorsque nous avons débarqué dans la baie de *Bantry* en Irlande.

— *Il y a longtemps de cela, capitaine, comment n'êtes-vous point encore décoré ?*

— Sire, j'ai été proposé plusieurs fois, et la dernière fois, lors de notre entrée en Espagne en 1808, mais je n'ai pas de chance; d'ailleurs, on nous oubliait un peu en Espagne.

— *Vous ne serez point oublié cette fois, capitaine,* » et se tournant vers le prince de Neufchâtel : « *Notez*, lui dit-il, *ce capitaine pour la décoration.*

— Merci, sire.

Encouragé par d'aussi bonnes paroles, notre lieutenant s'avance vers l'Empereur et lui dit :

« Sire, je serais le plus heureux des hommes si vous m'admettiez dans votre vieille garde.

— *Quel âge avez-vous ? depuis combien de temps êtes-vous officier ?*

— Sire, j'ai vingt-sept ans, je suis officier depuis 1809, lors du débarquement des Anglais à *Flessingue*, je suis parti comme lieutenant d'une compagnie de volontaires de la garde nationale de la Haute-Marne ; après la compagne de *Flessingue*, on m'a offert de servir Votre Majesté, j'ai accepté et je suis parti pour l'Espagne joindre le 26ᵉ.

— *C'est fort bien, j'aime les hommes qui ont du dévouement pour leur patrie ; prince de Neufchâtel, notez ce brave lieutenant pour la garde.*

— Pour la vieille garde, bien entendu, reprit le lieutenant.

— *Oui, pour la vieille garde, répondit en riant Napoléon, vous ne la déparerez pas.*

M. Manceau, notre lieutenant, était, en effet, un beau garçon, de bonne tenue, appartenant à une excellente famille de la Champagne. Plus heureux que notre capitaine, quelques jours après il quittait notre régiment et entrait dans les grenadiers de la vieille garde. Je l'ai revu à Paris, en 1815, il avait été décoré.

Quant à notre capitaine, il ne reçut sa nomination que lorsque nous eûmes repassé le Rhin, au mois de novembre suivant, il avait été compris dans un décret rendu dans une ferme occupée par l'Empereur, lors de la conclusion de l'armistice qui suivit le combat de *Liegnitz*; cette ferme fut incendiée avec beaucoup de papiers importants parmi lesquels se trouvait le décret en question. C'était la troisième fois que, par des circonstances malheureuses, le brave capitaine *Marchand* manquait la décoration, et ce ne fut que grâce à la démarche spontanée des officiers du régiment, qu'il reçut son brevet, après notre rentrée en France. Tant il est vrai qu'il y a des hommes qui n'ont point de chance!

L'Empereur, continuant sa tournée, se dirigea vers l'extrémité du plateau, du côté où il pouvait voir distinctement ce qui se passait sur la *Sprée;* peu d'instants après, nous le vîmes revenir, paraissant très satisfait de ses observations. Il descendit de cheval, examina toutes les positions de l'ennemi, d'abord avec sa lorgnette garnie d'ivoire qu'il avait constamment dans la main droite, puis ensuite avec un télescope, porté par un sous-officier des chasseurs à cheval de la garde impériale qui se trouvait toujours à côté du mamelouk *Roustan*, dans le groupe de l'état-major accompagnant constamment l'Empereur. Outre le télescope, ce sous-officier portait un grand portefeuille en cuir contenant des cartes géographiques.

Après avoir tout examiné, l'Empereur s'avança de quelques pas, satisfit un besoin naturel, s'approcha d'un officier d'artillerie qui commandait une batterie, lui fit braquer ses pièces dans une certaine direction et lui ordonna de commencer le feu ; aussitôt le feu de l'artillerie commença sur le front des deux armées. Je vis alors un boulet ennemi tomber à vingt pas de l'Empereur qui n'eut pas l'air de s'en préoccuper, il remonta tranquillement à cheval et partit au galop dans la direction de *Bautzen*.

Nous reçûmes l'ordre de descendre dans la plaine pour joindre notre corps d'armée qui s'y trouvait déjà. Pour aller prendre notre place de bataille, nous devions descendre, à découvert, le versant de la hauteur que nous venions de quitter; pendant ce trajet, on nous envoya passablement de boulets, mais nous continuâmes notre chemin sans faire attention à tous ces projectiles qui, cependant, atteignaient de temps en temps quelques-uns de nos hommes, mais à l'armée on ne s'arrête pas pour si peu.

Le poste qui nous était assigné était au centre où nous étions parfaitement placés pour tout voir.

A notre droite, nous distinguions les combats des tirailleurs des deux armées dans les sombres forêts qui couvraient les flancs des montagnes de Bohême ; l'épaisseur des bois nous empêchait de voir les hommes, mais nous distinguions parfaitement le lieu du combat par la ligne de fumée qui dépassait le sommet des arbres, et à cette ligne de fumée nous jugions des différentes péripéties de la bataille qui se livrait de ce côté, à environ deux kilomètres de nous.

A notre gauche, nous voyions parfaitement les troupes ennemies qui couvraient le mamelon s'élevant en face de celui que nous avions conquis la veille. Ces troupes, prussiennes en grande partie, étaient commandées par *Blücher*.

Pour débusquer les Prussiens de cette forte position, l'Empereur ordonna au maréchal *Marmont* de réunir toute l'artillerie de notre corps d'armée à celle de la garde, et de couvrir de boulets les troupes ennemies ; il s'en suivit une terrible canonnade dont nous distinguions parfaitement les ravages dans les rangs prussiens.

Au moment où cette canonnade venait de commencer, nous avions entendu le canon gronder dans la même direction, mais dans le lointain ; nous ne savions point ce que cela signifiait, mais nous l'apprîmes bientôt par des aides-de-camp envoyés dans toutes les directions pour annoncer à nos généraux que le corps du maréchal *Ney*, fort de soixante mille hommes, s'avançait sur les derrières de l'aile droite de l'armée ennemie pour lui couper la retraite, qu'on eût à se tenir prêt pour un vigoureux coup de collier, lorsque l'ordre en serait donné.

Malgré tout mon désir de ne parler que des choses qui se passaient à ma portée, je ne puis cependant pas me dispenser de vous faire connaître comment le maréchal *Ney* se trouvait sur les derrières de l'ennemi.

Vous saurez donc qu'après la bataille de Lutzen, l'Empereur avait ordonné au brave maréchal de se porter sur *Leipzig*, puis sur *Torgau* où des instructions lui seraient données ultérieurement pour la direction qu'il aurait à suivre, direction qui dépendrait de la marche de l'ennemi.

Lorsque nous eûmes franchi l'Elbe à *Dresde*, l'Empereur ordonna au maréchal *Ney* de le passer lui-même dans les environs de *Torgau*, de dérober autant que possible ses mouvements à la connaissance de l'ennemi, et pour cela de se tenir toujours à une certaine distance de l'armée commandée par l'Empereur en personne, mais toujours en communication avec cette armée, de manière à régler sa marche sur celle de l'Empereur et suivant les ordres qu'il recevrait. Nous avions donc livré bataille le 20 mai, sans l'assistance du maréchal *Ney* qui, ce même jour passait la *Sprée*, à quelques lieues au-dessous de *Bautzen*.

L'Empereur, ayant résolu de livrer une seconde bataille le 21, avait fait savoir au maréchal *Ney* de partir de grand matin, de se porter sur les derrières de l'armée ennemie, de manière à couper sa ligne de retraite, et que pour y parvenir il fallait, coûte que coûte, marcher sur le ventre de tous les ennemis qui voudraient lui faire obstacle. *Ney* arrivait donc à l'heure dite à l'endroit qui lui avait été assigné, et c'était son canon que nous entendions.

Si, malgré la marche de *Ney* sur les derrières de l'aile droite des Prussiens, l'ennemi ne se mettait pas en retraite, le centre de l'armée française devait enfoncer le centre de l'armée ennemie, et après l'avoir séparé en deux tronçons, écraser ou tout au moins prendre l'un de ces tronçons; mais ce n'était pas une petite besogne, car ce centre de l'armée ennemie s'appuyait sur des villages bien garnis de troupes, défendus par des tranchées et par des redoutes. Cette besogne c'était nous qui devions la faire, et pour y réussir, on avait disposé près de nous une formidable artillerie qui devait, à un moment donné, porter tous ses feux sur un point désigné et faire une trouée par laquelle nous devions nous élancer à la baïonnette sur l'ennemi sans même tirer un coup de fusil.

C'était un rude morceau à avaler qui nous était réservé, mais pour réussir plus sûrement on nous avait placés très près des batteries que nous devions enlever, et en outre nous étions en quelque sorte dissimulés dans un enfoncement de terrain, de sorte que si plus tard nous devions *taper dur*, nous étions, pendant un certain temps, mieux abrités contre les boulets que les deux ailes de notre armée. Nous étions en outre parfaitement placés pour jouir du coup-d'œil de cette grande journée ; aussi, de toutes les batailles auxquelles j'ai assisté, aucune ne m'a offert un aussi beau spectacle et ne m'a laissé d'aussi beaux et d'aussi profonds souvenirs que les deux batailles de *Bautzen* des 20 et 21 mai 1813.

Dès que *Blücher* eut connaissance de l'arrivée de *Ney* sur ses derrières, il vit bien que la bataille était perdue pour lui, et sans différer il battit en retraite. Ce fut dans ce moment que nous reçûmes l'ordre de marcher en avant ; nous exécutâmes l'ordre avec le plus grand entrain, mais déjà les troupes ennemies avaient l'ordre de nous céder le terrain en nous envoyant de terribles bordées, mais nous les leur rendions bien.

Tous les villages et les terrains qui les environnaient avaient servi longtemps de campement aux Russes et aux Prussiens, aussi étaient-ils pour cette raison pleins de paille à laquelle ils mirent le feu pour retarder notre marche, mais cela ne nous empêcha pas de donner à l'ennemi une terrible chasse qui aurait eu cependant un bien autre résultat, si nous avions eu de la cavalerie ; mais nous en manquions, et c'est ce qui nous empêcha d'obtenir de cette grande victoire tous les trophées que nous devions en attendre.

L'ennemi était en pleine retraite sur l'*Oder*, il ne pouvait donc plus répéter le mensonge de *Lutzen* et se prétendre vainqueur à *Bautzen*, puisqu'il nous abandonnait deux très fortes positions étudiées et fortifiées depuis longtemps et où il prétendait nous écraser.

Nous poursuivîmes l'ennemi pendant quelques kilomètres, mais la nuit étant survenue, nous nous arrêtâmes et nous établîmes notre bivouac.

Je n'ai aucune donnée pour apprécier les pertes de l'armée française pendant les journées des 20 et 21 mai, je ne puis donc parler que pour notre régiment. Dans notre compagnie composée d'environ quatre-vingt-dix hommes, nous eûmes dix-huit grenadiers tués ou blessés dont plus des deux tiers dans la première journée qui fut très rude pour notre régiment ; les autres compagnies éprouvèrent à peu près des pertes correspondantes aux nôtres.

Notre bivouac le soir du 21 mai. — Le groupe d'état-major de l'Empereur. — Mort de Duroc, le 22 mai, a Reichenbach. — Passage de la *Neiss*, a Gorlitz. — Nous passons ensuite la *Queiss* et le *Bober*. — Combat de Leignitz. — Armistice de Pleiswitz, le 4 juin 1813. — Cantonnements a Gross et a Klein Golnioh. — La chasse au sanglier. — La fête de la St-Napoléon célébrée le 10 aout. — Banquet de trente mille hommes a Thomeeswald. — Les hostilités reprises par *Blücher* avant le jour fixé par l'armistice.

Notre bivouac, le soir du 21 mai, second jour de la bataille de *Bautzen*, m'a laissé de si profonds souvenirs qu'ils seront toute ma vie présents à ma mémoire.

Nous bivouaquions près des lanciers rouges et des lanciers polonais de la garde impériale; les chevaux étaient au piquet, les lances en faisceaux, leur flamme flottait au gré de la brise, les cavaliers, étendus comme nous sur la terre nue, s'étaient aussi, comme nous, garantis de la fraîcheur de la nuit par de grands feux. Je contemplais ce spectacle avec admiration et je regrettais de ne pas savoir peindre, tant il me semblait qu'il y avait là le sujet d'un admirable tableau militaire. Ma jeune et ardente imagination pouvait peut-être bien entrer pour quelque chose dans les sensations que j'éprouvais, car depuis deux jours j'avais été en quelque sorte électrisé par le grandiose spectacle que j'avais eu sous les yeux, par les dangers que j'avais courus, par la joie inexprimable que j'éprouvais du glorieux triomphe de nos armes; je sentais qu'après tous nos malheurs de Russie, l'armée française avait besoin de se relever aux yeux de l'Europe et qu'elle venait de le faire d'une manière bien glorieuse, par une suite de triomphes incontestables; j'étais tout fier pour ma patrie de ces heureux résultats, mais au milieu de tous mes sentiments patriotiques, il y avait peut-être bien un peu d'amour-propre, car j'étais content de moi et je me considérais, dès ce jour, comme un jeune militaire auquel les vieux troupiers n'avaient plus rien à apprendre.

Sans parler des diverses actions auxquelles j'avais assisté depuis l'ouverture des hostilités, j'avais combattu dans les deux journées de *Bautzen* dans des conditions qui ne se rencontrent pas toujours dans une longue carrière militaire. Je récapitulais, en effet, dans mon esprit, qu'en deux jours, j'étais de ceux qui, à la barbe de l'ennemi, avaient franchi la *Sprée* sur un pont probablement plus mitraillé que celui d'Arcole.

de ceux qui, dans des combats de tirailleurs, d'embuscades et de corps à corps avaient chassé les Russes et les Prussiens de la formidable position qu'ils occupaient; de ceux qui, l'arme au pied, avaient vu pendant longtemps leurs rangs éclaircis par les boulets et qui enfin, au bruit des tambours battant la charge, avaient enlevé la position, malgré les charges de cavalerie et les fusillades d'une nombreuse infanterie.

Je me rappelais ensuite la rude besogne qui nous était réservée pour le 21 et les bonnes dispositions où je m'étais trouvé au milieu des plus grands dangers. J'étais content de moi, je me considérais déjà comme un vieux militaire qui connaît son état et qui, dans les circonstances les plus périlleuses, saurait toujours faire son devoir avec le sang-froid nécessaire à un chef.

J'étais aussi vivement ému d'avoir pu voir de très près *Napoléon-le-Grand*, de l'avoir entendu parler, de lui avoir vu donner le signal de la bataille du 21, etc. J'avais pu également contempler tout à mon aise le groupe si remarquable qui composait son état-major.

Ce fut au milieu de cet enivrement de la gloire que je m'endormis le 21 mai au soir. Depuis lors, j'ai réfléchi bien souvent au néant de cette gloire à laquelle tant d'hommes sont sacrifiés ; j'ai reconnu que la paix est préférable aux plus beaux triomphes, mais j'ai reconnu aussi que dans la position précaire où le sort m'avait jeté, il avait été très heureux pour moi d'avoir de pareilles pensées, puisque c'était probablement à cette force de caractère que je devais d'avoir surmonté tous les obstacles.

La vue du groupe d'état-major qui accompagnait l'Empereur avait fait sur moi une si vive impression, que je crois bien faire en vous donnant à ce sujet quelques détails qu'on ne trouve dans aucun livre.

A l'armée, l'Empereur était toujours accompagné par les chasseurs à cheval de la garde, dont l'organisation première remontait aux campagnes d'Égypte. Quelques chasseurs précédaient toujours d'une centaine de mètres le cortège impérial; un escadron venait à la suite du cortège, c'était ce qu'on nommait l'escadron de service

L'Empereur, sur un superbe cheval arabe, précédait le groupe de quelques pas : lorsque *Marat* et Eugène Beauharnais se trouvaient sur les lieux, ils étaient l'un à droite et l'autre à gauche de l'Empereur.

Sur la seconde ligne, on voyait Berthier, prince de Neufchâtel, major-général de l'armée, les maréchaux *Ney*, *Soult*, *Davoust*, *Macdonald*, *Oudinot*, *Mortier*, *Marmont*, *etc.*, *etc.*, à moins que leur présence ne fût nécessaire sur d'autres points.

Au milieu de cette seconde ligne, c'est-à-dire immédiatement derrière l'Empereur, on voyait le mamelouk *Roustan*, dont le brillant costume oriental attirait tous les yeux, et à côté de *Roustan* le chasseur à cheval porteur du télescope et du portefeuille. Venaient ensuite les généraux les plus éminents, leurs aides-de-camp et ceux de l'Empereur dont les élégants costumes attiraient particulièrement mes regards. J'avais sous les yeux tant d'illustres hommes de guerre dont les journaux s'étaient si souvent occupés, pour raconter leurs triomphes et leurs traits de bravoure, que je ne pouvais me lasser de les contempler, j'en étais fasciné à tel point que je me serais jeté à la bouche de mille canons pour obtenir la plus modeste de ces épaulettes qui miroitaient si merveilleusement à mes yeux.

Hélas ! parmi ceux que je voyais passer devant moi dans le cortège de l'Empereur le matin du 22 mai, il y en avait deux très haut placés qui n'avaient plus que quelques heures à vivre et qui n'eurent point le bonheur de mourir sur un de ces grands champs de bataille dont l'histoire conserve le souvenir pendant des siècles.

Le 22 mai, nous partîmes de *Bautzen* dans la direction de *Gorlitz* où l'on s'attendait à un combat, car nous devions y passer la *Neiss* à peu près dans les mêmes conditions que la *Sprée* à *Bautzen*.

Des troupes qui avaient peu donné aux deux journées de *Bautzen* formaient l'avant-garde ; l'Empereur, avec quelques régiments de cavalerie, suivait cette avant-garde : nous venions après.

Lorsque nous arrivâmes près d'un village nommé *Reichenbach*, où venait d'avoir lieu un petit engagement de cavalerie, nous entendîmes tirer quelques coups de canon auxquels nous n'attachions aucune importance, et cependant un de ces coups de canon venait de nous enlever deux hommes d'un grand mérite, car le même boulet avait tué le général du génie *Kirgener* et le maréchal *Duroc*, l'ami et l'homme de confiance de l'Empereur. Ces deux braves s'étaient écartés un instant du groupe de l'Empereur pour voir ce que signifiaient les coups de canon qu'ils venaient d'entendre, et à cet effet ils avaient gravi à cheval un petit tertre, lorsqu'un boulet égaré les avait tués tous les deux.

Au moment où nous passâmes, il y avait à peine un quart-d'heure que l'événement était arrivé ; j'ai encore parfaitement gravée dans ma mémoire la configuration des lieux.

Nous n'eûmes point à *Gorlitz* le combat auquel nous

nous attendions; l'ennemi nous laissa passer tranquillement la *Neiss* sur un pont que nous construisîmes à environ deux cents mètres au-dessus de *Gorlitz*, ville où je ne suis jamais entré, quoique j'y sois, par la suite, passé et repassé bien des fois.

L'ennemi, en pleine retraite, ne nous disputa plus les passages des rivières; nous passâmes donc successivement la *Queiss* et le *Bober* et nous nous dirigeâmes sur l'*Oder*, en suivant le pied des montagnes de Bohême; nous étions alors précisément sur le terrain dont on a tant parlé lors de la guerre de 1866, entre la Prusse et l'Autriche. Je vous fais grâce des noms assez difficiles à retenir pour un Français.

Après plusieurs jours de marches très fatigantes, car il faisait une extrême chaleur, et nous marchions militairement, au milieu des champs couverts de récoltes, toujours en vue de l'ennemi avec lequel nous eûmes quelques engagements de peu d'importance, nous arrivâmes à *Liegnitz*, où notre division livra aux Russes un combat assez sérieux; l'avantage nous resta, mais il nous fallut prendre beaucoup de précautions pour nous préserver des surprises des Cosaques que je n'avais jamais vus en aussi grand nombre. Nous étions alors sur les confins de la Pologne, de sorte que nous avions sur les bras les hordes de l'*Ukraine*, du *Don*, etc., etc., que l'empereur de Russie avait fait venir de tous les points de son empire. Nos marches et nos bivouacs devenaient très pénibles, à cause de toutes les précautions qu'il fallait prendre pour éviter les surprises.

A la suite du combat de *Liegnitz* les troupes françaises entrèrent à *Breslau* et à *Glogau*, dont on délivra la garnison qui y était assiégée depuis le mois de janvier. Cette garnison était en grande partie composée de soldats isolés, malades ou blessés de la campagne de Russie ; j'eus, quelques jours après, l'occasion de voir cette malheureuse troupe et de me convaincre que les narrations du pasteur de *Francfort* n'étaient point exagérées.

Il n'y a pas de doute que, dans la situation où se trouvait l'ennemi, il y aurait eu avantage pour la France à ne pas conclure d'armistice et à éloigner les Russes et les Prussiens des frontières de l'Autriche ; c'était l'affaire de quelques jours. Malheureusement pour la France et pour Napoléon un armistice de deux mois fut conclu à *Pleiswitz* le 4 juin ; ce fut pendant la trêve qui précéda cet armistice, que nous habitâmes une ferme où le maréchal *Marmont* avait établi son quartier-général, et ce fut pendant ce temps-là que j'eus, presque à chaque instant, l'occasion de voir ce maréchal ainsi que son état-major, composé d'hommes très remarquables, parmi lesquels je citerai le général *Damrémont*, tué maréchal de France au siège de *Constantine*, puis le fameux colonel *Fabvier* qui fit tant parler de lui pendant la guerre des Grecs contre les Turcs sous la Restauration, etc., etc.

L'armée devant prendre des cantonnements en Silésie, notre régiment alla prendre les siens dans le voisinage de la petite ville de *Buntzlau* et particulièrement dans les villages de *Gross* et de *Klein-Golnich*.

En arrivant dans nos cantonnements, je fus fait sergent-major ; à mon grand regret je quittai ma compagnie de grenadiers pour être sergent-major dans une compagnie du centre ; mais enfin c'était un très bel avancement pour un jeune homme de dix-neuf ans, le plus jeune et le moins ancien de service de tous les sous-officiers du régiment.

Chaque compagnie logeait dans des granges, des remises, etc.; etc., nous couchions sur la paille, mais nous étions à l'abri des injures du temps. Tous les jours, nous nous levions à quatre heures du matin et nous allions à une lieue de distance faire l'exercice dans la grande plaine de *Thomaswald* où se réunissait notre division. Après deux à trois heures de manœuvres, nous revenions à nos villages, nous mangions la soupe, nous faisions la sieste, car il faisait très chaud; puis, les grandes chaleurs du jour passées, nous retournions trois à quatre fois par semaine dans la plaine de *Thomaswald* recommencer nos manœuvres pendant plusieurs heures; nous regagnions ensuite nos cantonnements. Ainsi, presque tous les jours, nous faisions plus de quatre lieues, tant pour aller que pour revenir. Les jours où nous n'allions pas à *Thomaswald*, dans l'après-midi, nous faisions l'exercice dans nos villages. Tout cela aurait été parfait si nos avions été mieux nourris ou si nos hommes avaient été moins jeunes, car il ne faut pas laisser les militaires dans l'inaction; mais malheureusement l'ordinaire n'était pas suffisant pour tant de fatigues et pour remettre de jeunes estomacs qui déjà avaient été fort éprouvés. Pour comble de malheur, nous ne recevions aucune solde, de sorte que nos hommes ne pouvaient pas se donner ces petites douceurs auxquelles les soldats tiennent tant.

La population des villages que nous occupions nous était hostile, nous n'avions à attendre aucune complaisance des paysans; tous les hommes de vingt à quarante ans étaient à l'armée; enfin, pour un observateur, il était facile de voir que la Prusse était dans un état d'extrême surexcitation et que la guerre contre la France était nationale.

Après avoir séjourné pendant quelque temps à Gross-Golnich, notre compagnie fut envoyée dans un tout petit hameau situé au milieu d'une forêt de sapins : il se nommait Klein-Golnich. Je parvins à m'entendre avec le bourgmestre de l'endroit, je lui fis comprendre que si les habitants voulaient éviter la maraude que rien ne pourrait empêcher dans un endroit aussi écarté, ils feraient bien d'enrichir nos frugales marmites d'une provision de choux, de pommes de terre et de quelques légumes. Le père *Bauer*, c'est ainsi que se nommait le bourgmestre, savait assez de français pour se faire parfaitement comprendre ; dans sa jeunesse il était venu en France, comme garçon brasseur et avait habité Rouen pendant quelques années. Grâce à nos bonnes relations avec le père *Bauer*, nous fûmes un peu moins mal dans son hameau que nous ne l'avions été à Gross-Golnich.

Des troupes de sangliers étant venues pendant la nuit ravager le jardin de la ferme où nous étions logés, je proposai aux sous-officiers de la compagnie d'en tuer quelques-uns et d'augmenter ainsi notre ration. Nous nous mîmes en effet en embuscade, armés de nos fusils de munitions, et dès la première nuit nous en tuâmes un, presque à bout portant ; il fut aussitôt dépecé ; nous en donnâmes une portion aux officiers et à nos soldats et nous fîmes cuire le reste d'une manière si primitive que je ne trouvai pas la chair de sanglier bien fameuse ; néanmoins ce fut un utile surcroît à notre frugal ordinaire. Peu à peu les soldats s'en mêlèrent, les sangliers disparurent et l'on se mit alors à tendre des pièges et des collets pour prendre des lièvres et des lapins. Nous commencions à faire de rapides progrès dans ce genre d'industrie, très facile du reste dans un pays si giboyeux et où la chasse était alors défendue, sous des peines très sévères, à tout ce qui n'était pas noble, lorsque nous vîmes approcher le moment où nous allions nous remettre en campagne; on fit des distributions de souliers, de chemises, de pantalons, etc., etc.; nous reçûmes divers détachements venant de France ; nous vîmes revenir quelques-uns de nos blessés mais en petit nombre ; l'effectif de chaque compagnie fut un peu remonté, enfin on annonça que la fête de l'Empereur serait célébrée le 10 août au lieu du 15, qu'une grande revue de tout le 6me corps serait passée dans la plaine de *Thomaswald*, qu'il y aurait un banquet de trente mille hommes, que d'abondantes distributions de vin et de *schnaps* seraient faites pour ce banquet, qu'il y aurait des prix de courses à pied et de tir à la cible, qu'on toucherait quinze jours de solde, et qu'enfin il y aurait des promotions et des décorations dans tous les grades. Les choses se passèrent en effet comme on les avait annoncées.

Notre corps d'armée, rangé en bataille dans l'immense plaine de *Thomaswald*, fut passé en revue par le maréchal *Marmont* en grand costume d'apparat, c'est-à-dire ayant sur l'épaule gauche le manteau de velours rouge parsemé d'abeilles d'or et à la main le bâton de maréchal de France.

Le repas eut lieu au bruit du canon, des musiques et des tambours ; en un mot ce fut une très belle cérémonie.

Nous rentrâmes ensuite dans nos cantonnements respectifs, nous allumâmes de grands feux de joie autour desquels on se livra à des danses, à des chants, etc., etc. Cinq jours après ce n'était plus fête : *Blücher*, interprétant l'armistice à sa manière, attaqua nos avant-postes le 15 août, tandis que dans la pensée générale, les hostilités ne pouvaient recommencer que le 17 ou le 18, je ne suis pas bien sûr de la date exacte. *Blücher* ne nous surprit pas, comme il l'espérait, mais il en résulta un grand trouble dans nos cantonnements.

Excursions en Bohême. — Napoléon. — Murat. — Marche extraordinaire sur Dresde. — Bataille de Dresde. — Mort de Moreau.

Dans le chapitre qui précède, je vous ai expliqué comment nous fûmes attaqués par *Blücher*, avant l'époque fixée pour la reprise des hostilités ; néanmoins notre division fut bien vite réunie et en état de résister.

Pendant la durée de l'armistice, j'avais eu l'occasion d'avoir sous les yeux de très bonnes cartes du théâtre de la guerre, je les avais comparées à la carte plus réduite que j'avais continuellement dans mon schako et que je possède encore aujourd'hui ; j'avais trouvé cette dernière exacte mais moins détaillée. A l'aide de ces documents, je m'étais rendu un compte parfait du pays où je pensais qu'auraient lieu les prochaines batailles, et cédant à mon goût toujours si prononcé de faire des combinaisons, j'avais dans ma pensée tracé un plan de campagne que Napoléon ne mit pas plus à exécution que celui que j'avais imaginé à *Bautzen*. Napoléon, il est vrai, ne m'avait pas mis dans le secret de sa politique ; j'étais par conséquent fort loin de me douter que nous allions avoir un nouvel ennemi sur les bras, et que cet ennemi serait l'empereur d'Autriche, le beau-père de Napoléon. Mon plan de campagne avait donc pour théâtre les bords de l'Oder où nous allions reprendre, selon moi, les positions par nous occupées avant l'armistice, y livrer de furieuses batailles aux Russes et aux Prussiens et les rejeter en Pologne, etc., etc.

Mais au lieu de marcher droit devant nous, comme je le croyais, notre division reçut l'ordre d'exécuter une marche de flanc perpendiculairement aux montagnes de Bohême que nous ne tardâmes point à atteindre. Au bout de deux jours de marche, je reconnus à des signes certains que nous avions franchi les frontières de Bohême; les habitants avaient abandonné les rares villages que nous trouvions sur notre route et les paysans que nous avions pu arrêter parlaient une langue que personne ne comprenait, c'était la langue *tchèque* ; nous étions donc en pleine Bohême, il n'y avait point à s'y tromper; mais comme j'étais loin de soupçonner que l'empereur d'Autriche avait déclaré la guerre à son gendre, et que l'armée n'était point dans la confidence de la politique impériale, je cessai de me préoccuper d'une chose que je ne comprenais point, j'avais assez de songer aux misères que nous endurions déjà et qui allaient en augmentant chaque jour.

Depuis que nous avions quitté *Klein-Golnich*, nous avions eu continuellement de la pluie, nous marchions dans la boue jusqu'à mi-jambes, dans un pays qui ne nous offrait aucune ressource ; nous n'avions point de paille pour nos bivouacs ; pour ne pas coucher à la belle étoile par une pluie épouvantable, nous étions réduits à construire de grossiers abris avec des branches dont les feuilles déjà desséchées ne nous garantissaient guère.

Après quelques jours passés dans un pays que nous parcourions en tous sens, avec la mission que nos généraux avaient sans doute reçue de savoir ce qui s'y passait, nous vîmes tout à coup arriver Napoléon avec un grand personnage que je ne connaissais pas, mais dont j'avais beaucoup entendu parler : c'était *Murat*, roi de Naples, l'époux d'une sœur de Napoléon.

Après la retraite de Russie et lorsque les débris de l'armée de *Moscou* eurent repassé le *Niémen*, Murat avait cédé le commandement de l'armée à Eugène Beauharnais et s'était rendu à Naples, d'où il était revenu tout récemment joindre l'Empereur à *Dresde*.

Il y avait une si grande différence entre l'air, la tenue, la taille et le costume de Napoléon et de Murat que je crois bien faire en vous donnant quelques détails à cet égard.

Napoléon était plus petit que moi, sa mise était des plus simples : il avait des bottes molles à l'écuyère en cuir noir ordinaire, une culotte et un gilet en casimir blanc, le gilet était échancré dans le bas et avait de chaque côté un petit gousset, mais il est faux que ces goussets continssent du tabac à priser ; l'habit était en drap vert avec des revers de même étoffe, ces revers étaient échancrés comme c'était alors l'usage ; il n'y avait pas une seule broderie sur cet habit, on n'y voyait que la plaque et le grand cordon de la Légion d'honneur, les épaulettes d'or étaient celles d'un simple colonel. Par dessus son habit, l'Empereur portait toujours en campagne la petite redingote grise devenue légendaire. Sa coiffure consistait en un simple tricorne sans plumes, sans galons, avec une cocarde bicolore retenue par une torsade en soie noire. Les troupiers appelaient ce chapeau le *lampion*, et lorsqu'ils disaient : « Voilà le *lampion*, *la redingote grise* ou *le petit caporal*, » c'était comme s'ils avaient dit : « Voilà l'Empereur. » Napoléon avait une simple épée sans luxe. La figure de Napoléon était régulière et belle, il ne portait ni barbe ni moustaches, mais s'il eût voulu en porter elles auraient été fort belles, car sa barbe toujours fraîchement rasée laissait sur sa figure la trace d'une superbe barbe bleue très serrée. Son regard était profond, ses yeux grands et beaux, et à volonté, il leur donnait une expression d'une grande douceur et d'une grande aménité, ou bien il en faisait sortir des éclairs. Lorsque l'Empereur passait devant l'aigle d'un régiment, il se découvrait toujours et alors on voyait son beau et large front orné de la fameuse mèche de cheveux, si bien imitée par la perruque portée par *Talma* dans je ne sais quelle pièce, que cette mèche était devenue, en quelque sorte, un signe séditieux sous la Restauration. Enfin, Napoléon avait l'air d'un savant de l'Institut à cheval.

Quant à *Murat*, c'était un tout autre homme: grand, bien fait, fort beau garçon, portant de superbes moustaches et une barbiche noires, il avait cette contenance martiale qui convenait si bien à son bouillant courage. Son costume ajoutait encore au prestige de sa grande renommée de bravoure.

Il avait de grandes bottes à l'écuyère en maroquin rouge, garnies d'éperons en or massif, un pantalon et une sorte de tunique en casimir couleur de chair; le pantalon collant, laissant voir ses belles formes, était enjolivé de galons prenant la forme de dessins hongrois.

La tunique avait une jupe fort courte bien tuyautée : les manches de cette tunique étaient galonnées jusqu'à l'épaule, comme un général de hussards.

Sur la large et puissante poitrine de *Murat*, on voyait briller tous les ordres de l'Europe, à une époque où il était rare de voir plus d'une décoration sur l'uniforme d'un général. Le grand cordon de la Légion d'honneur relevait tout cela. Une écharpe en soie verte servait de ceinturon à un magnifique sabre turc orné de pierres précieuses.

Murat ne portait point de col, le haut de sa tunique de cavalier était échancré et garni tout autour d'un col rabattu blanc, retombant en pointes sur les deux côtés de la poitrine.

Pour coiffure, *Murat* portait une sorte de toque garnie de superbes plumes blanches ; enfin, sur l'épaule gauche, il avait un petit manteau en velours rouge embelli de magnifiques broderies. Tout cela était peut-être un peu théâtral ; mais c'était si bien porté, par un homme d'une si grande bravoure, qu'on croyait voir un *Roland* ou un *Tancrède*, et que cet ensemble faisait très grand effet sur l'esprit des soldats, qui savaient avec quelle audace et quelle dextérité *Murat* conduisait une charge de cavalerie ; ils disaient en le voyant passer : « Voilà un fameux lapin qui ne craint pas les coups de sabre. »

L'Empereur ayant donné des ordres pour nous diriger du côté de *Liegnitz*, nous ne tardâmes point à rencontrer les troupes de *Blücher* avec lesquelles nous eûmes quelques engagements ; mais aussitôt que *Blücher* eût connaissance de la présence de Napoléon, il battit rapidement en retraite ; je croyais que le branle bas allait commencer et que nous allions livrer de grandes batailles, mais à mon grand étonnement l'Empereur fit arrêter la poursuite, donna au maréchal *Macdonald* le commandement d'une partie de l'armée, le laissa en Silésie et fit rétrograder le 6e corps, la garde et d'autres troupes dans la direction de *Gorlitz*.

Je ne connus que plus tard la cause d'une manœuvre qui nous paraissait bien étonnante ; cette cause était la nouvelle que l'Empereur venait d'apprendre que cent trente mille Russes et Prussiens avaient quitté la Silésie pour se joindre aux Autrichiens qui étaient en Bohême, et que l'armée des coalisés, commandée par le prince de *Schwarzenberg*, forte d'environ deux cent soixante mille hommes, menaçait *Dresde* et tous les derrières de notre armée. On nous avait laissé ignorer ce que nous nommâmes la trahison de l'Autriche, et ce fut seulement dans les environs de *Bautzen* que nous apprîmes que nous marchions en grande hâte sur *Dresde*, pour le défendre contre l'attaque des coalisés. Nos soldats, qui avaient une confiance aveugle dans *Napoléon* et qui, sous sa conduite, se croyaient invincibles, n'éprouvèrent aucune appréhension en apprenant que nous avions un ennemi de plus à combattre ; on trouva même le moyen de les égayer en leur annonçant que nous envahirions prochainement l'Autriche où nous trouverions en abondance de l'excellent vin de **Hongrie**.

Depuis que nous avions quitté nos cantonnements, le temps avait été constamment mauvais, nos bivouacs étaient affreux, nos marches longues et pénibles ; nous n'étions cependant qu'au commencement de nos souffrances de tous genres, car dès que nous fûmes arrivés dans les environs de *Gorlitz*, nous ne bivouaquâmes même plus ; nous nous arrêtions environ quatre heures par jour, moitié le matin et moitié le soir, le reste du temps nous marchions sans cesse. Pendant les heures d'arrêt on faisait à la hâte une bouillie ou une ratatouille de biscuit, on dormait une heure puis on se remettait en route jusqu'au soir, pour recommencer le lendemain le même train.

Pour faire une bouillie, voici comment nous nous y prenions : lorsqu'on avait de la viande on la coupait en morceaux gros comme un petit œuf, on mettait ces morceaux dans une marmite pleine d'eau, et lorsque ces morceaux étaient à moitié cuits on les retirait de la marmite et on mettait de la farine dans ce semblant de bouillon ; avec un morceau de bois on remuait sans cesse, et lorsque le tout avait pris la consistance de la colle on versait la *popote* dans une gamelle. Jugez si cela devait être bon, bien restaurant et d'une facile digestion. Les morceaux de viande qui avaient été retirés de la marmite, à moitié cuits, étaient mangés pendant la marche.

La ratatouille de biscuit n'était guère mieux, car dans le semblant de bouillon que vous connaissez, on mettait du biscuit de mer cassé en morceaux, ces morceaux gonflaient et avaient bientôt absorbé tout le prétendu bouillon, mais du moins on pouvait mâcher et avaler cette pâtée qui du reste était détestable, car le biscuit était toujours ou moisi, ou pierreux, ou de mauvais goût.

Vous devez penser si, avec un pareil régime, on pouvait être bien restauré et supporter, la pluie sur le dos, les rudes marches que nous faisions. A chaque instant des hommes éclopés, malades ou harassés, restaient en arrière et cependant il fallait aller de l'avant, car plusieurs fois par jour des officiers d'ordonnance arrivaient pour nous faire hâter le pas.

Arrivés à une couple de lieues de *Dresde*, nous entendîmes le canon qui annonçait que la bataille était commencée ; il y a dans ce bruit du canon quelque chose d'électrique qui remue et anime le soldat, car dès que nous l'entendîmes, personne ne resta en arrière ; enfin nous arrivâmes à *Dresde* et il était temps, car l'ennemi était aux portes de la ville, dont la garnison était beaucoup trop faible pour résister aux deux cent soixante mille hommes commandés par *Schwarzenberg*, sous les yeux de l'empereur *Alexandre* et du roi de Prusse.

Nous arrivâmes, c'est vrai, mais chaque compagnie avait laissé en route la moitié de son effectif, car il fallait être vigoureusement constitué pour résister à de pareilles fatigues et à un tel régime. Le lendemain et les jours suivants les hommes restés en arrière nous rejoignirent en grande partie, cependant il y en eut beaucoup que nous ne revîmes plus. Qu'étaient-ils devenus ? je l'ignore, et c'est ainsi que dans les armées il y a beaucoup d'hommes sur le compte desquels on ne peut donner aucun renseignement.

Avant de vous raconter la part que notre régiment prit à la bataille de *Dresde*, qui dura deux jours, il est nécessaire que je vous donne quelques explications sur la configuration du terrain sur lequel nous allions combattre, sans cela vous ne comprendriez rien à mon récit.

Dresde est bâti dans un superbe bassin, limité d'un côté par l'*Elbe* et de l'autre côté par un croissant de hauteurs et de collines dont celles du centre sont les derniers gradins des montagnes de Bohême; ce panorama est splendide.

Pendant l'armistice, l'ennemi avait fait passer en Bohême dans le plus grand secret une partie de l'armée de Silésie, ainsi que des renforts venant de Russie et du nord de la Prusse. Ces troupes, réunies à celles des Autrichiens, formaient une armée de deux cent soixante mille hommes qui, croyant l'Empereur fort occupé à guerroyer contre *Blücher* sur les bords de l'Oder, était venue fondre sur *Dresde* pour l'enlever et nous mettre entre deux feux.

Pour tromper plus facilement Napoléon, les coalisés avaient donné l'ordre à *Blücher* de reculer; car plus nous serions éloignés de *Dresde*, plus il leur serait facile de réussir.

L'Empereur n'avait laissé à *Dresde* qu'une garnison d'environ vingt-cinq mille hommes, mais il avait distribué ses troupes de telle manière qu'elles pouvaient se concentrer en peu de temps sur Dresde, si cette ville venait à être attaquée. Puis, pour bien reconnaître la véritable position de l'ennemi, il avait fait lui-même une reconnaissance en Bohême et il venait de la terminer lorsque nous l'avions rencontré avec *Murat*, ainsi que je vous l'ai raconté, il y a un instant.

Ayant plusieurs corps d'armée sous la main et sachant que *Blücher* était dans notre voisinage, Napoléon avait formé le projet de l'attaquer et de le battre si complètement qu'il n'eût plus la possibilité de prendre part au reste de la campagne; puis après cette leçon donnée à *Blücher*, se rabattre sur les derrières des troupes russes, prussiennes et autrichiennes réunies en Bohême et les anéantir ainsi successivement, car c'était sa méthode ordinaire; c'était d'ailleurs la seule à mettre en pratique pour combattre avec les trois cent cinquante mille hommes qui composaient toute l'armée française les huit cent mille hommes de la Coalition. Je vous donne maintenant ces chiffres, mais il n'y avait alors, dans l'armée, personne autre que Napoléon qui connût les forces respectives des belligérants. Nous savions bien confusément que les ennemis étaient plus nombreux que nous, mais cela ne nous effrayait pas, tant était grande la confiance que Napoléon savait nous inspirer.

L'Empereur, ayant remarqué que *Blücher* ne résistait point à nos attaques avec sa ténacité ordinaire et qu'il cédait le terrain avec l'intention probable de nous éloigner de plus en plus de *Dresde*; avait reconnu le piège, nous avait arrêtés et laissant *Macdonald* vis à vis de *Blücher* pour masquer nos manœuvres, avait donné des ordres pour nous faire arriver aussi promptement que possible à Dresde ; car il venait d'apprendre que l'armée autrichienne, renforcée de cent trente mille Russes et Prussiens, marchait sur *Dresde* au travers des montagnes de la Bohême et n'en était plus qu'à une faible distance. Ceci vous explique maintenant pourquoi nous avions marché nuit et jour pour secourir la garnison de *Dresde*, évidemment incapable de résister aux attaques d'une armée de deux cent soixante mille hommes.

Dresde n'était point une ville de guerre, les anciennes fortifications avaient été détruites depuis longtemps, mais il restait encore quelques traces d'anciennes redoutes disséminées sur le pourtour de l'ancienne ville, du côté qui regarde les montagnes de Bohême ; pendant l'armistice, Napoléon avait fait réparer et armer ces redoutes, avait fait entourer de palissades ce côté de la ville et établir des barricades et des barrières au bout des rues qui donnaient sur la campagne, et il estimait qu'avec ces ouvrages et une garnison d'environ vingt-cinq mille hommes, *Dresde* pouvait résister pendant plusieurs jours durant lesquels il viendrait à son secours.

Or, pendant que nous étions en Silésie, le prince de *Schwarzenberg* avait fait tous les préparatifs nécessaires pour prendre *Dresde*, et il est plus que probable qu'il y serait parvenu si nous n'avions point marché aussi rapidement, car dans la matinée du 26 août, il avait attaqué *Dresde* avec des forces si importantes qu'il avait fait de rapides progrès et qu'un instant avant notre arrivée, il s'était emparé d'une redoute et que les autres étaient fort compromises.

Au moment où nous arrivions à *Dresde*, vers les quatre heures du soir, le 26 août 1813, l'ennemi était déjà répandu sur tout le terrain qui séparait les redoutes du pied des montagnes, et comme nous arrivions par la route de *Bautzen* qui domine tout le bassin, il nous était facile de voir qu'il était temps de porter secours à la garnison. Cet endroit élevé dont je viens de parler, était tellement en vue de l'ennemi qu'il se mit à nous envoyer des boulets qui enlevaient très gentiment des files entières. Nous traversâmes Dresde au pas de course et l'on nous plaça derrière la redoute qui venait d'être prise par les Autrichiens, afin de les empêcher de forcer les barricades et les palissades qui défendaient l'entrée des rues de ce côté-là.

L'Empereur, arrivé à Dresde dans la matinée du 26 août avec un assez nombreux corps de cavalerie, avait inspecté le terrain, reconnu ce qu'il y avait à faire, de sorte qu'avant même notre arrivée il avait pu donner une destination aux troupes qui nous précédaient et parmi lesquelles se trouvaient quatre divisions de la jeune garde. Deux de ces divisions furent placées à l'extrême gauche de notre ligne et les autres à l'extrême droite. Tout notre corps d'armée fut placé au centre, ayant derrière lui la vieille garde comme réserve. Nous avions avec nous une très nombreuse artillerie, destinée à repousser toutes les attaques qu'on pourrait diriger contre nous, pour le cas où tous les efforts de l'ennemi se fussent portés sur le centre de l'armée française, afin de la diviser en deux tronçons et pénétrer de vive force dans *Dresde*.

Pour mieux assurer et surveiller l'exécution de ses ordres, Napoléon se tint près de nous au centre et fit attaquer l'ennemi par ses deux ailes ; à notre droite par la cavalerie de *Murat*, que nous vîmes passer devant nous avec cette assurance martiale qui donnait un tel élan à nos escadrons que rien ne leur résistait.

A notre gauche la jeune garde et les troupes du maréchal *Saint-Cyr* attaquèrent avec tant de vigueur les Russes et les Prussiens qu'ils furent forcés de se retirer de la plaine et de regagner les hauteurs d'où ils étaient descendus le matin ; puis nos troupes faisant un à droite, attaquèrent avec tant de furie la redoute dont les Autrichiens s'étaient emparés, avant notre arrivée, qu'elles la prirent en un clin-d'œil et tuèrent ou enlevèrent tout ce qui s'y trouvait.

Pendant que tous ces hauts faits s'accomplissaient près de nous, notre corps d'armée impassible au centre recevait les boulets que l'ennemi nous envoyait, mais nous avions près de nous une si nombreuse artillerie que nos bordées se succédaient sans interruption. J'étais déjà si bien accoutumé à recevoir l'arme au pied les boulets de l'ennemi et à voir de temps en temps nos files enlevées, que tout entier au magnifique spectacle que j'avais sous les yeux et n'en voulant rien perdre, j'assistais de sang-froid à ces scènes de carnage.

Lorsque la nuit fut arrivée, la plaine était évacuée par l'ennemi qui s'était retiré sur les premiers gradins du magnifique amphithéâtre que nous avions devant nous. Tout présageait donc une grande bataille pour le lendemain, car de nombreux renforts devaient nous arriver durant la nuit et l'Empereur voulait une victoire complète.

Le temps avait été passable pendant l'après-midi du 26 août, mais dès la nuit, la pluie recommença à tomber par torrents. Les deux armées étaient en face l'une de l'autre, à peine séparées de quelques portées de canon; nous dûmes donc coucher sur le champ de bataille. Nous allumâmes de grands feux et nous cherchâmes à nous abriter le mieux possible, mais il n'y avait guère moyen, car nous ne pouvions pas nous éloigner de nos rangs. Il y avait près de moi un pan de mur qui avait été abattu par un boulet, j'en pris les débris, je les plaçai près d'un feu, j'y mis mon sac, qui de cette manière était à sec et je m'en fis un siège. J'étais déjà beaucoup mieux, mais cela ne me suffisait pas, car je mourais de sommeil et je voulais me reposer un peu ; je sentais que pour le lendemain j'aurais besoin de toutes mes forces. Je retournai à mon pan de mur, j'en enlevai une porte et revenu à mon feu je la plaçai sur le dos pour m'en faire une sorte de toit qui pût me garantir de la pluie. Assis sur mon sac, la porte sur le dos, ma tête appuyée sur les mains et les coudes sur les cuisses, j'éprouvai un mieux sensible et je ne tardai point à m'endormir, mais de temps en temps ma tête faisait de trop fortes salutations et la misérable porte se dérangeait. Enfin les soldats de ma compagnie ayant démoli des clôtures en planches qui séparaient des petits jardins, apportèrent divers morceaux de bois et des planches avec lesquels nous construisîmes un abri qui nous garantissait un peu moins mal de la pluie qui continuait à tomber avec abondance. Je pus alors dormir un peu, et quoique mouillé, je me trouvai beaucoup mieux, lorsqu'on me réveilla à la pointe du jour.

Le 27 août fut une journée mémorable pour l'armée française qui remporta sur l'ennemi une éclatante victoire, quoiqu'il fût environ deux fois plus nombreux que nous.

Comme je n'ai point la prétention d'écrire une histoire et que je veux tout simplement vous raconter les combats auxquels j'ai pris part, je me bornerai à vous dire que par une savante manœuvre imaginée par l'Empereur, *Murat* tourna la gauche de l'ennemi, enfonça avec sa cavalerie tous les carrés qui lui furent opposés, sabra tout ce qui fit résistance et fit de nombreux prisonniers. Notre gauche obtint également des succès remarquables. Enfin, lorsque nos deux ailes eurent aussi bien débuté, le centre à son tour se mit en mouvement, nous avançâmes avec 200 pièces de canon, foudroyant tout ce qui nous faisait obstacle. Nous gravîmes les hauteurs sur lesquelles les coalisés se croyaient invincibles, nous les délogeâmes successivement de tous les points où ils voulaient faire résistance, de sorte que le résultat des deux journées des 26 et 27 août 1813 fut que les Français, au nombre de 120,000 hommes, battirent complètement les coalisés forts de 260,000 hommes, leur blessèrent ou leur tuèrent 10 à 12,000 hommes, leur firent 15 à 16,000 prisonniers et leur prirent plus de 40 pièces de canon.

Une circonstance que je dois rapporter contribua probablement à décider et à accélérer la retraite de l'ennemi, la voici :

Vous savez certainement que *Moreau*, l'un des généraux les plus distingués de la Révolution française, et même le seul qui, jusqu'à un certain point, pouvait être mis en parallèle avec Napoléon, était devenu son ennemi, lorsque celui-ci, nommé premier Consul, se fût placé à la tête du Gouvernement. *Moreau*, accusé d'avoir pris part à la conspiration de *Pichegru*, ayant pour but l'assassinat de *Bonaparte*, fut mis en jugement et fut reconnu coupable ; néanmoins, à cause de sa grande renommée, et à cause des grands services qu'il avait rendus à la République, le premier Consul usa d'indulgence à son égard et se contenta de le bannir. *Moreau* se retira aux États-Unis d'Amérique où il séjournait depuis une dizaine d'années, lorsque notre désastre, dans l'affreuse guerre de Russie, lui suggéra l'idée de revenir sur le continent. *Bernadotte* l'ayant mis en rapport avec l'empereur *Alexandre*, il vint, près de ce souverain, en qualité d'ami et de conseiller sans penser peut-être, qu'en voulant nuire à *Napoléon*, il combattait contre sa patrie, crime abominable que rien ne peut justifier aux yeux d'un honnête homme.

Pendant l'armistice, *Moreau* était venu joindre *Alexandre* et lui donner sur la conduite de la guerre des conseils précieux ; car Moreau était un général plein d'habileté et de prudence.

Le 27 août, second jour de la bataille de *Dresde*, *Moreau* se trouvait donc au quartier-général de l'empereur *Alexandre*, établi au petit village de *Racknitz*, précisément en face de la position que nous occupions.

Aux grands mouvements qui régnaient aux abords de ce village, il était facile de voir à l'œil nu qu'il était un centre duquel partaient à chaque instant des ordres probablement importants; mais comme de l'endroit que nous occupions, les boulets des pièces de quatre, de six ou même de huit ne pouvaient atteindre le point où l'on voyait arriver à chaque instant des aides-de-camp, Nopoléon fit approcher une trentaine de pièces de douze et en fit lui-même diriger le feu sur le village de Racknitz. Dès la première bordée on vit se produire un grand tumulte aux abords de ce village. Nous ne doutâmes point dès lors qu'un grand personnage venait d'être atteint par un de nos boulets, car *Racknitz*, situé au tiers environ de la hauteur devant laquelle nous nous trouvions, ne pouvait nous dérober la vue de ce qui se passait dans son voisinage, et comme nous avancions toujours droit devant nous, en faisant sans cesse reculer l'ennemi. nous ne tardâmes point à atteindre ce village que l'ennemi venait d'abandonner et où l'on trouva un joli chien lévrier portant un collier avec cette inscription : « *J'appartiens au général Moreau.* » Néanmoins ce ne fut que quelques jours plus tard que l'armée apprit que le général *Moreau*, l'un des généraux les plus estimés du temps de la République, avait eu les deux jambes enlevées par un boulet et que, porté sur un brancard, il était mort deux jours après, avec la tache ineffaçable d'avoir pris les armes contre sa patrie.

Telle fut la triste fin d'un général plein de bravoure, de talents militaires, mais qui n'eut pas le mérite de faire à sa patrie le sacrifice de son amour-propre, froissé par l'élévation de Napoléon sur le trône de France.

Campagne en Bohême. — Kulm. — Macdonald a la Katzbach. — Oudinot a Gross-Beeren. — Ney a Dennewitz. — Marches et contre-marches. — Mauvais temps, misères et souffrances — Préliminaires de Leipzig, batailles des 14, 16, 18 et 19 octobre. — Ma blessure. — Nos pertes.

Dans le chapitre précédent, je vous ai raconté les divers incidents des deux grandes journées de la bataille de *Dresde*. Le 28 et le 29 août, nous continuâmes à poursuivre l'ennemi au travers des montagnes et des forêts de la Bohême, nous eûmes avec lui plusieurs rencontres heureuses, nous continuâmes à faire passablement de prisonniers et à ramasser des voitures et des fourgons de tous genres.

Le 30 août, nous arrivâmes dans un profond défilé au milieu de vastes forêts qui nous empêchaient de communiquer facilement avec les corps français qui opéraient parallèlement à nous. Mais l'ennemi nous opposa une si grande résistance qu'il nous fut impossible de le débusquer de la forte position qu'il occupait avec des troupes beaucoup plus nombreuses que les nôtres. Nous nous vimes donc dans la nécessité absolue de nous arrêter et d'envoyer des officiers d'état-major dans diverses directions pour savoir ce qui se passait et ce qu'il fallait faire.

Le lendemain nous apprîmes que le général *Vandamme* avait éprouvé, à *Kulm*, un grand échec, et que ce succès inespéré, remporté par les coalisés, était la cause de la grande résistance que nous éprouvions. On estima dès lors, qu'il serait inutile de sacrifier beaucoup d'hommes pour emporter une position qui n'avait plus d'importance pour nous.

Quoiqu'il entre dans mes intentions bien arrêtées de ne vous parler que des faits de guerre auxquels j'ai pris part, l'échec de Vandamme, à *Kulm*, eut des conséquences si graves sur les résultats de la campagne de 1813, que je crois néanmoins nécessaire de vous faire savoir ce qui s'était passé à *Kulm*.

Vandamme n'avait point assisté au deux grandes journées de la bataille de Dresde. L'Empereur l'avait placé dans les environs de *Pirna*, à sept ou huit lieues sur le flanc et les derrières de l'ennemi, pour concourir à l'exécution d'une grande manœuvre qui devait produire des résultats merveilleux qu'il serait trop long de vous expliquer; mais, dès le 28 août et aussitôt que la retraite de l'ennemi parut certaine, l'Empereur avait ordonné à Vandamme de se porter avec tout son corps d'armée dans les environs de *Kulm*, précisément au débouché d'une des routes suivies par les coalisés pour opérer leur retraite; de sorte que, pendant que *Vandamme* empêcherait l'ennemi de sortir de l'étroit défilé où il s'était engagé, nous devions, nous, du côté opposé, le pousser si vivement que, placé entre deux feux, il devait périr ou se rendre. Malheureusement, par un de ces hasards si communs à la guerre et qui viennent déranger les opérations les plus savamment conçues, il était arrivé que le gros de l'armée prussienne, au lieu de suivre la route dans laquelle il s'était engagé et au bout de laquelle Vandamme l'attendait, avait pris un chemin transversal qui le conduisait, au contraire, sur les derrières de *Vandamme*, de sorte qu'au moment où l'intrépide général espérait surprendre la colonne ennemie, il fut lui-même attaqué sur ses derrières par les Prussiens, et de flanc par les Autrichiens, c'est-à-dire par des forces trois ou quatre fois supérieures aux siennes. Dans cette malheureuse journée de *Kulm*, *Vandamme* perdit cinq à six mille hommes tués ou prisonniers, et fut lui-même pris avec le général *Haxo*.

Hélas! cet échec fut le commencement de nos revers qui devaient malheureusement se succéder rapidement, et c'était précisément la nouvelle d'un de ces revers qui avait engagé l'Empereur à revenir à *Dresde*, le 28 au soir, afin de prendre les mesures nécessaires pour réparer un échec que *Macdonald* avait éprouvé en Silésie, sur les bords d'une rivière nommée la *Katzbach*.

D'un autre côté, le maréchal *Oudinot* avait été battu à *Gross-Beeren*, entre *Wittenberg* et Berlin, et avait été ramené sous le canon de la place de *Wittenberg*.

Quelques jours plus tard, il en fut de même pour la même armée, alors commandée par *Ney* qui avait succédé à *Oudinot*. L'intrépide maréchal, attaqué à *Dennewitz* par des forces très supérieures aux siennes, mal secondé par les troupes saxonnes, bavaroises et autres, fut aussi obligé de se retirer.

Tous ces Allemands, travaillés par les idées de liberté qui dominaient alors dans les pays d'Outre-Rhin, se rendaient facilement ou désertaient pour regagner leur pays sous des habits de paysans qu'ils se procuraient facilement.

Les divers avantages remportés par les coalisés avaient affermi leur courage. Par leur grande supériorité numérique, ils se croyaient en état de battre les lieutenants de l'Empereur; il n'y avait que lui qui leur inspirât des craintes sérieuses; ils connaissaient, en effet, toute l'étendue de son génie militaire. Aussi, après la rupture de l'armistice, avaient-ils mis à exécution un plan de campagne fort sage qui leur avait été inspiré, dit-on, par *Moreau* et par le transfuge *Jomini*. Ce plan consistait à diviser leur armée de huit cent mille hommes en trois grandes masses.

La première, connue sous le nom d'armée du Nord, commandée par *Bernadotte*, se tenait dans les environs de Berlin.

La seconde, commandée par *Blücher*, se nommait l'armée de Silésie ; elle opérait, selon les circonstances, depuis l'Oder jusqu'à l'Elbe.

Enfin la troisième et la plus importante se nommait l'armée de Bohême ; elle était commandée par le prince de *Schwarzenberg*, sous les yeux du roi de Prusse et de l'empereur *Alexandre*.

L'ordre était donné à *Blücher* et à Bernadotte de reculer chaque fois qu'ils seraient attaqués par Napoléon en personne et d'avancer lorsqu'ils n'auraient devant eux que des maréchaux, tout en suivant les instructions qui leur seraient données ultérieurement, selon les circonstances.

A la reprise des hostilités et lorsque l'Autriche nous eût déclaré la guerre, nous n'avions que trois cent cinquante mille hommes à opposer à l'armée de huit cent mille hommes des coalisés; ceux-ci avaient donc pensé avec raison que, dans une saison où il n'y avait à attendre que du mauvais temps, des pluies et du froid, si Napoléon voulait atténuer autant que possible cette énorme disproportion de forces, il serait réduit à épuiser son armée par des marches et des contremarches incessantes dans un pays déjà ruiné et dévasté par les armées immenses qui l'avaient parcouru en tout sens. Or, ils n'ignoraient pas que, depuis nos désastres de Russie, l'armée était presque totalement composée de jeunes soldats de dix-neuf à vingt ans, se battant fort bien, mais incapables de soutenir longtemps les fatigues et les privations auxquelles les exposait le système de guerre adopté par *Napoléon*, système excellent en lui-même, lorsque *Napoléon* commandait une armée composée d'hommes dans la force de l'âge et aguerris comme l'étaient les soldats du camp de Boulogne, lesquels cependant avaient failli succomber dans les boues de la Pologne en 1807.

Le plan des coalisés, très bien conçu pour notre malheur, consistait donc à nous harceler sans cesse, à nous obliger à des marches et à des contremarches continuelles dans lesquelles nous endurions toutes les privations, toutes les fatigues et toutes les misères possibles, à éviter le combat lorsque *Napoléon* était à la tête de l'armée, et à attaquer ses lieutenants et à les repousser lorsque cela était possible, puis à reculer lorsque l'Empereur arrivait.

Ainsi, après l'affaire de *Kulm*, nous fûmes forcés de

quitter la Bohême pour repousser *Blücher* en Silésie, puis de nous porter au secours d'*Oudinot* ou de *Ney* sur la route de *Berlin*.

Dès que l'Empereur était un peu éloigné de *Dresde*, l'armée de Bohême faisait mine de repasser les montagnes pour attaquer *Dresde* tantôt d'un côté, tantôt de l'autre.

Pendant tout ce temps-là, des Cosaques en très grand nombre, aidés de partisans prussiens et allemands de toutes les provinces, dirigés par un général saxon nommé *Thielmann*, parcouraient tout le pays, interceptaient nos convois, enlevaient nos blessés, nos malades, nos traînards, excitaient tous les esprits contre nous et préparaient la défection des Saxons, des Bavarois et de toutes les troupes de la Confédération. Ce général *Thielmann* avait abandonné le service du roi de Saxe lorsqu'il avait vu son souverain décidé à rester fidèle à *Napoléon*. Disciple zélé du *Tugen-Bund*, il allait prêchant dans toute l'Allemagne une sorte de guerre sainte contre la France.

Depuis la fin d'août jusqu'à la bataille de *Leipzig*, nous n'eûmes pas d'autre occupation que de courir de la Bohême à l'*Oder* ou au *Bober*, revenir de là sur *Dresde* et la *Bohême*, puis de longer l'*Elbe*, tantôt sur la rive droite, tantôt sur la rive gauche, aller plus ou moins avant en *Lusace*, faire mine de marcher sur Berlin, puis sur *Leipzig*, etc., etc.

Je ne vous dépeindrai pas tout ce que j'eus personnellement à souffrir pendant tout ce temps-là ; j'étais robuste, bien portant, bon marcheur, j'espérais obtenir sous peu une épaulette de sous-lieutenant, je mangeais du cheval sans répugnance, je savais m'accommoder de tout ce qui pouvait me nourrir, m'en passer au besoin : un morceau de pain était un objet de luxe.

Le corps auquel j'appartenais (le 6me) était du nombre de ceux qui accompagnaient toujours l'Empereur dans toutes les marches et contremarches que nous faisions sans cesse ; il avait beaucoup de misères, de fatigues et de privations à supporter, mais au moins il n'avait assisté à aucun de nos revers de la *Katzbach*, de *Kulm*, de *Gross-Beeren*, de *Dennewitz*. Au contraire, il était toujours sorti vainqueur de toutes ses rencontres avec l'ennemi ; j'en étais heureux et fier, mais cela ne m'empêchait pas de voir que le nombre des absents augmentait tous les jours.

Lorsque le matin nous partions d'un bivouac où nous n'avions été qu'imparfaitement ou même pas du tout à l'abri de la pluie, du vent et du froid, nous y laissions presque toujours des hommes exténués, minés par la fièvre, la faim, la misère ; c'était presque toujours autant d'hommes perdus, car dans nos marches incessantes nous n'avions point la possibilité de les faire transporter ; on le faisait chaque fois que la chose était possible, mais il était bien rare qu'elle le fût. Alors les hommes ainsi abandonnés mouraient sur sur place, ou pris par les Cosaques qui survenaient après notre départ, mouraient sur les chemins, sanglés par le fouet des barbares.

Beaucoup de jeunes soldats ne pouvant supporter d'aussi grandes fatigues, tant de misères et tant de privations se livraient isolément à la maraude pour vivre. Lorsqu'ils trouvaient dans le voisinage de nos bivouacs un village qui leur offrait un abri et quelques vivres, ils y restaient avec l'intention d'abord de se reposer et de rejoindre ensuite leur régiment, mais il leur était presque toujours impossible de rejoindre leur corps d'armée et ils finissaient la plupart du temps par être pris par les Cosaques, ou, s'ils ne l'étaient pas, on les voyait en troupes nombreuses suivre les corps d'armée auxquels ils n'appartenaient pas. Ils composaient ce que nous nommions le *corps des fricoteurs* auquel on donnait la chasse autant que possible ; mais quand ces hommes avaient une fois abandonné le drapeau, il était bien difficile de les y ramener, et presque toujours ils finissaient par être *cosaqués* : c'était l'expression dont nous nous servions pour dire qu'un homme était pris hors de son rang de bataille.

Tandis que nous souffrions horriblement de toutes ces marches forcées et des privations de tout genre que nous éprouvions, l'ennemi ne manquait de rien, car ayant derrière lui tous les pays allemands qui désiraient notre prompte expulsion, les vivres lui arrivaient en abondance ; ses marches étaient lentes, par conséquent peu fatigantes, son plan était d'avancer peu à peu et de finir par nous entourer ; il était à peu près arrivé à ce résultat vers le milieu du mois d'octobre.

A cette époque l'Empereur, voyant son armée fondre à vue d'œil par suite des combats livrés depuis deux mois, par les fatigues, les privations et les maladies, car un typhus contagieux régnait déjà sur bien des points, voyant d'ailleurs approcher l'hiver, avait résolu de livrer une grande bataille à l'armée de Schwarzenberg avant qu'elle pût se réunir aux armées de *Bernadotte* et de *Blücher*. A cet effet il avait fait converger vers *Leipzig* les divers corps de son armée.

Comme je n'ai aucunement l'intention ni la possibilité de vous donner une relation stratégique de la grande bataille qui se préparait, je me bornerai à vous parler de la part qu'y prit le 6me corps auquel j'appartenais. Néanmoins je vous dirai que *Leipzig* est, comme Lille, situé dans une plaine immense, que le côté de la ville où se trouve la route de France est limité par une rivière nommé l'*Elster*, de la largeur et de la profondeur de la *Deûle*, avec laquelle je lui trouve une ressemblance étonnante, car au delà des dernières maisons de *Leipzig*, toujours du côté de la route de France, on trouve une prairie marécageuse, large d'environ deux kilomètres, le long de laquelle coule l'*Elster* ainsi que différents affluents et canaux, de sorte que le tout forme des méandres marécageux qui, selon moi, ressemblent beaucoup aux environs de *Saint-Joseph* tels qu'ils existaient avant l'agrandissement de Lille.

A l'exception du côté dont je viens de parler, Leipzig offre, sur les trois autres faces, des plaines immenses où des armées nombreuses peuvent facilement livrer une grande bataille.

Le 13 octobre 1813, tout le 6me corps était arrivé à *Leipzig*; on le dirigea au nord dans la direction de *Halle*, notre division appuya à droite et traversa tout l'espace qui, quelques jours après, devait servir de champ de bataille.

Le 14, nous avançâmes toujours dans la direction de Halle, mais nous ne tardâmes pas à apercevoir des vedettes qui nous annonçaient que l'ennemi n'était pas loin. Notre régiment reçut l'ordre d'avancer avec précaution dans un grand bois que nous avions devant nous, et au milieu duquel nous distinguions parfaitement un chemin.

A notre approche, toutes les vedettes se replièrent et disparurent dans le chemin dont je viens de vous parler, nous nous y engageâmes à notre tour en nous éclairant à droite et à gauche, de crainte de surprise ; au bout d'un quart-d'heure de marche, nous débouchâmes dans une plaine, ayant à droite un autre bois qui coupait perpendiculairement celui que nous venions de traverser.

A peine avions-nous débouché dans cette plaine que nous fûmes assaillis par une grêle de boulets. Nous distinguions parfaitement près d'un village un corps de troupes rangé en bataille. Comme notre mission devait se borner à une simple reconnaissance, nous suivîmes la lisière du bois à notre gauche pour nous approcher le plus près possible du corps ennemi et reconnaître sa force. Nous cheminâmes ainsi dans le bois en une longue file pour mieux dissimuler notre petit nombre, et nous arrivâmes assez près de l'ennemi pour reconnaître qu'il nous était bien supérieur en nombre. Notre général, instruit de la rencontre que nous avions faite, nous donna l'ordre de passer la nuit dans le bois, mais de nous retirer si nous étions sérieusement attaqués Pour faire croire que nous composions une force importante, nous allumâmes une prodigieuse quantité de feux près desquels nous pouvions nous carrer fort à notre aise. Nous nous promettions de passer ainsi une bonne nuit, mais il survint un orage épouvantable qui ne nous permit point de fermer l'œil. Pour embellir notre situation, l'ennemi nous envoyait de temps en temps des boulets et des obus.

Avant l'aurore nous reçûmes l'ordre de nous replier

en silence vers l'endroit d'où nous étions partis la veille, nous laissâmes des vedettes de cavalerie tout le long de la lisière du bois pour faire croire que nous en occupions encore l'intérieur.

Le 16 octobre, au matin, nous occupions une position trop avancée; nous reçûmes donc l'ordre de nous replier sur le gros du 6me corps qui, lui-même, devait se porter derrière le centre de l'armée. Nous exécutions ce mouvement, lorsque nous entendîmes, au sud de *Leipzig*, une épouvantable canonnade qui présageait une grande bataille.

Effectivement, l'Empereur avait attaqué l'armée de Schwarzenberg et avait ordonné au maréchal *Marmont* de se rapprocher de son canon, à mesure de l'arrivée des troupes qui devaient combler la lacune nous séparant de la gauche de l'Empereur.

Nous étions en marche pour nous rapprocher de la *Partha*, petite rivière qui coulait au fond d'un ravin que nous avions traversé le 14, lorque nous fûmes très vivement attaqués de front et de flanc par un ennemi deux et trois fois plus nombreux que nous.

Nous nous formâmes promptement en carrés par bataillon pour soutenir les charges d'une cavalerie qui menaçait de nous assaillir vigoureusement. Mon capitaine, derrière lequel je me trouvais, venait de recommander à nos hommes de ne tirer sur la cavalerie qu'à son commandement, lorsqu'un obus vint lui enlever le derrière de la tête et me couvrit de sang. L'obus, poursuivant son chemin, en passant à quelques centimètres de ma figure, vint tomber dans le carré et enlever un pied au tambour maître. Nous attendîmes la charge sans broncher et ne faisant feu qu'à environ vingt-cinq ou trente pas, nous arrêtâmes l'élan des cavaliers. Dans le courant de la soirée, nous subîmes trois ou quatre charges de cavalerie qui n'eurent pas un meilleur succès. Notre artillerie ne la laissait pas approcher autant que la première fois et lui envoyait de la mitraille à outrance. L'artillerie ennemie nous la rendait bien; nous en reçûmes notre bonne part, mais néanmoins pas autant qu'un carré d'un régiment de marine qui était près de nous et dont une face fut en quelque sorte démolie.

La nuit approchait; nous ne pouvions point rester plus longtemps dans une position isolée, nous devions d'ailleurs nous rapprocher de la *Partha*, comme nous en avions reçu l'ordre; nous marchâmes donc en carrés dans cette direction, nous arrêtant de temps en temps pour repousser les attaques de l'ennemi; enfin, nous approchions de la *Partha* lorsqu'une volée de mitraille vint atteindre le maréchal *Marmont* au bras gauche qu'il portait en écharpe, par suite d'une grave blessure reçue le 22 juillet 1812 à la bataille des *Arapyles* en Espagne.

Le maréchal *Marmont* était tout près de notre régiment lorsqu'il fut atteint; il me semble encore le voir descendre de cheval et ses aides-de-camp l'entourer, le croyant mortellement atteint. Malgré sa nouvelle blessure, il n'abandonna point le champ de bataille, et comme la nuit était arrivée, il nous fit repasser la *Partha* à une très faible distance du village de *Schoenfeld* dont je vous parlerai bientôt.

Tout le 6ᵉ corps passa la nuit dans des bas-fonds marécageux aux bords de la *Partha*. Le lendemain, au jour, nous pûmes reconnaître l'étendue de nos pertes; elles étaient considérables dans notre division, mais elles l'étaient encore bien plus dans les deux divisions commandées par les généraux *Lagrange* et *Compans*; il y avait des régiments qui avaient été réduits de plus de moitié, les trois divisions du 6ᵉ corps comptaient près de seize à dix-huit mille hommes le 16 octobre au matin, et le soir, elles avaient perdu en tués et blessés près de six mille hommes, mais aussi l'ennemi en avait perdu environ dix mille.

Le combat que le 6ᵉ corps avait livré le 16 octobre près du village de *Mockern* n'était cependant qu'un épisode la journée, car l'Empereur avait livré au sud de *Leipzig*, et à une lieue environ de notre position, une terrible bataille à la grande armée de *Schwarzenberg*, lui avait tué, blessé ou pris une quarantaine de mille hommes, malheureusement sans résultats décisifs, car les deux armées étaient le 16 octobre, au soir, dans leurs positions respectives du matin. Il était presque impossible qu'il en fût autrement, car la grande supériorité numérique de l'ennemi lui permettait de sacrifier des hommes pour nous lasser et atteindre son but.

Dans cette terrible journée du 16 octobre, sur les deux points où nous avions combattu, la France perdit vingt-six à vingt-sept mille hommes en tués ou blessés et l'ennemi environ cinquante mille.

La nuit du 16 au 17, que nous passâmes dans les marécages des bords de la *Partha*, fut bien pénible pour notre corps d'armée, le temps étant humide et froid; éloignés d'une lieue environ du gros de l'armée de l'Empereur, nous n'avions point d'appui sur notre droite, et nous pouvions craindre à chaque instant d'être séparés totalement du reste de l'armée, si l'ennemi débouchant dans la grande plaine que nous avions sur notre droite, venait nous attaquer avec une force trois et quatre fois supérieure à la nôtre, ainsi que sa grande supériorité numérique le lui permettait.

Le 17 octobre, à la pointe du jour, tout le 6ᵉ corps réuni, dans un espace assez restreint, s'occupa à se réorganiser pour résister à une nouvelle attaque; ce fut alors que nous pûmes reconnaître toute l'étendue de nos pertes, en comparant la force actuelle de notre corps à celle qu'il avait à la revue passée le 10 août à Thomaswald, à l'occasion de la fête de l'Empereur.

A Thomaswald, les trois divisions *Lagrange*, *Compans*, et *Friederichs* présentaient un effectif de vingt-cinq à vingt-six mille hommes; mais après les deux journées de *Dresde*, nos combats en Bohême et les divers engagements du 14, surtout après la bataille du 16, nous n'avions pas douze mille hommes à mettre en ligne. Tout ce qui manquait n'avait pas été tué ou blessé, car nous avions perdu beaucoup de monde par suite des maladies, des fatigues et des privations ; mais si tous ces hommes manquants n'étaient point tombés sous les balles et les boulets de l'ennemi, néanmoins la plus grande partie était perdue pour toujours.

Vers le milieu du jour, on fit courir le bruit qu'il allait y avoir un armistice, que le général autrichien *Merveldt*, qui avait été fait prisonnier la veille, avait été renvoyé libre par l'Empereur et qu'il était probablement chargé d'une négociation quelconque.

Néanmoins, nous nous réorganisâmes pour livrer le lendemain une troisième bataille, si cela était nécessaire. Dans le courant de la journée, nous vîmes arriver divers corps qui se placèrent à notre droite, de manière à former une ligne continue de troupes de notre position à celle de l'Empereur. Parmi ces corps qui devaient nous appuyer, se trouvait celui du général Regnier, composé en grande partie de Saxons, dont la défection devait le lendemain nous causer de si cruels embarras et de si grandes pertes.

Lorsque l'Empereur nous avait envoyés au nord de *Leipzig* pour empêcher *Bernadotte* et *Blücher* d'opérer leur jonction avec l'armée de *Schwarzenberg*, il savait bien que nous aurions affaire à des troupes trois ou quatre fois plus nombreuses que le 6e corps ; nous avions donc été chargés d'accomplir une de ces ingrates missions qui se présentent assez souvent dans les grandes guerres et qui consistent à se faire écharper pour permettre à une autre portion de l'armée d'exécuter une heureuse manœuvre.

Dans la matinée du 16 octobre, l'Empereur avait envoyé au maréchal *Marmont* l'ordre de se replier sur la Partha et nous exécutions ce mouvement, lorsque nous avions été si vivement attaqués par les forces supérieures de *Blücher*. Nous avions donc l'air de battre en retraite devant les Prussiens, précisément au moment où, avec dix-sept ou dix-huit mille soldats, nous avions si bien résisté à plus de soixante mille hommes et en avions tué ou blessé plus de dix mille. Pour mon compte personnel, j'étais vexé de cette apparence de retraite, car jusqu'alors tous les combats auxquels j'avais assisté s'étaient terminés par d'éclatantes victoires.

Le 18 octobre, le plus grand jour de la bataille de *Leipzig*, probablement la plus grande bataille qui se soit jamais livrée, puisqu'il y avait sur le terrain *cinq cent mille hommes et deux mille pièces de canon*, l'Empereur fit opérer à son armée un mouvement de concentration tout autour de *Leipzig*, afin que, dans cette position plus concentrée, il lui fût possible de faire mouvoir plus promptement ses troupes et accabler la portion de l'armée ennemie qui, la première, viendrait à faiblir.

Nous avions alors une confiance si illimitée en *Napoléon*, que sous son commandement immédiat, nous nous regardions comme invincibles ; nous vîmes donc commencer cette grande bataille avec sécurité, je dirai même, quant à moi, avec un certain plaisir, car j'aimais mieux donner un vigoureux coup de collier que de voir la guerre traîner en longueur et continuer à souffrir toutes les misères et toutes les privations que nous endurions depuis plusieurs mois.

Fidèle au rôle que je me suis imposé, je ne vous parlerai point de l'ensemble de la grande bataille du 18 octobre 1813, je me bornerai à vous raconter ce qui regarde particulièrement la 3e division du 6e corps, et même plus spécialement notre régiment.

Le village de *Schoenfeld*, près duquel nous nous trouvions, est éloigné de *Leipzig* comme *Esquermes* l'était de Lille avant l'agrandissement. Nous avions mission de défendre ce village à outrance, parce que *Schoenfeld* pris, il n'y avait plus d'obstacle à opposer à l'ennemi jusqu'à *Leipzig*, qui est une ville ouverte.

Dans la matinée, nous fûmes attaqués avec fureur par *Blücher* sur notre front, et sur notre gauche par les Suédois qui occupaient la rive droite de la *Partha* ; beaucoup plus élevée que la rive gauche, elle dominait une partie du village de *Schoenfeld*. Abrités par les maisons, nous attendîmes de pied ferme les attaques de l'ennemi. Chaque fois qu'il voulait forcer l'entrée du village, nous le couvrions de nos feux, puis nous nous jetions sur lui à la baïonnette, mais lorsque nous avions le malheur de sortir du village et de nous montrer en rase campagne, à la poursuite de nos assaillants, nous étions tout aussitôt criblés de mitraille et forcés de rentrer dans le village. Alors l'ennemi reformait ses colonnes et se jetant sur nous, tête baissée, nous repoussait tantôt jusqu'à moitié, tantôt jusqu'aux dernières maisons du village. A notre tour, nous revenions à la charge aux cris de « Vive l'Empereur ! » et nous reprenions le terrain perdu.

Le village avait été perdu, pris et repris trois à quatre fois par nous avec un carnage épouvantable, lorsqu'on nous donna l'ordre de nous enfermer dans les maisons qui pouvaient présenter une certaine résistance, et de nous y défendre à outrance. Je me barricadai avec une vingtaine d'hommes dans une sorte de maison de campagne ; nous tirions avec avantage sur l'ennemi, malheureusement je m'y trouvai dans un moment où nos troupes venaient d'être repoussées et je fus bientôt entouré de tous côtés par l'ennemi que nous décimions parce que nous étions abrités par un parapet garni d'une grille. Nous distinguions parfaitement ce qui se passait devant nous, mais il n'en était pas de même du derrière de la maison, nous vîmes donc un peu tard que des Prussiens, montés sur un mur latéral, s'apprêtaient à nous fusiller et que d'autres avaient mis le feu à une maison voisine. Nous abattîmes plusieurs de nos assaillants, mais notre position n'était plus tenable, nous allions infailliblement être tués ou brûlés vifs lorsque de grands cris de « Vive l'Empereur! » se firent entendre de nouveau ; les Français faisaient, en effet, une violente charge et l'ennemi sortait encore une fois du village ; mais ce n'était pas pour longtemps, car de nouvelles colonnes de troupes fraîches succédaient à celles que nous repoussions, de sorte qu'à quelques minutes d'intervalle nous étions encore une fois forcés d'évacuer le village.

Lorsque je vis nos troupes se retirer, je ne jugeai plus à propos de rester dans notre maison et je sortis par le jardin ; mais dans le même moment les Prussiens l'envahissaient et ce fut par un vrai miracle que je ne fus atteint par aucun des nombreux coups de fusil qui me furent tirés à une très faible distance ; il est vrai que mes habits et mon sac étaient traversés en plusieurs endroits.

Comme il serait monotone de continuer une narration toujours la même, je me bornerai à vous dire que nous perdîmes sept fois *Schoenfeld* et que sept fois nous le reprîmes à la baïonnette. A l'approche de la nuit, le village était en feu, l'ennemi à un bout et nous à l'extrémité opposée. Toutes les rues, les maisons, les cours, les jardins étaient jonchés de morts et de blessés, c'était affreux à voir.

Dans ces terribles mêlées j'avais perdu mon lieutenant et mon sous-lieutenant, tous deux vieux soldats ; notre général de division *Friederichs* avait été tué raide en conduisant lui-même une des dernières charges ; beaucoup d'officiers de tous grades avaient eu le même sort, le maréchal Marmont avait eu deux chevaux tués sous lui et avait perdu plusieurs aides-de-camp.

La nuit étant venue, on nous plaça dans un creux de terrain de manière à être garantis des boulets qui arrivaient dans une direction que je ne comprenais guère et que je vais vous expliquer. Je vous ai dit que nous avions à notre droite le corps du général *Regnier*, composé en grande partie de Saxons ; ce corps combattait en plaine près de nous, tandis que nous nous battions avec un si grand acharnement dans *Schoenfeld*, mais au plus fort de la bataille tout ce qui était Saxon passa à l'ennemi et tourna son feu contre les Français ; or, les boulets dont je vous parlais, il y a un instant, étaient précisément les boulets de nos alliés les Saxons.

Quant à la portion de l'armée où se trouvait personnellement l'Empereur, elle avait fait éprouver à l'ennemi des pertes énormes ; elle avait gardé les positions prises le matin, mais elle n'avait pu faire reculer l'ennemi, et vers la fin du jour l'action s'était terminée par une canonnade épouvantable. Jugez si le carnage avait été grand : sur cinq cent mille hommes qui composaient les deux armées avec deux mille pièces de canon, il y avait eu, dans les journées du 16 et du 18 octobre 1813, quarante mille hommes tués ou blessés du côté des Français et soixante mille hommes du côté de l'ennemi, et cependant le 18 au matin l'armée française n'avait pas plus de cent quinze mille hommes à opposer à l'ennemi, fort d'environ trois cent quatre-vingt mille hommes ; ainsi nous combattions un contre trois.

L'ennemi ne pouvait pas se vanter de nous avoir vaincus, malgré sa grande supériorité numérique, mais de notre côté nous ne pouvions pas nous considérer comme vainqueurs, car nous n'avions pas fait reculer l'ennemi, et remporté sur lui un de ces immenses avantages qui signalaient autrefois les grandes batailles livrées par l'Empereur en personne.

Les Coalisés étaient pleins de joie de nous avoir aussi bien résisté et de la défection des Saxons, aussi voulurent-ils le soir même en remercier Dieu.

La nuit était tout à fait noire, la largeur du village de *Schoenfeld* nous séparait seule de l'ennemi, des fusées à la Congrève étaient de temps en temps lancées dans notre direction pour éclairer le terrain. Nous connaissions très bien tous les genres de projectiles de l'ennemi, mais nous ne connaissions pas celui qu'on nous lançait, nous en ignorions même le nom; ce ne fut que plus tard que nous apprîmes qu'une compagnie de fuséens anglais était nouvellement parmi les Coalisés et qu'elle avait voulu inaugurer son arrivée en nous envoyant des projectiles qui nous étaient encore inconnus, mais depuis quelques jours nous en avions tant reçu de tous genres que nous étions véritablement blasés à leur endroit.

Après les fusées à la Congrève, vint une sorte de *Te Deum* célébré par les Russes sur le champ de bataille même; nous étions à si petite distance les uns des autres, que nous entendions très distinctement le pope réciter un verset, puis un terrible *hourra*, poussé par toute l'armée ennemie, répondre à trois reprises à la prière du pope. J'avoue que les fusées à la Congrève ne m'avaient nullement impressionné, mais les *hourras* des barbares m'avaient serré le cœur, car ils dénotaient la joie de nos ennemis. Je vivrais mille ans que je ne perdrais pas le souvenir d'une pareille scène dont je n'avais aucune idée avant cette fatale journée.

L'Empereur, voyant bien que s'il persistait à se tenir au milieu de toutes les armées ennemies qui l'enserraient autour de *Leipzig*, il ne pourrait plus se dégager, s'était enfin décidé à la retraite ; il fit donc dans la nuit du 18 au 19 octobre, défiler la garde et plusieurs corps d'armée au travers les rues de *Leipzig* pour assurer la retraite dans la direction de *Weissenfels*, et il désigna les corps qui, à la pointe du jour, devaient se replier tout doucement sur les faubourgs de *Leipzig*, les défendre pour gagner du temps et pour permettre ainsi aux divers corps, aux blessés, aux bagages, etc., etc., de s'écouler à travers la longue rue de *Lindenau*, seule artère qui restait pour effectuer notre retraite.

Le 6me corps ou, pour mieux dire, ses restes mutilés, fut du nombre des corps désignés pour défendre *Leipzig* du côté de la route de *Schoenfeld*, c'est-à-dire à l'est ; nous soutînmes de ce côté un combat acharné de maison en maison, puis on nous dirigea vers une grande fabrique de tabac qui, autant que j'ai pu en juger dans le voyage que j'ai fait à *Leipzig* en 1850, devait être située sur l'emplacement actuel de la gare du chemin de fer ; nous y combattîmes longtemps, puis tout en combattant, nous arrivâmes au boulevard, précisément à l'endroit ou débouche la rue de *Lindenau*.

Les corps qui, comme le nôtre, avaient reçu la mission de défendre les abords de *Leipzig* avaient, comme nous, opéré le même genre de retraite concentrique, et arrivaient comme nous à ce fameux débouché de la rue de *Lindenau*. Nous étions si pressés les uns contre les autres que nous n'avions point la possibilité de nous mouvoir, les obus et les boulets pleuvaient sur nous sans que nous puissions nous servir de nos armes, ni faire un pas en avant ni en arrière. Tout à coup on entend une forte explosion et l'on apprend bien vite que le pont de l'*Elster* venait de sauter.

Chercher à décrire ce qui se passa dans la foule compacte composée d'artillerie, de cavalerie, d'infanterie, de malades, de blessés qui voulaient suivre l'armée, est absolument impossible; par moments il arrivait une houle qui vous enlevait de terre et vous portait au hasard dans telle ou telle direction. A force d'efforts, j'étais parvenu à m'engager dans la rue de *Lindenau*, mais je voyais bien que je n'en sortirais jamais. Je savais que sur notre droite s'étendait une vaste prairie marécageuse sillonnée de plusieurs cours d'eaux qu'il serait peut-être possible de traverser; je me jetai dans la maison la plus rapprochée, je la traversai et j'arrivai précisément à cette prairie où se trouvaient déjà un grand nombre de Français de divers corps et de diverses armes, poursuivis par un ennemi si nombreux qu'il était bien difficile de résister; nous chargeâmes à la baïonnette les ennemis les plus rapprochés de nous et, tout en tiraillant, nous arrivâmes à un cours d'eau que nous apercevions à peu de distance. Arrivés à la rivière, il fallait la traverser, ou se rendre, ou se faire tuer.

Parmi ceux qui nous avaient devancés au même endroit, nous en voyions qui arrivaient à l'autre rive, d'autres qui se noyaient. Nous mîmes nos fusils en bandoulière et, nous donnant la main à trois, nous nous jetâmes à l'eau; je me trouvais au milieu, celui qui me précédait était un sergent nommé *Picard*, grand, fort et ancien batelier des environs de Condé, il me dit : « Major, tenez-moi bien, nous passerons; » effectivement nous passâmes; l'eau me venait jusqu'à la bouche; arrivés à l'autre rive nous trouvâmes, à peu de distance, un second cours d'eau dans lequel nous nous élançâmes comme nous avions fait pour le premier, et je dirai même avec plus de confiance parce que la largeur était moindre, mais il y avait plus de profondeur et pendant un instant je perdis pied, mais *Picard* qui nageait me tira à lui et nous pûmes aborder une petite île où les balles pleuvaient drues, car l'ennemi arrivait en foule et tirait sur nous comme sur une cible, puisque nous n'avions aucune résistance à opposer, nos cartouches étaient mouillées et nos fusils hors d'état de faire feu. Nous avions encore devant nous un troisième cours d'eau à franchir qui nous paraissait plus dangereux que les deux autres, car il était plus large, mais il fallait bien se résigner à passer ou à être tué sans rémission. Le hasard voulut que la profondeur de l'eau ne répondît point à la largeur, nous n'eûmes en effet de l'eau que jusqu'au-dessus de la poitrine, et nous arrivâmes heureusement à l'autre bord où, semblables à des caniches qui sortent de la rivière, nous nous secouâmes pour faire écouler l'eau dont tous nos vêtements étaient imprégnés. Ce fut alors que je vis mon pantalon plein de sang; nous étions encore à la portée des balles de l'ennemi, nous gagnâmes aussi rapidement que possible la chaussée de *Lindenau*, mais en y arrivant je perdais tant de sang que je fus forcé de m'arrêter pour bander ma jambe avec mon mouchoir.

Cette chaussée de *Lindenau* était couverte de soldats de tous grades et de toutes armes, cavaliers, artilleurs, fantassins, qui avaient passé comme nous sur différents points, les uns à la nage, les autres à cheval, le plus grand nombre à pied, sans armes ni bagages. Parmi ceux qui s'obstinèrent à suivre la rue de *Lindenau*, après l'explosion du pont de l'*Elster*, presque tous furent pris, tués ou noyés. C'est au pas sage de l'*Elster* que périt *Poniatowski* et que Lauriston et Regnier, commandants du 7me corps, furent faits prisonniers ; il se passa là des scènes épouvantables pareilles à celles de la Bérésina.

La chaussée de *Lindenau* sur laquelle nous nous trouvions, est une sorte de levée de trois à quatre mètres d'élévation et d'environ deux à trois kilomètres de longueur ; elle est coupée de distance en distance par des ponts qui donnent passage aux eaux de la *Pleiss* et de l'*Elster* qui forment dans la prairie marécageuse, dont je vous ai parlé, des méandres nombreux. La tête de cette chaussée commence aux dernières maisons de *Leipzig*, près du fameux pont, et vient se terminer à un autre pont situé près d'un moulin du village de *Lindenau ;* à cet endroit le terrain se relève et là commence la plaine qui mène à *Lutzen.*

L'Empereur, à cheval, se tenait au milieu de la route, les grenadiers de la vieille garde formaient une sorte de haie à droite et à gauche de cette route ; à mesure que les hommes isolés qui avaient survécu aux combats livrés dans les rues de *Leipzig* et à la destruction du pont arrivaient à cette haie (et nous étions tous des hommes isolés, car après les combats et les événements que je viens de vous raconter, il était impossible qu'un régiment ait conservé son organisation), les aides-de-camp et les généraux qui entouraient l'Empereur, s'informaient à quel corps on appartenait et dirigeaient les hommes sur les points où se réorganisaient les débris des divers corps.

A l'exception des combattants qui avaient pu franchir l'*Elster* avant la destruction du pont, presque tous les arrivants étaient sans armes et sans sac, car ils avaient tout jeté pour passer plus facilement l'*Elster* et la *Pleiss*. L'Empereur, triste et sombre, jetait un coup-d'œil scrutateur sur toute cette foule ; je me souviens fort bien que nous attirâmes son attention lorsque, mouillés comme des caniches sortant de l'eau, mais ayant conservé nos armes, nous passâmes à trois devant lui ; j'étais, pour mon compte, dans un piteux état : mon pantalon était ensanglanté et je marchais avec peine, soutenu par un de mes camarades.

Les débris du 6ᵉ corps étaient précisément tout au bord de la route, à gauche, derrière la haie de la garde. Nous arrivâmes au 26ᵉ qui, alors, ne comptait certainement point deux cents hommes. Nous fûmes aussitôt entourés par nos camarades qui nous croyaient tués ou noyés. On avait allumé de grands feux, je fis sécher tant bien que mal mes effets, le chirurgien du régiment pansa ma blessure, fit sortir la balle, lava la plaie avec de l'eau, y mit de la charpie, me banda fortement le bas de la jambe et me dit qu'il ne fallait pas avoir d'inquiétude, parce que je serais promptement guéri ; on me fit avaler de l'eau-de-vie et je ne tardai point à m'endormir car j'étais exténué. Dans le courant de la nuit, je m'éveillai, j'avais faim et soif, surtout soif ; nous étions dans un champ de choux-raves, j'en pris un et je le mangeai pour me rafraîchir la bouche.

Dans le chapitre suivant, je vous raconterai notre retraite jusqu'à *Mayence* ; mais avant de terminer ma narration d'aujourd'hui, je dois vous dire que lors du voyage que je fis en *Allemagne* en 1850, non seulement je reconnus parfaitement tous les lieux où j'avais combattu, mais encore je montrai à Céline l'endroit où, blessé, j'avais bivouaqué dans la nuit du 19 au 20 octobre 1813 ; la position était si facile à reconnaître que je suis certain de ne pas m'être trompé de dix mètres.

Si, dans les grandes batailles des 16 et 18 octobre, nous n'avions point remporté une de ces victoires éclatantes auxquelles les Français étaient habitués, lorsqu'ils étaient commandés par l'Empereur en personne, nous avions du moins la gloire d'avoir, au nombre d'environ cent quinze mille hommes, résisté à l'armée coalisée qui en avait près de quatre cent mille, et cela malgré la trahison des Saxons et le mauvais esprit des troupes allemandes. Nos ennemis avaient même subi de plus grandes pertes que nous, puisqu'ils avaient eu soixante mille hommes tués ou blessés dans les journées du 16 et du 18, tandis que nos pertes ne montaient qu'à environ quarante mille hommes. Malheureusement, la journée du 19 octobre fut pour notre armée un véritable désastre, puisque nous eûmes ce jour-là vingt mille hommes tués, noyés, blessés ou prisonniers. Nous y perdîmes le brave *Poniatowski;* plusieurs généraux en chef comme *Lauriston* et *Regnier* furent faits prisonniers, ainsi que plusieurs généraux moins en évidence. Nous y perdîmes également de l'artillerie, des équipages, enfin tout ce qu'on laisse ordinairement entre les mains de l'ennemi après une grande défaite. Nous avions en outre la douleur de laisser à peu de distance les garnisons françaises de *Dresde*, *Torgau*, *Wittemberg*, *Magdebourg* et *Hambourg*, sans parler des garnisons laissées plus loin à *Glogau*, *Custrin*, *Stettin*, *Zamosc*, *Dantzig*, etc., qui toutes réunies, formaient une armée qui aurait été bien utile pour défendre les frontières de France.

On a beau être, comme moi, grand admirateur du génie militaire de *Napoléon*, on ne peut néanmoins méconnaître sa grande faute en opérant si tardivement notre retraite et en ne laissant qu'un seul pont pour l'effectuer, malgré tous les embarras qu'on devait prévoir.

Plus tard, j'ai entendu discuter devant moi toutes ces questions par des généraux d'un grand mérite qui, sachant que j'avais été l'un des acteurs clairvoyants de cette fatale journée, avaient la bonté de ne point dédaigner les renseignements que je leur fournissais sur ce que j'avais vu de mes propres yeux. Je vous parlerai de ces entretiens lorsque j'en serai arrivé à mon séjour forcé à Mayence.

Si maintenant on résume les pertes des deux armées dans les trois journées des 16, 18 et 19 octobre 1813, on trouve que nous eûmes soixante mille hommes tués, noyés, blessés ou prisonniers et que l'ennemi dut en avoir un plus grand nombre, car il avait déjà perdu soixante mille hommes dans les deux premières journées et il en perdit bien cinq à six mille le 19 ; ainsi dans un espace à peu près égal à celui de *Marquette* à *Esquermes*, *cent vingt-cinq mille hommes* avaient péri ou avaient été blessés ; pensez à l'horrible spectacle que devait présenter le champ de bataille.

Pour ne parler que des pertes qui affectèrent particulièrement notre division, nous eûmes parmi les tués notre général de brigade *Coborn* et notre général de division *Friederichs*.

La compagnie dont j'étais sergent-major eut tous ses officiers tués et cinquante-huit homme tués ou blessés ; aussi, lorsque le 20 octobre au matin nous partîmes de Lindenau pour commencer notre fameuse retraite de

Leipzig, je n'avais plus que treize hommes dans ma compagnie et il n'y en eut que dix qui repassèrent le Rhin.

Je désire bien sincèrement que mon pays occupe dans le monde le rang qu'il mérite, je désire que la France ait toujours à son service une excellente armée qui la fasse respecter ; tous les bons citoyens doivent s'unir pour atteindre ce but, comme ils devraient s'unir pour s'opposer à l'esprit de conquête d'un souverain qui mettrait sa gloire au-dessus du bonheur de la nation.

Retraite de Leipzig. — Tableau de nos misères. — Lizet jeune. — Mort de M. Castel. — Bataille de Hanau. — Notre arrivée a Mayence. — L'église des carmes. — Oppenheim.

Le 20 octobre 1813 nous quittâmes notre bivouac pour opérer notre retraite sur Mayence ; le 19, au soir, le parc de notre régiment nous avait rejoints et nous avait procuré quelques vivres. On avait cuisiné une partie de la nuit, de sorte qu'avant de partir je pus faire un repas qui me parut délicieux, car j'avais besoin de réparer mes forces.

Nous nommions le parc du régiment, la réunion de tous les chevaux de bât qui portaient les bagages et les vivres des officiers, la caisse et la comptabilité du régiment ; on y voyait aussi un nombre très variable de bœufs ou de vaches lorsque nous pouvions en enlever de droite ou de gauche, je ne dirai point par des *razzias*, le mot n'était point encore connu, mais enfin par des procédés équivalents, car enfin, comme on serait mille fois mort de faim si on avait attendu les distributions de l'Administration de l'armée, il fallait bien prendre des vivres lorsqu'on en trouvait l'occasion ; nous n'appelions point cela *prendre*, nous disions *trouver*, mais pour le paysan la signification était la même. Au reste, nous n'en étions plus à ergoter sur la valeur des mots ni sur la légitimité de nos prises, il fallait vivre et par conséquent prendre ce qui était à notre portée. Pour le moment le troupeau n'était pas nombreux, mais néanmoins il nous offrit ce jour-là une ressource bien précieuse.

Ce parc était sous le commandement de l'officier-payeur, mais en réalité il était fort bien administré par un sergent de mes amis, garçon fort intelligent qui avait eu le bon esprit de sortir de Leipzig avec toute sa suite dès qu'il avait vu commencer le mouvement de retraite le 18 au soir, de telle sorte qu'il avait pu facilement nous joindre le 19 et nous procurer quelques ressources.

Outre le petit troupeau et les chevaux de bât, notre parc avait aussi, depuis peu de temps, quelques voitures de paysans enlevées çà et là, et sur lesquelles nos malades, nos éclopés et des blessés des derniers jours avaient cherché un refuge. Ces voitures ne m'offraient donc pas une grande ressource dans le cas où je n'aurais point pu marcher ; le chirurgien du régiment ne m'engageait d'ailleurs point à en profiter (j'en dirai plus tard la cause), il me conseillait de marcher tant que je pourrais, sauf à monter de temps en temps sur les chevaux de bât de la compagnie. Je me mis donc en route à pied comme si je n'avais pas été blessé ; la première heure fut très pénible, mais peu à peu je m'y accoutumai et ce fut bien rarement que j'eus recours aux chevaux de bât.

Je n'entreprendrai point de vous raconter jour par jour toutes les misères que nous endurâmes pendant cette fatale retraite. On avait bien fait rentrer dans les rangs, le 19 et le 20 octobre, tous les hommes armés ; mais il y en avait aussi un très grand nombre qui éclopés, malades ou blessés, marchaient sans armes, entre nos colonnes, présentant un spectacle effrayant de démoralisation, car ces hommes n'appartenant point pour la plupart aux régiments avec lesquels ils marchaient, et ne pouvant pas être retenus par les liens de la discipline, se jetaient comme des vautours sur les villages en vue et y enlevaient toutes les ressources qui auraient été si précieuses pour le reste de l'armée ; rarement ils profitaient longtemps de leurs trouvailles, presque toujours ils étaient tués ou pris par les Cosaques qui n'attaquaient jamais nos colonnes mais qui rodaient toujours dans les environs.

J'étais navré d'un pareil spectacle, et lorsque nous arrivâmes à *Weissenfels*, à la brune, par un temps sombre et froid, je comparai involontairement l'armée française en retraite à ce qu'elle était au mois de mai précédent lorsqu'elle traversait la Saale, à ce même endroit, pour aller combatte à *Lutzen*.

Ce fut au delà de *Weissenfels* que je fis une rencontre qui me procura quelques instants de grand bonheur. Vous m'avez souvent entendu parler des deux frères *Lizet*, mes anciens camarades d'enfance et d'études. Plusieurs d'entre vous ont connu l'aîné, mort médecin, en grande réputation ; d'autres ont pu voir le second dans un de mes derniers voyages à Clermont, il y était venu pour revoir son pays natal ; il était alors retiré du service avec le grade de chef d'escadron d'état-major et habitait Besançon, ville où il avait résidé longtemps comme aide-de-camp du général commandant la division.

Lizet jeune était entré à Saint-Cyr et en était sorti vers le mois de juin 1812, tout juste pour aller joindre, en qualité de sous-lieutenant, son régiment qui s'apprêtait à faire la campagne de Russie ; ce régiment, dont je ne me rappelle plus le numéro, fit partie du corps qui, sous les ordres du maréchal *Oudinot*, marcha sur *Riga* avec le corps prussien commandé par le général *York*. Ce corps français souffrit beaucoup moins que les troupes qui allèrent à *Moscou*, mais il éprouva néanmoins des pertes telles, que les débris du régiment de *Lizet* durent se retirer à *Dantzig* ; mais on en tira deux cadres de bataillon qui furent envoyés en France pour se recruter ; *Lizet* jeune, faisant partie de ces deux cadres, était venu avec son régiment rejoindre la grande-armée, au moment même où commençaient nos revers.

Je rencontrai Lizet au delà de *Weissenfels* et, par un mouvement spontané, nous nous jetâmes dans les bras l'un de l'autre, étonnés tous les deux de nous retrouver vivants après les grandes batailles qui venaient d'être livrées. Nous passâmes en revue tous nos amis et anciens camarades d'études, et nous reconnûmes qu'il y avait peu de survivants parmi ceux qui avaient embrassé l'état militaire. Notre entretien était si animé, que nous ne nous aperçûmes pas que nos régiments ne prenaient point la même direction, et ce fut avec chagrin que nous nous séparâmes plus tôt que nous l'aurions voulu. Je regagnai, non sans peine, le 6me corps.

Tous les jours nous laissions sur la route quelques-uns des malades et des blessés entassés dans les voitures de notre parc; parmi ces blessés, il y en avait un auquel je m'intéressais vivement : c'était un jeune homme de mon âge, frère d'un capitaine de notre régiment. Pris par la conscription, il avait demandé et obtenu la faveur de venir joindre son frère. Instruit et capable, on l'avait fait caporal dès son arrivée au régiment; le pauvre diable n'y resta pas longtemps, car, le 18 octobre au matin, il avait reçu une balle dans le corps et, transporté à *Leipzig*, il avait pu, après son pansement, se réfugier dans une des voitures de notre parc. Je l'avais pris en amitié et je fus vivement peiné lorsque je le vis mourir sous les yeux de son frère, dont la vieille figure martiale était couverte de larmes.

Deux jours après je vis également mourir, mais cette fois dans mes bras, un adjudant-major, ami et collègue de M. Coutancin, dont je vous ai parlé à différentes reprises dans le cours de ce récit. Cet adjudant-major se nommait *Castel*, il était de Roubaix et, en qualité de compatriote de mon capitaine qui était de *Landas*, près *Orchies* (Nord), il venait très souvent trouver le capitaine *Baisieux* à nos bivouacs, et comme tous les officiers savaient que le capitaine *Baisieux* se plaignait sans cesse de n'avoir jamais pu mettre les pieds dans le département du Nord depuis qu'il en était parti en 1792, malgré tout son désir d'aller montrer ses épaulettes aux paysans de son village, M. *Castel* n'abordait jamais son compatriote sans lui lâcher quelques gaudrioles lilloises dans le genre suivant :

« Eh ben garchon, t'as pas de bure sur tes tartines ! qué malheur — à m' mode i' t' faurot des faluches, m'n infant, u bin del tarte, u bin des gauf's coliches, etc., etc. »

Comme il y avait passablement de Lillois dans le régiment, ces quolibets et d'autres du même genre étaient souvent répétés et sont restés dans ma mémoire ; mais j'étais bien loin de me douter alors qu'un jour je deviendrais moi-même Lillois.

M. Castel était un excellent militaire, connaissant très bien son métier et généralement aimé. Le 18 octobre au matin, il avait eu son cheval tué sous lui, et une heure après, un boulet lui avait enlevé la main droite. Fort et robuste, il avait été seul à l'ambulance où on lui avait amputé le poignet : il avait ensuite cherché et trouvé le parc du régiment et nous avait suivis dans la retraite. Tous les soirs, il venait s'asseoir à notre feu où nous lui prodiguions tous les soins possibles dans la triste position où nous nous trouvions. Au bout de cinq à six jours, il fut pris d'une fièvre si violente et si pernicieuse, qu'il expira, en quelque sorte, dans mes bras, au milieu de la nuit. Le lendemain matin, avant de quitter notre bivouac, nous l'étendîmes dans un fossé et nous jetâmes sur son corps les terres qui formaient, à droite et à gauche, les crêtes de ce fossé.

Je ne m'arrêterai pas plus longtemps aux divers incidents de notre retraite ; nous étions arrivés aux derniers jours d'octobre, le temps était froid, la terre couverte de neige, nous n'étions plus qu'à quelques lieues de *Hanau*, lorsque nous apprîmes qu'une armée bavaroise et autrichienne prétendait nous barrer le passage et nous empêcher de repasser le Rhin. L'indignation fut au comble dans toute l'armée française, nous ne comprenions pas que l'électeur de Bavière, *fait roi* par la toute-puissance de Napoléon, devînt tout à coup notre ennemi, parce que nous avions éprouvé des revers ; nous ne comprenions pas non plus l'acharnement de l'empereur d'Autriche contre son gendre. Nous ignorions le nombre de nos ennemis, mais comme tout ce qui était en armes dans nos rangs avait résisté à toutes les fatigues et à toutes les misères de notre retraite et que c'était la portion la plus énergique de ce qui restait de l'armée française, nous nous disions que lorsque nous n'étions plus qu'à deux étapes du Rhin, rien ne pourrait nous empêcher d'arriver à Mayence.

Le 31 octobre nous rencontrâmes l'armée austro-bavaroise en avant de Hanau, barrant la route qui, en traversant une grande forêt, conduit à cette dernière ville. L'Empereur, avec la vieille garde, était déjà arrivé, mais attendait des forces plus considérables pour agir. Dès que le 6me corps parut, il lui donna l'ordre de s'étendre en tirailleurs dans toute la largeur de la forêt, à gauche de la grande route, et d'en repousser les tirailleurs ennemis, pendant que lui-même avec l'artillerie s'avancerait par la grande route sur l'armée bavaroise. Nous marchions contre l'ennemi avec une telle résolution que nous le chassâmes promptement de toutes les positions qu'il voulut défendre. Arrivés à la lisière du bois, nous nous trouvâmes en face de l'armée bavaroise qui nous accueillit par une violente canonnade, mais au même moment les austro-bavarois étaient si vivement attaqués par l'Empereur et sa garde qu'ils furent obligés d'évacuer Hanau. Dès lors la route de *Mayence* fut libre, on fit défiler tous les traînards, les malades et les blessés. Le 6me corps resta sur le champ de bataille toute la nuit et une partie du lendemain pour protéger le passage de ceux qui étaient sans armes et attendre l'arrière-garde; puis à notre tour nous prîmes le chemin de Francfort.

Notre bivouac dans la neige au milieu de la forêt de *Hanau* et sur le champ de bataille même, par conséquent parmi les morts et les blessés, ne fut pas fort agréable, mais celui du surlendemain au milieu des boues, de la neige et des bas-fonds de la rive gauche du Mein fut encore plus pénible; heureusement nous y arrivâmes tard et nous en partîmes avant le jour; nous étions dans une boue si profonde que les meilleures chaussures y restaient. Nous eûmes bien de la peine à installer nos feux de manière à nous tenir assis tout autour; je me souviens qu'après avoir formé une sorte de fagot sur lequel je m'étendis, je me réveillai couvert de la boue qui passait par les interstices que laissaient entre eux les divers morceaux de bois composant mon fagot. Enfin le 4 novembre au soir notre régiment arriva sur la rive droite du Rhin, mais non à *Mayence*, car nous bivouaquâmes sur la neige vis à vis l'hôtel du Rhin, qui n'existait point alors.

Le lendemain matin nous reçûmes l'ordre de nous porter sur *Hockheim* qui venait d'être attaqué par l'avant-garde ennemie. Nous tiraillâmes quelques heures et enfin nous entrâmes à *Mayence*.

Depuis plusieurs jours la ville regorgeait de troupes : toutes les maisons en étaient pleines, tous les édifices publics, les grands bâtiments, les magasins de la douane, les églises, etc., etc., étaient transformés en établissements militaires; nous longeâmes la grande rue de *Munster* qui conduit à la porte de ce nom et nous y stationnâmes assez longtemps, parce qu'on ne savait guère où nous fourrer. Nous présentions le tableau le plus lamentable, nos vêtements étaient en lambeaux et souillés de boue, nos figures noires de poudre ; je me souviendrai toute ma vie avoir contemplé avec admiration et envié le sort d'un brave bourgeois de Mayence qui fumait tranquillement sa pipe en nous voyant passer ; sa tenue me paraissait le comble du bonheur ; il avait un pantalon à pied, un gilet bien croisé sur la poitrine, et une bonne redingote très ample, le tout en bon molleton blanc, bien épais et à long poil ; ses pieds étaient chaussés de pantoufles fourrées et sa tête couverte d'une casquette en astrakan. Le brave homme se promenait devant sa porte en nous regardant avec compassion ; je me souviens qu'un de mes camarades nommé *Dignac*, gascon plein de gaieté, me dit en riant : « Faucheur, propose à ce monsieur de changer de position avec toi, tu pourrais lui promettre que s'il avait quelque chose à se mettre sous la dent il serait sûr de le trouver bon, tandis qu'il n'est peut-être pas content de sa cuisinière actuelle. » « Grand Dieu ! lui répondis-je, si j'étais sûr d'avoir un jour le sort de ce monsieur, je me croirais le plus heureux des hommes et j'enverrais au diable toutes les épaulettes du monde. Mais toi, *Dignac*, voyons, dis-moi, si tu as une proposition à faire à ce particulier-là. — Moi, me répondit *Dignac*, je serais très disposé à lui proposer de changer toute ma gloire contre son souper de ce soir. » Depuis lors je n'ai jamais perdu le souvenir de ce brave *Mayençais* et, au milieu de toutes les tribulations de ma vie, je n'ai jamais oublié les vœux que je formais le 4 novembre 1813, dans la rue de Munster à Mayence.

Après une longue attente dans la rue que je viens de nommer, on nous conduisit dans l'église des Carmes, située dans une ruelle qui donne dans la petite rue des Cordonniers ; on nous dit de nous y installer pour y passer la nuit et que nous partirions le lendemain matin. L'église était entièrement nue, petite, très humide : impossible d'y faire du feu sans être étouffés par la fumée. Nous arrachâmes les lambris qui garnissaient les chapelles latérales, nous les étendîmes sur les dalles et nous y installâmes notre bivouac. Ces mêmes lambris servirent également à faire bouillir nos marmites, car en arrivant on nous avait distribué du pain et de la viande.

Lorsque je suis revenu des eaux d'*Ems* avec votre mère et Marie, nous nous sommes arrêtés deux jours à *Mayence*, nous avons été visiter l'église des Carmes et j'ai montré la dalle sur laquelle j'avais bivouaqué.

Des fenêtres de l'hôtel du Rhin où nous logions, je montrai l'endroit où j'avais couché sur la neige le 3 novembre 1813. Quelle différence entre ma position à cette époque et celle où je me trouvais à l'hôtel du Rhin où nous couchions dans de très bons lits, où nous faisions d'excellents dîners au son d'une très bonne musique.

De ces mêmes fenêtres, je cherchais vainement l'île du *Mein* dont je vous parlerai bientôt ; mais comme je ne la découvrais point, le maître-d'hôtel m'expliqua que les lieux avaient totalement changé par suite des grands travaux des fortifications de Cassel. C'était absolument comme si un défenseur de Lille en 1792 cherchait maintenant à découvrir le *Poste à grenouilles*.

Conformément à la promesse qui nous avait été

faite, nous quittâmes le lendemain l'église des Carmes et nous partîmes pour *Oppenheim ;* nous ne logeâmes point dans la ville, on nous envoya dans un petit village des environs où nous restâmes quatre à cinq jours entièrement occupés à nous refaire un peu ; nous y reçûmes un mois de solde arriérée, car depuis bien longtemps nous n'avions point touché un centime. Je fis peau neuve, j'achetai un pantalon, je me procurai une capote et un habit neufs que je fis arranger à ma taille, je fis laver tout mon linge, couper mes cheveux, faire ma barbe, je jetai dans un fossé toute ma défroque qui, malgré tous mes soins, contenait une très nombreuse *garnison*, je me lavai complètement des pieds à la tête ; enfin, après quelques jours de repos et d'une nourriture suffisante, j'étais totalement remis de toutes mes fatigues et dans un état florissant de santé. Il faut avoir éprouvé toutes les misères et toutes les privations que je venais de supporter pendant si longtemps pour bien se rendre compte du bien-être que je ressentis après une telle transformation.

Après quelques jours passés, comme je viens de le dire, dans les environs d'*Oppenheim*, nous reçûmes l'ordre de rentrer à Mayence où nous attendait un détachement venu du dépôt de notre régiment, ainsi que des conscrits qu'il fallait armer, habiller et incorporer dans nos cadres qui avaient grand besoin de renforts, car nos compagnies étaient réduites à presque rien. Je n'avais plus que dix hommes dans la mienne, sur les treize que j'avais ramenés de *Leipzig* : il y en avait eu un de tué et deux de blessés à *Hanau*, dont, par parenthèse, je n'ai jamais eu de nouvelles.

Avant de quitter *Oppenheim*, on fit une promotion

d'officiers spécialement choisis parmi les anciens sergents, mon ami *Dauny* fut de cette promotion, et à cette occasion, je lui fis cadeau d'une paire d'épaulettes achetées au brosseur d'un officier tué à *Hanau*. Ces épaulettes n'étaient point, paraît-il, un heureux talisman pour ceux qui les portaient, car environ six semaines après *Dauny* fut tué ainsi que je l'expliquerai dans le chapitre suivant.

NOTRE RETOUR A MAYENCE. — COSTHEIM. — L'ILE DU MEIN. — LE TYPHUS. — ÉPIZOOTIE DES BESTIAUX. — NOTRE DÉPART POUR REJOINDRE LE 6me CORPS. — COMBAT DE BINGEN. — MORT DE DAUNY. — RENTRÉE A MAYENCE. — VISITE DES HÔPITAUX. — CUREYRAS.

Dès notre retour à Mayence, nous fûmes logés chez l'habitant dans la proportion de dix à vingt hommes par maison ; il est vrai qu'on se bornait à nous mettre dans des greniers, des galetas, des remises ou des écuries avec un peu de paille pour nous coucher, et à faire bouillir nos marmites alimentées par les distributions de viande fraîche qui nous furent faites régulièrement dans les commencements ; mais plus tard, il n'en fut plus de même, comme on le verra bientôt.

Notre compagnie eut en partage sept à huit maisons voisines les unes des autres, car il était essentiel d'avoir sous la main les conscrits que nous devions recevoir le jour même, afin de pouvoir les incorporer, les loger, les habiller, les armer et les instruire aussi promptement que possible.

J'allai de suite examiner toutes les maisons destinées à ma compagnie; à elles toutes, elles pouvaient facilement contenir une bonne centaine d'hommes. Parmi ces maisons, il y en avait une qui me convenait fort bien ; or, comme je voyais très clairement que je n'aurais jamais cent hommes présents à la compagnie, je fis à mon hôtesse la proposition suivante :

D'après le billet de logement, votre maison doit loger douze hommes, je crois être certain de pouvoir m'arranger de manière à vous dispenser de loger autant de monde, mais à la condition que vous me donnerez une chambre très modeste mais propre ; si vous y consentez, vous n'aurez qu'à vous louer de ma conduite. La vieille dame accepta ma proposition et je vins de suite prendre mon logement, place du Marché-au-Lin, dans une maison où je fus bien soigné lorsque je fus atteint du typhus, ainsi que je vous le raconterai plus loin.

Toutes mes prévisions se réalisèrent ; l'effectif de ma compagnie ne monta jamais à plus de quatre-vingts hommes sur le papier, car je n'eus jamais quatre-vingts hommes dans les rangs après l'incorporation du détachement venu de Napoléon-Vendée et des conscrits que nous reçûmes le lendemain de notre arrivée.

Aussitôt que nos conscrits étaient armés, habillés et équipés, on les envoyait dans les divers postes occupés par notre régiment où on leur enseignait à se servir d'un fusil.

Parmi ces postes, il y en avait un, celui de *Costheim*, qui mérite une mention particulière à cause des calamités de tout genre qui frappèrent ce malheureux village.

Costheim était un joli village sur les bords du *Mein* à

un bon quart de lieue du Rhin ; c'était ce que nous nommions un poste avancé, parce que c'était le point le plus éloigné de *Mayence* dans la direction de *Francfort*. Comme c'était une position stratégique très importante, on avait forcé les habitants à évacuer le village, puis nous nous étions mis à démolir toutes les maisons qui en formaient le pourtour, mais en conservant les quatre murs jusqu'à une hauteur d'environ deux mètres. On y avait percé des meurtrières, le bas des murailles avait été consolidé avec des décombres sur lesquelles on avait pratiqué une banquette pour la commodité de la fusillade.

Quant aux chemins et autres issues qui auraient pu donner passage à l'ennemi, ils avaient tous été bouchés, barricadés et palissadés, et à certains endroits, on avait établi des batteries bien armées. Comme il fallait du bois pour construire tous ces ouvrages défensifs, nous avions coupé tous les arbres fruitiers ou autres qui se trouvaient dans un certain rayon. Enfin, on n'avait conservé de *Costheim* que les maisons couvertes en tuiles qui se trouvaient dans le centre du village, car on avait détruit toutes celles couvertes en chaume de peur d'incendie, et avec la paille de ces toitures, on avait fait une sorte de litière sur laquelle nous couchions.

Il paraît que, lors du siège de Mayence, au commencement de la Révolution française, *Costheim* avait été traité de la même manière, car nous avions au régiment un vieux sergent qui nous racontait fort tranquillement que c'était la seconde fois qu'il faisait la même besogne, la première fois en 1793 et la seconde en 1813. Ainsi, à vingt ans de distance, ce beau village avait été détruit deux fois par la guerre. Ce souvenir était resté profondément gravé dans la mémoire de *Napoléon*, puisque, par son testament de Sainte-Hélène, il avait consacré une somme de *cinq cent mille francs* pour indemniser les habitants de *Costheim* de tous les maux qu'ils avaient soufferts dans les deux circonstances que nous venons de rappeler.

Après la mort de *Napoléon*, le curé de *Costheim*, ayant connu cette disposition testamentaire, disait tous les ans, par reconnaissance, une messe pour le repos de l'âme de l'Empereur, et comme, en pleine Restauration, une messe dite en France pour le repos de l'âme de Napoléon aurait très probablement attiré une condamnation sur l'ecclésiastique qui l'aurait célébrée, les journaux de l'opposition n'avaient pas manqué de publier le fait et d'attirer l'attention publique sur le curé de *Costheim*.

Je connaissais donc parfaitement cette circonstance et comme j'étais désireux de revoir *Costheim*, je ne manquai point de m'y rendre avec votre mère, Marie et Léopoldine, lors de mon voyage à *Ems*, dont je vous ai parlé dans le chapitre précédent. J'avais loué une calèche pour parcourir tous les environs de Mayence, je commençai par me faire conduire à *Costheim*, mais mon désappointement fut fort grand : je ne reconnus rien, *absolument rien*, je retrouvais un beau village bien bâti, presque neuf, où je n'avais laissé que des ruines, et tout autour, je vis de beaux arbres de trente à quarante ans dans toute leur vigueur, dans des champs où les moindres arbustes avaient été coupés. Je me fis conduire à la cure, espérant y recueillir quelques renseignements ; mais je n'y trouvai qu'un jeune prêtre, nouvellement installé, ne parlant point français, sachant bien ce que Napoléon avait fait pour le village et la conduite tenue par l'ancien curé mort depuis longtemps, mais je ne pus savoir si les habitants avaient touché le legs qui leur avait été fait par Napoléon.

Au surplus, j'employai très agréablement le reste de la journée, car je revis, avec un grand intérêt, beaucoup d'endroits que je reconnus parfaitement et qui me rappelaient d'anciens souvenirs. Je comparais mon existence de 1813 à celle du moment et je trouvais la paix préférable à la guerre.

L'île du Mein était encore un des postes occupés par notre régiment ; il était bien loin d'être agréable, c'était un simple îlot de sable, au confluent du Mein avec le Rhin ; il était nu, découvert, et non seulement il y faisait horriblement froid, mais encore on ne pouvait jamais y dormir pendant la nuit, car l'île n'était séparée de la rive gauche, occupée par l'ennemi, que par un petit bras du *Mein*, qui gelait souvent, de sorte que les Prussiens auraient bien pu se donner le petit plaisir de venir nous égorger si nous n'avions pas fait bonne garde.

Sur la rive gauche du Rhin, je visitai *Monbach, Salzbach,* etc., etc., enfin tous les lieux où j'avais passé des instants peu agréables.

Mais revenons à 1813.

Pendant que la moitié du régiment occupait les postes que je viens de citer, l'autre moitié restait à Mayence ; puis, au bout de quelques jours, allait remplacer ceux qui cessaient de faire le service extérieur; mais le séjour de *Mayence* était plus dangereux que le service des avant-postes, car le typhus des armées y régnait avec une violence extrême, non seulement dans les troupes, mais encore dans toutes les classes de la population civile ; le préfet en mourut, c'était le fameux conventionnel *Jean-Bon Saint-André*.

Du mois de novembre au mois de mai, *un tiers de la population civile de Mayence mourut du typhus*. Quant aux pertes de l'armée, il serait bien difficile de les constater, car tous les édifices un peu vastes avaient été transformés en hôpitaux dans lesquels on avait reçu les malades, les blessés, les traînards éclopés qui étaient parvenus à repasser le Rhin, amenant avec eux l'horrible typhus qui avait déjà exercé tant de ravages dans les hôpitaux des bords de l'Elbe. Tous les hommes exténués arrivant à Mayence, dans un état de misère incroyable, mouraient à l'hôpital en quelques jours et étaient immédiatement remplacés par d'autres qui avaient le même sort.

Parmi les militaires logés chez les bourgeois, la mortalité était si grande dans les premiers temps, que deux fois par jour, de grands chariots parcouraient les rues de la ville et ramassaient les morts, qu'on plaçait sur les trottoirs, pour être plus facilement enlevés au passage des chariots et ne point infecter le reste de la maison. La mort était souvent si prompte, que l'homme laissé le soir bien portant, n'était plus qu'un cadavre le lendemain matin. Ce fut précisément ce qui arriva à l'unique tambour qui restait à ma compagnie. C'était un *Lillois* pur sang et le type le plus parfait d'un natif de la rue des Étaques ou de la rue des Robleds, il se nommait *Lefebvre*. Il était venu me trouver pour affaire de service, vers cinq heures du soir, et le lendemain matin à neuf heures, en allant au rapport, je vis son cadavre sur une de ces affreuses voitures qui, leur tournée terminée, s'acheminaient vers le cimetière de *Monbach*, où de grandes fosses carrées de dix mètres de côté étaient préparées ; on jetait les cadavres dans ces fosses et on recouvrait le monceau de quatre à cinq pieds de terre.

Quant aux hommes qui mouraient dans les hôpitaux, ils étaient retirés des salles aussitôt après avoir rendu le dernier soupir et transportés au cimetière, le matin avant le jour ou le soir dès qu'il faisait nuit.

Pour éviter l'encombrement des hôpitaux, on évacuait les malades transportables sur des charrettes, mises en réquisition dans les environs de *Mayence*; mais les localités que devaient traverser ces lugubres convois, refusaient souvent de les recevoir, de peur d'amener la contagion dans le pays ; d'autres fois, les paysans, effrayés de voir mourir tant de malheureux, craignant pour leur propre vie, dételaient leurs chevaux et laissaient les voitures sur les routes avec les malades qui s'y trouvaient. Il y eut tant d'horribles histoires légalement prouvées et tant de plaintes formulées, que le maréchal *Marmont* fit cesser ces évacuations. En somme et sans aucune exagération, on peut estime qu'il mourut du typhus les deux tiers de la garnison et des blessés ou malades qui entrèrent dans les hôpitaux de *Mayence*, après le passage du Rhin par l'armée française.

Cette maladie n'atteignait pas seulement les hommes, car une affreuse épizootie faisait périr tous les bestiaux qu'on avait fait entrer dans *Mayence* pour l'approvisionnement de la place. L'église cathédrale ainsi que beaucoup d'autres locaux avaient été remplis de bœufs et de vaches, qui périrent presque tous en très peu de temps ; aussi les distributions de viande fraîche cessèrent-elles promptement et furent remplacées par des distributions de mauvaise viande salée, et plus tard par de la viande de cheval, le tout en quantité insuffisante.

A mesure que les bestiaux périssaient on les jetait au Rhin, il aurait été trop long de les charger sur des voitures; on se contentait de leur lier les jambes et de les traîner sur le dos jusqu'au fleuve au moyen d'une corde.

Vers la fin de décembre, nous apprîmes avec grand plaisir que notre régiment allait quitter *Mayence* pour rejoindre le reste du 6me corps. Nos deux bataillons étaient déjà forts réduits, malgré les renforts qui y avaient été incorporés. Nous laissâmes dans les hôpitaux beaucoup de malades, et dans les logements beaucoup d'hommes, hors d'état de supporter les fatigues de la route. Enfin, le 31 décembre 1813, nous quittâmes *Mayence* et nous allâmes coucher à *Bingen*, petite ville située sur le Rhin, à environ cinq à six lieues au-dessous de *Mayence*.

Le lendemain matin, nous nous réunissions sur la place, pour nous remettre en route, lorsque nous vîmes accourir des douaniers à cheval, qui annoncèrent que toute l'armée ennemie avait passé le Rhin dans la nuit, un peu au-dessous de *Bingen*, et que nous allions l'avoir sur les bras dans peu d'instants. Effectivement, nous ne tardâmes pas à voir arriver de nombreux cavaliers, accompagnés d'une artillerie légère, qui nous salua en nous envoyant force boulets. Nous étions trop peu nombreux pour chercher à opposer une résistance sérieuse à une armée entière, nous n'avions donc qu'à battre en retraite avec ordre. Nous gagnâmes le plus promptement possible les vignes, où nous opérâmes notre retraite, tout en tiraillant contre les cavaliers qui voulaient nous approcher de trop près. Lorsque le peloton qui se trouvait en tête de notre colonne avait tiré, il faisait par file à droite et par file à gauche, gagnait à la course la queue du régiment, rechargeait ses armes en se reposant un instant, puis redevenu tête de colonne, il recommençait la même manœuvre, sans que la colonne s'arrêtât un seul instant. Mais pendant tout ce temps-là, nous recevions les boulets de l'ennemi, sans pouvoir lui répondre de la même manière. Ce fut par un de ces boulets que je vis tuer, sous mes yeux, mon ami *Dauny*, dont je vous ai parlé à plusieurs reprises ; il avait été fait sous-lieutenant depuis environ six semaines et n'avait guère joui de sa nouvelle position. J'étais fort attaché à *Dauny* qui m'avait toujours témoigné beaucoup de dévouement et d'amitié, de sorte que sa perte me fut très sensible.

Après plusieurs heures de retraite, nous pûmes enfin rentrer à *Mayence*, après avoir perdu passablement de monde.

Deux ou trois jours après notre rentrée dans nos anciens logements, on donna l'ordre à tous les sergents-majors d'aller dans les hôpitaux, pour se rendre compte par eux-mêmes du nombre d'hommes de leur compagnie qui s'y trouvaient encore. Je dressai une liste avec des colonnes que je n'avais qu'à remplir et je fis ma tournée ; malheureusement, je ne rapportai qu'une longue liste mortuaire, presque tous nos hommes avaient succombé, quelques-uns avaient été évacués vers l'intérieur, mais étaient probablement morts sur les routes, car lorsque nous fûmes rentrés à Napoléon-Vendée, nous ne les vîmes pas et nous n'en entendîmes plus parler.

Il restait encore dans les hôpitaux quelques-uns de nos soldats, mon devoir était de les visiter et de chercher à leur être utile; on avait le numéro des lits, je fis donc dans chaque hôpital où j'avais des soldats de ma compagnie, une tournée dans toutes les salles, sous la conduite d'un infirmier. Je fus témoin d'un spectacle bien déchirant, car à chaque pas j'avais sous les yeux des morts, des mourants ou des hommes tellement changés par la maladie, qu'ils étaient en quelque sorte méconnaissables.

On avait transformé en hôpitaux les casernes, les grands bâtiments; on avait employé toutes les ressources des magasins militaires, mais le nombre des malades était si considérable, qu'il y avait insuffisance de toutes choses, et malgré le grand nombre et la rapidité des décès, il y avait encombrement partout.

Les rares survivants de cet affreux typhus présentaient dans leur convalescence des marques bien distinctives de la terrible maladie qui les avait frappés. Beaucoup avaient la gangrène à l'extrémité des membres, particulièrement aux doigts de pieds; tous avaient les yeux vitreux, ouverts outre mesure, la peau de la figure plissée à tel point que les lèvres étaient retirées et laissaient voir les dents; ils avaient perdu leurs cheveux, ou ce qui en restait paraissait mort.

Depuis que j'étais militaire j'avais vu bien des morts, j'avais couché sur des champs de bataille couverts de cadavres, de blessés, de mourants; mais jamais je n'avais eu le cœur aussi serré que dans cette triste inspection. La mort n'épargnait personne : médecins, infirmiers, employés des hôpitaux, toutes les classes payaient leur tribut à l'affreuse contagion, sans la fumée de la gloire, le bruit du canon, l'odeur de la poudre ou l'enivrement de la victoire.

Je venais de faire l'inspection dont je viens de parler et je rentrais à mon logement, lorsqu'au détour d'une rue je me trouvai face à face avec un sergent du 22ᵉ léger. Nous nous regardâmes mutuellement, et, après un instant, le sergent me dit :

« Si je ne me trompe point, vous êtes bien M. Faucheur, de Clermont ?

— Oui, Monsieur, je crois aussi vous reconnaître. N'êtes-vous pas M. *Cureyras* ?

— Précisément. »

Après un instant de conversation, j'engageai mon compatriote à m'accompagner jusqu'à mon logement qui était à deux pas, il y consentit.

M. *Cureyras* avait cinq à six ans de plus que moi, je ne lui avais jamais parlé, mais nos familles se connaissaient, son père était receveur de l'enregistrement à Clermont, et sa mère était, comme la mienne, de Gannat.

Avec des protections, M. *Cureyras* père avait fait entrer son fils dans les bureaux de recrutement à Clermont, espérant parvenir à le faire réformer plus tard.

Nous restâmes plusieurs heures à causer de nos familles, de nos connaissances, de Clermont, de Gannat, etc., etc. Le sergent *Cureyras* m'expliqua qu'il était venu conduire à *Mayence* un détachement de conscrits ; il s'y était trouvé enfermé seul de son régiment et on l'avait placé dans un bureau de l'administration de l'armée.

A mon tour je lui racontai tout ce qui m'était arrivé ; enfin, après de longues causeries, *Cureyras* prit congé de moi en me promettant de venir me voir sous peu de jours. Il tint parole et cette rencontre inopinée d'un homme auquel de ma vie je n'avais parlé, eut probablement sur mon existence une influence considérable, comme on le verra dans le chapitre suivant.

Je suis atteint du typhus. — Jean Chelle. — Je deviens secrétaire du général Pellegrin. — Nous apprenons les événements de Paris. — Nous évacuons Mayence.

Cureyras était à peine sorti de chez moi que je ressentis un malaise général et un violent mal de tête, je me couchai de bonne heure, mais je ne pus fermer l'œil de toute la nuit. Le lendemain matin je voulus inutilement me lever pour faire mon service, j'éprouvai des vertiges qui m'obligèrent à me remettre au lit. Pendant les deux jours suivants, la maladie fit des progrès si rapides qu'un de mes collègues alla lui-même au dispensaire du régiment pour demander du secours. Il n'y trouva qu'un jeune sous-aide, nouvellement arrivé, qui vint me voir de suite. Fort novice dans son art et craignant sans doute de faire fausse route, il se borna à ordonner une tisane insignifiante qui n'avait probablement pas d'autre mérite que de rafraîchir la bouche. C'était un de ces jeunes gens comme il y en avait alors beaucoup, qui, pour s'exempter de la conscription, se faisaient admettre comme sous-aides dans le corps des officiers de santé de l'armée, après avoir, pendant quelques mois, suivi bien ou mal des cours de chirurgie dans un hôpital quelconque. Mais c'était un brave garçon qui, le lendemain matin, fit part de ma position au chirurgien-major, de sorte que dans la matinée du quatrième jour celui-ci vint me trouver; il examina ma langue qui commençait à *noircir*, tâta mon pouls et me trouva une fièvre terrible. Il y avait trois jours et quatre nuits que je n'avais pu fermer les yeux, il me semblait que si je pouvais dormir je serais grandement soulagé, aussi demandai-je au major de m'administrer de l'opium ou un calmant quelconque qui me ferait dormir; il me répondit que pour le moment c'était impossible, mais qu'il reviendrait le lendemain et qu'alors il me donnerait un remède qui me ferait du bien. Un de mes amis l'accompagna jusqu'à la porte de la rue et lui demanda ce qu'il pensait de moi. « Je pense, répondit-il, qu'il n'y a rien à faire et que Faucheur sera mort demain, car il a le typhus noir dans toute sa force, et malgré sa robuste constitution ce serait un miracle s'il résistait, mais je reviendrai demain. »

Il est bien entendu que mon collègue ne me raconta point cette triste confidence.

Dans le courant du même jour la fièvre redoubla mais avec un caractère d'exaltation qui, momentanément, me rendit des forces. J'en voulais au major. J'attribuais à sa paresse ou à son indifférence son refus de me donner le jour même un remède qui devait me faire du bien le lendemain; je me levai et m'habillai avec l'aide de *Couniol* et, prenant son bras, je me rendis chez un pharmacien qui demeurait tout près de mon logement.

Arrivé chez ce pharmacien, je lui dis en français de

me donner de l'opium ou une autre potion quelconque pour me faire dormir. Le pharmacien me regarda d'un air ahuri et me répondit en allemand qu'il ne comprenait pas. Comme c'était l'excuse habituelle des Allemands qui ne voulaient pas faire ce qu'on leur demandait, je fus très mécontent de cette réponse. Je m'avisai alors de lui demander en allemand quelque chose pour dormir en accompagnant mes paroles de gestes qui indiquaient suffisamment ce que je désirais. J'eus la même réponse : « *Je ne comprends pas.* »

Comme dans cette pharmacie toutes les drogues étaient désignées par des noms latins inscrits sur les bocaux, selon l'usage dans toute l'Allemagne, je me dis que le pharmacien devait comprendre le latin, et alors prenant une plume, j'écrivis en latin : *Remède pour dormir*. Mais alors notre homme, poussé à bout, ne trouva rien de mieux à faire que de s'en aller et de passer dans une arrière-boutique dont il ferma la porte à clef.

J'étais exaspéré, car je croyais qu'il y avait mauvaise volonté absolue ; je me mis à crier, à faire du tapage, et enfin, après avoir cassé une fiole vide qui se trouvait sur la table, je sortis de la pharmacie en tirant à tout rompre la porte de la rue.

Je regagnai avec peine mon logement et comme j'avais du vin, je priai la vieille dame d'en faire chauffer une bouteille que *Couniol* m'apporterait dans mon lit. Je me recouchai, et peu d'instants après *Couniol* vint me donner le chaud breuvage en me prévenant que la vieille dame y avait ajouté du sucre. Je pris un verre que je bus d'un seul trait : c'était chaud et sucré, je trouvai le remède excellent ; si on m'avait laissé faire, j'aurais tout bu sans m'arrêter, *Couniol* ne me le permit point, mais par petites gorgées j'en avalai peut-être la valeur d'une demi-bouteille, je ne sais pas au juste.

Depuis plus de trois jours, je n'avais rien pris, le vin chaud me grisa, car, d'après ce qu'on me raconta ensuite, je battis la campagne puis je m'affaissai et je m'endormis. Le lendemain, je me réveillai comme au sortir d'un rêve, j'avais tellement transpiré que mes draps, mes couvertures, mes matelas étaient transpercés. Il me semblait avoir un grand poids de moins sur la poitrine, mais je n'avais plus la moindre force, pas même la possibilité de remuer les bras. Le chirurgien-major survint sur ces entrefaites et je lui dis d'une voix mourante : « *Major, je suis guéri*, » et Couniol lui raconta alors ce que j'avais fait et bu la veille. J'entendis bien qu'il jurait et se fâchait, mais comme en même temps il avait fait changer mon linge et mes literies, je me trouvai comme en paradis et je m'assoupis.

Le lendemain, le major vint me voir, et après m'avoir tâté le pouls et m'avoir bien examiné, il me dit : « Si vous faites exactement tout ce que je vous prescrirai, je réponds de vous, sinon *vous crèverez*, il n'y a pas de milieu. » Je promis et je tins parole, il s'agissait tout simplement de me contenter toutes les deux heures d'une petite cuillerée à café d'un remède qu'il m'envoya.

Les jours suivants, le major fut très exact à me visiter et trouva que j'allais de mieux en mieux.

Dans une de ces visites, il se rencontra chez moi avec *Cureyras* et il lui dit devant moi : « Votre compatriote vient de l'échapper belle : il a fait un remède qui devait le tuer cent fois et qui l'a sauvé, mais c'est grâce au hasard et à sa robuste constitution ; il s'agirait maintenant de lui procurer un peu de bouillon et, dans quelques jours, des aliments d'une facile digestion ; il peut aussi boire un peu de vin. C'est votre affaire, la mienne est finie ; cependant, comme la cure est merveilleuse, je reviendrai tous les deux à trois jours, mais surtout pas d'imprudences, pas de sottises. »

Lorsque le chirurgien-major fut parti, *Cureyras* me raconta alors que depuis notre dernière entrevue, le hasard lui avait procuré la rencontre d'un Clermontois qui me connaissait et auquel mon père avait rendu un service qu'il n'avait pas oublié, et qu'en conséquence ce Clermontois devait venir me voir ; mais que, d'après ce que venait de dire le major, il allait le trouver de suite parce qu'il espérait que notre compatriote pourrait me procurer du bon bouillon.

Moins d'une heure après, je vis revenir *Cureyras* avec un monsieur bien mis dont je reconnus de suite la figure sans pouvoir y mettre un nom. Ce monsieur tira aussitôt de dessous son gilet une petite fiole plate contenant du bouillon chaud, j'en pris deux cuillerées dans l'espace d'une demi-heure et je m'en trouvai fort bien, mais je ne succombai point à la tentation et je suivis ponctuellement les ordres du médecin.

Cureyras étant parti pour faire son service, mon visiteur me dit que ce que je venais de trouver si bon était du bouillon de cheval, qu'il pouvait m'en procurer tous les jours une petite portion, mais qu'il ne fallait en parler à personne, parce que cela le mettrait dans une position embarrassante.

Mon compatriote me raconta alors qu'il se nommait *Jean Chelle*, mais que si je me souvenais de lui, je ne devais le connaître que sous le nom de *Jean,* parce que c'était ainsi qu'on le désignait dans toute la rue Balinvilliers ; que, resté orphelin très jeune, il avait commencé à être garçon au café *Alexandre* où mon père allait assez souvent faire sa partie de dominos avec quelques amis : « *Jean, tu deviens grand, au lieu de rester garçon de café, tu ferais bien d'apprendre un métier, pourquoi n'apprendrais-tu pas l'état de cuisinier et ne demanderais-tu pas à M. Boyer aîné l'autorisation de faire ton apprentissage chez lui, c'est un voisin, il te connaît et il te prendrait plus facilement qu'un autre ?* »

Votre père parla pour moi à M. Boyer qui passait pour le meilleur cuisinier de toute l'Auvergne et je fus admis dans son hôtel en qualité de marmiton.

Je passais vingt fois par jour devant votre magasin avec un petit chien qui m'accompagnait toujours lorsque j'allais faire des commissions, et chaque fois mon chien taquinait le superbe corbeau, si bien apprivoisé, qui se promenait toujours devant votre maison et savait si bien se faire respecter par les plus gros chiens.

Vous étiez alors fort jeune, vous ne vous souvenez probablement plus de moi, mais je ne vous ai point perdu de vue ; je me souviens vous avoir vu en habit de lycéen, puis monter en grade et devenir sergent, etc., etc. J'ai tout cela profondément gravé dans ma mémoire parce que j'ai toujours pensé aux bons conseils de votre père, qui ont singulièrement contribué à améliorer ma position.

Dès que *Jean Chelle* m'eût donné ces explications, je me souvins parfaitement du jeune marmiton que j'avais vu passer si souvent devant chez nous et qui ne manquait jamais de dire à mon père : «*Bonjour, M. Faucheur*», et auquel mon père répondait en riant: «*Bonjour Jean.* »

Mon compatriote me raconta ensuite qu'étant devenu très bon cuisinier chez M. Boyer, il était parti pour Paris où, après avoir travaillé chez les meilleurs restaurateurs, il fut admis dans les cuisines de l'Empereur. Ce fut donc en qualité de cuisinier qu'il partit pour faire la campagne de Russie.

Après la désastreuse retraite de Moscou, il était resté longtemps malade à Berlin, puis à Francfort, enfin il était arrivé à Mayence où il s'était arrêté pour rétablir sa santé, et lorsqu'il avait été parfaitement guéri, il avait accepté la place de chef de cuisine chez *Bontems*, le premier restaurateur de *Mayence*, où l'on faisait aussi bonne chère que dans les meilleures maisons de Paris. Depuis que l'ennemi était tout autour de *Mayence* il n'y avait plus de restaurant possible ; *Bontems* avait donc transformé sa maison en un café ou plutôt en une sorte de cercle militaire uniquement fréquenté par les plus grosses épaulettes.

Quant à lui, *Chelle*, on l'avait mis à la tête d'un ordinaire organisé par les généraux pour vivre en commun, et faute de gibier, de volaille, etc., il leur accommodait du cheval de toutes les manières, et ces messieurs le trouvaient excellent ; je pouvais en juger par le bouillon qu'il m'avait apporté, puisque ce n'était pas autre chose que du bouillon de cheval.

Notre entretien dura fort longtemps et *Jean Chelle* se montra pour moi si bon, si affectueux, si obligeant et si dévoué que je conçus promptement pour lui un véritable attachement. Pendant toute ma convalescence il vint me voir presque tous les jours, m'apportant chaque fois à manger quelque chose de convenable à ma situation.

Il m'amena un jour un Clermontois nommé *M. Dufourneau*, employé dans l'administration des vivres de l'armée. Ce monsieur était chargé à Mayence de la distribution du vin à la troupe, car pour compenser les privations qu'on endurait, on avait jugé à propos d'ajouter une ration de vin aux faibles distributions de vivres que nous recevions, et dans ce but on avait mis en réquisition, mais en les payant, tous les vins qui se trouvaient dans les magasins des négociants de *Mayence*. Parmi ces vins il y en avait beaucoup de première qualité de la récolte de 1811 (la fameuse année de la comète) destinés à être exportés en Hollande, en Allemagne, etc.

La connaissance faite avec ce M. Dufourneau me valut de temps en temps l'envoi de quelques bouteilles de très bon vin du Rhin.

Lorsque ma santé se fut bien raffermie, *Jean Chelle* me dit un jour : « Vous savez que le chirurgien-major vous a engagé à ne pas reprendre de longtemps votre service, afin de ne pas vous exposer à une rechute en allant coucher au bivouac des avant-postes, j'ai donc pensé que si vous trouviez à vous occuper dans un bureau cela vaudrait beaucoup mieux pour votre santé; or, comme hier le général *Pellegrin* annonçait à ses commensaux qu'il était très contrarié de la mort presque subite de son secrétaire, enlevé en deux jours par le typhus, je lui ai dit que je connaissais un sergent-major instruit et de bonne famille, dont je répondais comme de moi-même, qui pourrait très probablement faire son affaire. Le général m'a dit : « Eh bien ! » amenez-le-moi demain, je causerai avec lui et je verrai » s'il peut me convenir. » Je viens donc vous prendre pour vous conduire chez le général qui demeure tout près d'ici.

Je fis un bout de toilette militaire et je fus présenté au général qui me demanda si j'étais capable d'écrire très vite sous sa dictée.

« Oui, général, aussi vite que vous voudrez, mais je n'ai pas une belle plume.

— Cela m'est égal, je n'y tiens pas. Connaissez-vous l'orthographe ?

— Je ferai peut-être quelques fautes, mais elles ne seront pas nombreuses.

— Nous allons voir. Mettez-vous là, je vais vous dicter quelque chose, voilà du papier, choisissez une plume. »

Lorsque je fus installé, le général prit un livre sur sa table et me dicta la valeur d'une page d'un in-octavo, puis, prenant mon papier, il lut attentivement sa dictée et me dit : « C'est bien, mais effectivement votre écriture n'est pas belle.

— Je vous en avais prévenu, mon général, c'est une écriture de latiniste ; dans les classes du lycée où j'ai été élevé, nous étions obligés d'écrire sur nos genoux et très vite, de sorte que ce n'est guère le moyen d'obtenir une belle main.

— Vous avez donc fait des études ?

— Oui, mon général.

— C'est bien, je vous prends pour mon secrétaire. Vous serez installé demain. »

J'expliquai alors au général que pour accepter un pareil emploi il me fallait l'autorisation de mon colonel, bien que le chirurgien-major du régiment m'ait fait exempter de tout service de peur de rechute.

« S'il n'y a que cela, me répondit le général, je verrai votre colonel et demain vous connaîtrez sa réponse. »

Le lendemain, dans l'après-midi, un planton vint me prévenir de me rendre de suite chez le général *Pellegrin*. Je suivis le planton et je fus introduit.

« C'est une affaire convenue avec votre colonel, me dit le général, il m'a donné de bons renseignements sur votre compte et m'a même dit que vous étiez proposé pour passer officier, pourquoi ne m'en avez-vous point parlé?

— J'en étais informé d'une manière indirecte, mon général, mais je ne le savais pas officiellement, je ne pouvais donc pas vous parler d'une chose dont je n'étais pas certain.

— C'est bien, je vous approuve, soyez ici demain matin, à neuf heures, j'ai de l'ouvrage à vous donner. »

Le lendemain, je fus exact au rendez-vous ; le général logeait chez un riche négociant qui habitait la dernière maison à droite de la petite rue des Carmes, lorsqu'on entre dans cette rue par la rue des Cordonniers, c'est-à-dire sur le même rang et à peu de distance de la maison où la tradition prétend que *Guttenberg* établit son premier atelier d'imprimerie.

Les bureaux du général étaient au rez-de-chaussée et se composaient de deux pièces : l'une, de petite dimension, était son cabinet particulier ; l'autre, au contraire, de grande dimension, était le bureau du chef d'état-major, de l'aide-de-camp et le mien. Les murs étaient couverts de grandes cartes militaires de l'Allemagne et de France. Ces deux pièces communiquaient ensemble, mais il fallait passer par notre bureau pour entrer dans le cabinet particulier du général.

L'état-major du général se composait de M. Petit-Chastenet, chef de bataillon d'artillerie et chef d'état-major ;

De M. Raffron, chef d'escadron d'artillerie à cheval, qu'on nommait alors artillerie légère ;

De M. Prost, chef de bataillon d'artillerie ;

Enfin, de M. Auguste, capitaine aide-de-camp. Ce M. Auguste avait bien un autre nom, mais je ne m'en souviens plus, par la raison que tout le monde l'appelait Auguste, excepté moi, je disais toujours *mon Capitaine* ; il était, disait-on, parent du général.

Le général et son aide-de-camp logeaient au premier étage de la maison, les trois autres personnes logeaient en ville. Ces trois messieurs avaient chacun un caractère bien différend.

M. Petit-Chastenet était grand, pâle, très doux, ayant la mine d'un savant, fort modeste ; il soutenait néanmoins ses idées avec la plus grande tenacité, mais avec un calme parfait.

M. Raffron, dont le visage était balafré d'un coup de sabre, avait assisté à toutes les grandes batailles de l'Empire, ressemblait plutôt à un bouillant officier de hussards qu'à un officier supérieur d'artillerie. Selon lui, Napoléon était le dieu de la guerre et ne pouvait jamais se tromper.

M. Prost était le plus âgé des trois ; c'était un homme d'un grand sens et d'une grande expérience, on le prenait toujours pour arbître dans les discussions de science militaire qui divisaient souvent M. Petit-Chastenet et M. Raffron. J'aurai l'occasion de parler dans un instant de ces discussions qui étaient pour moi très instructives et très intéressantes, d'autant plus que c'était la première fois que j'entendais traiter de pareilles matières par des hommes aussi capables et aussi compétents.

MM. Raffron et Prost avaient chacun une certaine étendue de fortifications sous leur inspection, et tous les jours ils venaient au rapport chez le général Pellegrin, vers midi.

Quant à moi, j'écrivais des lettres ou des rapports sous la dictée du général ou du chef d'état-major, je faisais des états de situation ; plus tard, lorsque je fus bien au courant, je rédigeai seul les lettres ou les réponses à faire, d'après les indications verbales ou écrites de ces messieurs.

Il y avait trois à quatre jours que j'étais installé dans mes fontions de secrétaire, lorsqu'un matin je vis entrer avec impétuosité dans le bureau un petit jeune homme de quatorze à quinze ans, tenant à la main un livre duquel sortait une planche de figures géométriques.

« Où est donc M. Auguste, » me dit-il en me regardant.

« Il vient de sortir à cheval. »

« Mon Dieu, que je suis contrarié ! je ne pourrai pas
» aujourd'hui faire mon devoir de géométrie, car je ne
» comprends rien à ce théorème. »

Comme je voyais que la planche ne contenait que des figures planes du commencement de la géométrie, je me doutai de suite que ce qui embarrassait le jeune écolier n'était probablement pas fort difficile, je le priai de m'indiquer ce qu'il ne comprenait pas.

« Ce n'est pas la peine, vous ne comprenez certainement point cela, c'est de la géométrie, » me dit-il, en regardant ma capote grise sans galons qui me servait d'habit de travail.

« Montrez toujours, » lui répondis-je. Il hésitait, enfin je finis par savoir ce qu'il ne comprenait pas : c'était tout à fait simple et facile à démontrer, mais comme son esprit était buté et son amour-propre froissé, il était inattentif et ne comprenait rien. Je finis par fermer le livre en lui disant : « C'est vrai, l'auteur s'est mal expliqué. » Puis, traçant la figure sur une feuille de papier, j'arrivai tout doucement à la démonstration par un autre procédé et en lui laissant croire que c'était à peu près lui qui me guidait. Enfin, lorsqu'il eut bien compris, il alla tout joyeux raconter à sa mère ce qui s'était passé. Le même jour, M. Auguste apprit qu'il avait un suppléant et n'en fut point fâché ; le général *Pellegrin* et tout l'état-major en furent également instruits.

Le lendemain matin, M. Auguste qui jusqu'alors n'avait guère fait attention à moi, m'adressa des questions sur les études que j'avais faites. Je lui racontai alors toute mon histoire et comment, au moment où je m'attendais à entrer à l'Ecole polytechnique, j'avais dû partir sac au dos. Je parlai de toutes les batailles auxquelles j'avais assisté, de ma blessure, etc., etc. Ces messieurs me firent force questions auxquelles je répondis de mon mieux ; enfin, lorsqu'on sut par le général que j'étais proposé pour officier, ma considération dans le bureau augmenta d'une manière notable.

Nous étions alors arrivés au mois de février ; dès le commencement du siège, on trouvait tous les matins aux avant-postes des pamphlets excitant les Espagnols, les Italiens, les Hollandais, les Suisses, les Allemands, enfin tous les étrangers que nous pouvions avoir dans nos rangs à déserter ; on leur annonçait qu'ils seraient très bien reçus par les coalisés et libres de prendre du service ou de se retirer dans leurs foyers. Mais lorsqu'au mois de février l'ennemi eut pénétré assez avant en France, ces pamphlets furent augmentés de bulletins plus ou moins menteurs.

Tous les matins, on apportait au général les pamphlets recueillis aux avant-postes ; dans notre bureau on les lisait et on les commentait de toutes les manières. Le commandant *Raffron* prétendait que c'était tout simplement un stratagème pour faire déserter les étrangers et qu'il réussissait puisque les désertions devenaient de jour en jour plus nombreuses, parmi les soldats qui n'appartenaient point aux provinces de l'ancienne France. Elles étaient même étendues aux escadrons de gardes d'honneur que nous avions dans la garnison ; il est vrai que la majeure partie des hommes de ces escadrons étaient des Hollandais, des Allemands des environs de Dusseldorf, des Flamands qui, à la nouvelle du départ des Français de leur pays, désiraient y retourner et fuir le typhus et les misères que nous endurions. Aussi avait-on fini par mettre à pied tous les gardes d'honneur qui restaient et nous mangions tous les jours leurs chevaux.

Indépendamment du personnel de l'état-major du général *Pellegrin* que je vous ai fait connaître, il venait tous les jours à notre bureau des généraux et des officiers supérieurs ; on causait des nouvelles mentionnées dans les pamphlets, on suivait sur les cartes les mouvements présumés des armées ennemies, il s'en suivait des discussions sans fin ; on ne se bornait point à parler de l'avenir, on causait aussi du passé, de la faute immense faite en concluant l'armistice à la suite de nos victoires de Lutzen et de Bautzen, de la faute encore plus grande de n'avoir point conclu la paix pendant cet armistice et d'avoir donné ainsi à l'Autriche le prétexte d'entrer dans la coalition. On démontrait que, du moment où l'Autriche devenait notre ennemie, elle doublait les forces de la coalition, et que dès lors on devait s'attendre à voir les Saxons, les Bavarois et tous les peuples allemands imiter cet exemple.

On faisait voir qu'à l'aide des montagnes de Bohême, l'Autriche pouvait venir attaquer les derrières de l'armée et même chercher à intercepter nos communications avec la France, et que, dès lors, nous étions réduits à des marches incessantes, sans vivres et sans abris, dans des pays totalement ruinés par la guerre; que nos jeunes soldats ne pourraient jamais supporter de telles fatigues, de si grandes privations et de si lamentables misères à l'entrée de la saison des pluies, et au moment où le typhus commençait à exercer de si terribles rivages sur les bords mêmes de l'Elbe. On parlait de la faute énorme de n'avoir point préparé plusieurs ponts pour opérer notre retraite de *Leipzig* et des désastres qui en avaient été la suite.

On calculait les renforts que l'armée aurait reçus si, au lieu de laisser tant de troupes dans les garnisons de l'Oder, de la Pologne, etc., etc., on avait fait rentrer toutes ces troupes pendant l'armistice. On discutait la possibilité de réunir les garnisons de Dresde, Torgau, Wittemberg, Magdebourg, Hambourg, etc., etc., pour les faire rentrer en France au moment où le pays allait avoir besoin de tous ses enfants pour défendre ses frontières.

Dans toutes ces questions, les opinions n'étaient point unanimes et il s'en suivait des argumentations sans fin que je n'essayerai point de rappeler parce qu'elles ne vous intéresseraient point et que d'ailleurs, aujourd'hui, elles n'ont plus d'importance.

Dans d'autres circonstances, on causait du plus ou moins de probabilité de voir un jour arriver une armée française pour nous délivrer, afin d'aller tous ensemble chasser l'ennemi qui foulait le sol de la France.

Dans le courant de mai, des bruits de cette nature s'étaient répandus, on ne sait comment, dans les troupes; à plusieurs reprises, on disait avoir entendu, dans le lointain, le bruit du canon, et là-dessus chacun faisait des commentaires à sa manière.

Dans les discussions qui avaient lieu dans notre bureau entre des militaires haut placés et très compétents pour traiter toutes ces questions, il y avait pour moi un précieux enseignement, aussi n'en perdais-je point un seul mot.

Je comprenais d'autant mieux toutes les choses que j'entendais si souvent discuter, qu'il m'était venu bien des fois des pensées semblables à celles que je voyais mettre en avant par des personnages ayant une grande expérience de la guerre, de sorte que, plus tard, lorsque j'eus l'occasion de lire les récits de toutes nos guerres, je fus en état de faire ces lectures avec fruit et avec le plus grand intérêt.

Nous étions arrivés à la fin de mai, sans qu'il y eût de grands changements dans la position intérieure de la garnison de Mayence; le typhus faisait beaucoup moins de ravages, mais nos rations de vivres n'augmentaient pas, et on se demandait ce que nous deviendrions lorsque nous aurions mangé tous les chevaux. Depuis longtemps, il n'y avait plus dans la ville ni chiens ni chats, ils avaient tous été mangés ; pour le moment, on faisait la chasse aux rats et c'était un grand régal lorsqu'on pouvait en manger, surtout les rats d'eau qui étaient généralement plus gros que les autres.

Les nouvelles les plus alarmantes sur le sort de la France étaient alors propagées par les pamphlets dont je vous ai parlé.

Dans les premiers jours d'avril, j'avais été à la citadelle pour affaires de service, lorsque j'entendis tout à coup une bruyante canonnade ; je courus sur le rempart qui domine tous les environs de Mayence et de là je vis que l'armée assiégeante était passée en revue au bruit du canon et qu'elle poussait en signe de réjouissance des cris que nous ne comprenions pas.

Je m'empressai de me rendre à mon bureau et j'y arrivai en même temps que des officiers envoyés de nos avant-postes pour annoncer au général que l'ennemi tirait le canon pour célébrer son entrée à Paris. D'abord on n'en crut rien, et l'on donna même des ordres pour redoubler de vigilance, de crainte que la prétendue fête ne fût un stratagème pour tenter une surprise. Mais le lendemain et les jours suivants, lors que nous apprîmes la trop malheureuse vérité, nous fûmes tous plongés dans la consternation ; car, toutes les nouvelles venant de source ennemie, je vous laisse à penser si les coalisés se faisaient une belle part de gloire.

Quelques jours se passèrent encore sans qu'on eût des nouvelles officielles ; enfin, le Gouvernement provisoire annonça l'abdication de l'Empereur ; puis nous apprîmes que le nouveau souverain se nommait Louis XVIII, son frère le *comte d'Artois* ou simplement *Monsieur*, et que le fils de ce dernier avait le titre de *duc d'Angoulême*, etc., etc. Tous ces noms étaient inconnus à notre génération et l'on se questionnait les uns les autres pour se renseigner, car le grand flot de la Révolution avait tout submergé et fait perdre de vue des princes qui ne se distinguaient d'ailleurs par aucune grande qualité.

Le général *Morand*, qui commandait à Mayence, envoya à Paris divers généraux pour bien s'assurer de la réalité des choses annoncées, puis vint la nouvelle que nous devions abandonner *Mayence* avec tous les approvisionnements des arsenaux, n'emmenant avec nous que notre artillerie de campagne et laissant dans la place plus de sept cents pièces de canon. J'en ai connu le nombre très exact, car mes fonctions m'avaient mis à même de savoir le nombre et le calibre de toutes les pièces; j'en ai conservé pendant bien longtemps un relevé, et je puis certifier qu'il y avait au moins sept cents pièces d'artillerie dans Mayence.

Lorsque nous apprîmes que ce n'était point seulement Mayence qu'on rendait ainsi, mais qu'il en serait de même d'Anvers et de toutes les places de guerre des pays réunis à la France depuis la Révolution, l'armée fut profondément affligée, humiliée et blessée dans sa juste et honorable fierté.

On parlait déjà de notre prochain départ de Mayence, sans qu'il fût question de régler la solde arriérée, les officiers s'émurent; comment auraient-ils fait pour traverser la France sans argent? Enfin on trouva le moyen de leur faire une faible avance, mais les sous-officiers et les soldats ne touchèrent rien; on nous assura que nous serions nourris chez les habitants jusqu'à ce que nous soyons arrivés dans le rayon où les distributions et la solde pourraient se faire régulièrement.

Enfin vint le grand jour où l'ennemi devait prendre possession de Mayence ; on y procéda avec la plus grande prudence. Les coalisés occupèrent d'abord les ouvrages extérieurs. puis certaines portes, enfin nous les vîmes entrer dans la ville avec un morceau de buis aux schakos en guise de lauriers. J'avais le cœur serré, oppressé, et pendant de longues années j'ai conservé, contre les Bourbons de la branche aînée, une violente rancune pour n'avoir pas su ou voulu mieux ménager l'amour-propre national et n'avoir pas fait de plus grands efforts pour conserver tant de trophées de la valeur de l'armée.

L'avant-veille du jour où nous devions sortir de Mayence, je pris congé du général *Pellegrin* et de son état-major et je rentrai à ma compagnie. Mais notre régiment était si réduit que des deux bataillons qui le composaient on ne put pas faire un bataillon de plus de trois cents hommes.

Dès que les communications postales furent rétablies, je m'empressai d'écrire à ma famille ; enfin, le 6 mai 1814, nous quittâmes Mayence.

Un mot maintenant de trois personnes dont il a été question dans le présent chapitre.

Jean Chelle n'ayant plus l'espoir de reprendre son ancien emploi, après le renversement de l'Empire, resta provisoirement à Mayence chez le restaurateur *Bontems* ; plus tard il rentra en France et mourut quelques années après dans le Berry.

Cureyras obtint son congé et se maria à *Gannat* où je

le voyais avec plaisir chaque fois que j'y passais. Il est mort depuis longtemps.

Couniol était tout simplement le conducteur du cheval de bât de ma compagnie ; c'était moi qui lui avais procuré cet emploi, qui le mettait à l'abri des balles et des boulets, aussi en était-il très reconnaissant. Après la mort de tous nos officiers, il vint se mettre à mes ordres et me montra toujours beaucoup de dévouement. Lorsque nous traversâmes la France pour nous rendre à Napoléon-Vendée, je lui fis obtenir une permission pour aller voir sa vieille mère dont il me parlait sans cesse ; je ne l'ai plus revu, j'ignore ce qu'il est devenu.

Départ de Mayence. — Chalons-sur-Marne. — Courtenay. — A Saumur, nous otons les aigles de nos schakos — A Cholet, nous sommes passés en revue par le duc d'Angoulême. — La décoration du Lys. — Notre arrivée a Napoléon. — Je me retire du service. — Mon départ pour Clermont.

Nous sortîmes de Mayence par la porte de *Weisnau* et nous longeâmes le Rhin pendant plusieurs journées, durant lesquelles nous vîmes *Oppeinheim, Worms, Spire, Frankenthal.* Lorsque nous fûmes arrivés près de Landau, on nous fit entrer dans les montagnes de la Lorraine allemande, et comme on ne savait où nous envoyer et que le principal but était de ne point nous mettre sur les grandes routes suivies par les troupes coalisées qui regagnaient le Rhin, on nous dispersa dans divers villages en avançant toujours dans la direction des anciennes frontières de France que nous repassâmes bientôt.

Il faut avoir été assiégé pendant six mois et avoir vécu pendant tout ce temps-là de viande de cheval ou de mauvais porc salé pour comprendre tout le plaisir que nous avions à manger de la salade, des légumes frais et du laitage que nous trouvions en abondance dans les villages où nous étions logés et nourris chez les habitants.

Au bout d'un certain temps, nous arrivâmes dans les environs de *Thionville*, puis nous entrâmes dans l'*Argonne*, enfin nous parvinmes à *Chalons-sur-Marne*. Nous étions les premières troupes françaises qu'on revoyait depuis la chute de l'Empire, nous y fûmes très bien accueillis, car le pays avait horreur des alliés.

Nous devions séjourner à Châlons-sur-Marne, mais, par malheur, peu d'heures après notre arrivée, nous vîmes entrer en ville un superbe régiment de grenadiers de la garde prussienne; leurs schakos, en guise de lauriers, étaient ornés de l'immanquable branche de buis. Nous supportions difficilement la vue de cette sorte de trophée; les habitants éprouvaient le même sentiment, et comme soldats et officiers français étaient répandus dans les cabarets et les cafés de la ville, avec les habitants, il s'éleva bientôt des querelles avec les Prussiens; les têtes étaient montées, on dégaîna de part et d'autre, il y eut des duels assez nombreux. La journée du lendemain paraissait devoir être fort orageuse, mais les autorités s'émurent et vers les dix heures du soir on nous fit partir dans la direction d'Arcis.

Après quelques heures de marche nous bivouaquâmes

dans les fossés de la route. A l'aube, nous reconnûmes que nous étions tout près de quelques auberges, nous y courûmes dans l'espoir d'y trouver à manger; mais il n'y avait plus rien, tout avait été consommé par les troupes coalisées qui y étaient passées la veille ; elles y avaient laissé un cheval qui s'était cassé la jambe. Le malheureux cheval fut bientôt abattu, écorché, dépecé et mis dans nos marmites, de sorte qu'en pleine France nous nous remîmes gaiement à manger du cheval; il le fallait bien, car tous les environs avaient été brûlés, dévastés par l'ennemi durant la campagne de France et n'offraient guère de ressources.

Le lendemain nous arrivâmes à *Arcis-sur-Aube* qui nous offrit le lamentable tableau des malheurs de la guerre. Près de la moitié de la ville avait été brûlée ; dans ce pays-là les pierres sont rares, les maisons y sont généralement bâties en bois avec une sorte de clayonnage, il n'y a que les cheminées qui soient construites en briques ; or les cheminées avaient résisté au feu et formaient de lugubres obélisques au milieu des décombres de l'incendie.

Quelques jours après nous arrivâmes à *Courtenay*, ancienne petite ville, entre *Sens* et *Montargis*; nous y restâmes quelque temps car on ne savait pas bien précisément où l'on devait nous envoyer. Nous étions logés dans les villages et les hameaux d'alentour ; j'eus en partage une ferme appartenant au général *Dessolles*, membre du Gouvernement provisoire.

Je me souviens que j'étais assis devant la porte de la ferme lorsque je vis passer notre chirurgien-major; je me levai en faisant le salut militaire, comme c'était mon devoir, et, m'avançant vers le major, je le remerciai des soins qu'il m'avait donnés à *Mayence*. « Ah! parlons de cela, me dit-il, vous deviez mourir mille fois pour une, car vous aviez fait une fameuse imprudence. Après tout il y a du hasard dans la vie et vous m'en avez offert la preuve, non seulement dans cette circonstance, mais encore lorsque je vous ai pansé à *Leipzig*. Si la balle avait dévié d'une ligne vous aviez le *tibia* brisé, il aurait fallu vous couper la jambe et alors vous y restiez; car nous n'avons guère ramené de nos malheureux blessés, témoin ce pauvre *Castel*, mort à votre bivouac. Je lui avais bien défendu de se reposer dans les voitures de notre parc, car elles étaient déjà envahies par le typhus et c'est de cette terrible maladie qu'il est mort ainsi que tous les malades et blessés qui étaient entassés dans ces maudites voitures. Voilà pourquoi je vous avais conseillé de marcher plutôt que d'y chercher un refuge; je ne pouvais pas vous dire pourquoi j'agissais ainsi, parce qu'il ne fallait pas désespérer nos malheureux malades, mais j'ai bien vu que vous n'aviez pas été content de mon ordonnance et que je vous avais paru bien dur. Je n'ai pas besoin aujourd'hui de vous tâter le pouls et de vous demander comment vous allez. Vous avez une santé superbe et une vigoureuse organisation, conservez tout cela, jeune homme, je ne serai plus là pour vous soigner, car je quitte le régiment et je cherche une voiture ou un cheval pour transporter mes effets à *Montargis* d'où je gagnerai Paris. »

Je parlai au fermier chez lequel j'étais logé et je parvins à en obtenir un *tape-cul* à l'aide duquel le brave major partit pour *Montargis*, après que je l'eus bien remercié de tout ce qu'il avait fait pour moi.

Un ou deux jours après, nous reçûmes l'ordre de nous rendre à *Orléans* où nous connaîtrions notre destination définitive. En traversant Montargis, je revis les pataches qui me rappelaient mon cher Clermont, toutes mes pensées se reportèrent plus vivement que jamais sur mon pays natal ; il y avait environ dix mois que j'étais sans nouvelles de ma famille et son sort m'inquiétait beaucoup. Depuis *Mayence*, j'avais écrit sept à huit fois à mes parents, j'avais bien recommandé d'adresser à tout hasard leurs lettres dans les villes d'où j'écrivais, parce que je donnerais l'ordre de les faire suivre ; ma famille avait suivi très ponctuellement mes recommandations, mais je l'ignorais, et comme à cette époque il n'y avait que deux ou tout au plus trois départs par semaine, les lettres restaient très longtemps en route, les réponses arrivaient dans les villes indiquées longtemps après notre départ ou notre passage, de sorte que c'était toujours à recommencer ; aussi, à mon arrivée à *Napoléon-Vendée,* je trouvai des lettres entièrement couvertes de ratures pour cause de renvoi d'une ville à l'autre.

A Orléans, nous apprîmes officiellement que nous devions rentrer à Napoléon en passant par Blois, Tours, Saumur et Cholet. J'écrivis aussitôt à mes parents, avec recommandation expresse de m'adresser une longue lettre pour mon arrivée à Napoléon.

A Saumur, on nous informa qu'à Cholet nous serions passés en revue par le duc d'Angoulême qui distribuerait des décorations ; mais en même temps on nous fit comprendre que pour se présenter devant un prince de la maison de Bourbon, il fallait ôter l'aigle qui surmontait encore, sur nos schakos, le numéro du régiment; nous fîmes bien un peu la grimace, mais enfin il fallut exécuter l'ordre. Les aigles furent donc soigneusement et régulièrement coupées, mises dans nos sacs et remplacées par une cocarde blanche.

Nous arrivâmes à Cholet au moment même où le duc d'Angoulême y faisait son entrée, il nous passa en revue ; puis le colonel désigna une douzaine d'officiers, sous-officiers et soldats qu'il fit ranger en avant du régiment pour recevoir, des mains du prince, la *Décoration du Lis* ; j'étais du nombre des élus, et, comme nous ignorions absolument ce que c'était que cette décoration, nous nous imaginions que c'était un ordre destiné à remplacer la Légion d'honneur, et que c'était pour nous une sorte de dédommagement, car tous les hommes qui avaient été désignés par le colonel étaient précisément ceux qui avaient été proposés à Mayence pour de l'avancement. Nous ne tardâmes point à être totalement désabusés, car, bien que décorés de la propre main du prince, nous vîmes bientôt que cette décoration n'avait absolument aucune valeur, puisqu'elle avait été déjà prodiguée outre mesure; ce fut à tel point que nous cessâmes tous de la porter.

J'assistai à Cholet à un spectacle qui n'était point sans intérêt pour moi, car j'avais beaucoup entendu parler des guerres de la Vendée et j'avais lu à peu près tout ce qui avait été publié jusqu'alors sur les événements de l'Ouest.

Cholet est situé en plein Bocage, et de douze à quinze lieues à la ronde, on y avait fait affluer tout ce qui restait des anciennes bandes vendéennes, augmentées de tous ceux qui voulaient obtenir les faveurs du nouveau Gouvernement. L'affluence était considérable, chaque paroisse défilait devant le prince avec ses chefs plus ou moins grotesques, revêtus de costumes ou d'uniformes impossibles, et comme tous ces braves gens venaient de loin, chaque paroisse avait ses voitures, ses chevaux et ses provisions ; enfin, j'avais sous les yeux une représentation assez fidèle de l'armée vendéenne, je fus donc très content d'avoir été témoin d'un pareil spectacle.

Quant au duc d'Angoulême, je ne sais vraiment si je dois vous en parler, ce pouvait être un très bon homme, mais il n'avait pas la mine pour lui; en le voyant, on ne pouvait guère soupçonner qu'on était en présence d'un prince destiné, si rien n'était changé dans l'ordre de succession, à monter un jour sur le trône de France.

Quelques jours après nous arrivâmes à Napoléon-Vendée; la plus grande partie de la population civile et tous les militaires qui étaient en ville vinrent au devant de nous ; nous fûmes chaleureusement accueillis, on était curieux de voir ce qui restait d'un régiment qu'on savait avoir assisté à toutes les grandes batailles de l'époque et qui avait eu à supporter tant de misères, de fatigues et de privations.

Aussitôt que nous fûmes arrivés à la caserne, qu'en langage militaire on nomme *quartier*, je me hâtai d'aller réclamer mes lettres. Le vaguemestre m'en remit un grand nombre que je m'empressai de lire. Elles m'apprirent que, depuis le milieu d'août 1813, ma famille était privée de mes nouvelles; j'avais cependant écrit plusieurs fois, mais les lettres n'étaient point parvenues, aussi me croyait-on mort et le bruit en avait couru plusieurs fois à Clermont.

Dans toutes ces lettres, mes parents me suppliaient de revenir auprès d'eux, de ne point rester dans l'état militaire, même en supposant que je fusse promu au grade d'officier, comme j'aurais pu légitimement l'espérer, d'après la proposition formelle qui avait été faite en ma faveur.

Ils me démontraient qu'à l'avenir la carrière militaire n'offrirait plus aucune chance d'avancement à un jeune homme qui, comme moi, n'avait aucun titre nobiliaire à faire valoir; que, par conséquent, le meilleur parti que j'avais à prendre était d'obtenir mon congé aussi promptement que possible, qu'on était impatient de me revoir, et que d'une manière ou d'une autre, je trouverais bien un moyen de me créer une position préférable à celle du service militaire, etc., etc.

Tout ce que j'entendis le soir même de notre arrivée à Napoléon me confirma que tout espoir d'avancement était perdu pour moi. Notre dépôt était encombré d'officiers et de sous-officiers sortant des prisons d'Espagne, de Portugal, d'Allemagne, mais surtout d'Angleterre, car deux bataillons de notre régiment avaient été faits prisonniers lors de la capitulation de Saint-Domingue et de la Martinique, de sorte que nous retrouvions, à notre dépôt, de malheureux sergents-majors qui avaient douze ans de grade, et qui, ayant langui à peu près tout ce temps-là sur les affreux pontons de Plymouth, Portsmouth, etc., nous en faisaient une peinture si effroyable que je vous en dirai plus loin quelques mots.

Mais ce n'était point seulement la concurrence des officiers et des sous-officiers de notre régiment que nous aurions à redouter pour l'avancement, car nous apprîmes à Napoléon qu'à l'avenir il n'y aurait plus que soixante régiments d'infanterie et que, dès à présent, tous les régiments dont le numéro dépassait le N° 60 seraient successivement versés dans les soixante premiers régiments, que toute la jeune garde était supprimée, et comme preuve à l'appui de ces dires, le 26me avait déjà reçu les débris de tout un régiment de jeune garde et d'un bataillon du 132me de ligne. On attendait, en outre, très prochainement, un bataillon de notre régiment qui, resté en Espagne jusqu'à la fin de cette malheureuse guerre, avait formé, en dernier lieu, la garnison de Bayonne; il s'ensuivait qu'avec tous ces débris on pouvait très facilement former les cadres de deux à trois régiments, tandis qu'à l'avenir le 26me n'aurait plus réellement que deux bataillons. Tout espoir d'avancement était donc perdu pour de longues années. On avait, aussi annoncé que tous les officiers qui désiraient faire valoir leurs droits à un traitement de réforme ou de retraite n'avaient qu'à se présenter, et que ceux qui ne pourraient pas être placés dans les nouveaux cadres seraient autorisés à se retirer dans leurs foyers avec la demi-solde de leur grade.

Toutes ces questions furent agitées et examinées soigneusement dans toutes nos réunions de sergents-majors, et chacun se demandait quel était le meilleur parti à prendre. Je ne tardai point à conclure que j'aurais tort de perdre les plus belles années de ma jeunesse, dans l'oisiveté d'une ville de garnison, sans aucune perspective d'avancement; mais avant de prendre un parti décisif, je jugeai convenable d'aller trouver mon colonel, et de lui demander conseil. Il me reçut très bien et me dit que tant qu'il resterait au régiment, toute sa bienveillance me serait assurée, mais que rien n'était moins certain que son maintien à la tête de notre corps. Il m'annonça que la proposition faite à Mayence, pour me donner l'épaulette de sous-lieutenant, n'avait plus aucune chance d'aboutir, puisqu'on avait maintenant beaucoup plus d'officiers de tous grades qu'il n'en fallait pour la nouvelle organisation de l'armée, et que le Gouvernement royal considérait même comme nuls, tous les avancements donnés par l'Empereur lui-même dans les derniers temps de son pouvoir.

Après avoir longuement causé avec mon colonel et l'avoir remercié de ses bonnes dispositions à mon égard, je finis par lui dire que toute ma famille désirait vivement me voir quitter l'état militaire et m'assurait qu'à mon âge il me serait facile de me créer une position dans une autre carrière. « Puisqu'il en est ainsi, me dit-il, n'hésitez pas, rendez-vous aux vœux de vos parents, je crois qu'ils ont grandement raison, mais ce n'était point à moi à vous dire de quitter le régiment. Si vous êtes bien décidé à renoncer à la vie militaire, j'ai tous les pouvoirs nécessaires pour vous donner votre congé, mettez vos écritures à jour, rendez vos comptes au commandant de votre compagnie, et lorsque tout sera bien en règle, je vous donnerai une passe à l'aide de laquelle vous obtiendrez, de la *Commission Vendéenne*, une feuille de route pour rentrer dans vos foyers, où vous recevrez plus tard votre congé définitif de réforme. »

Deux jours après, j'avais rendu mes comptes et j'avais une feuille de route, signée de la Commission Vendéenne composée de MM. de Guery, de Larochejacquelein, etc., etc. Cette Commission Vendéenne s'était formée d'elle-même dans les derniers jours de l'Empire, et se composait d'anciens gentilshommes, qui avaient figuré dans les rangs des bandes royalistes des guerres de la Révolution. Pour récompenser le zèle de ces Messieurs, cette Commission exerçait, au nom du Roi, l'autorité supérieure militaire dans toute l'ancienne Vendée.

Quant aux pontons dans lesquels les Anglais enfermaient les prisonniers de guerre, j'ai été trop souvent témoin de la juste horreur qu'ils inspiraient, j'ai entendu de trop lamentables récits des souffrances qu'y enduraient nos malheureux compatriotes, pour ne pas vous en dire quelques mots au moment même où je vais finir le récit de ma vie militaire.

Les pontons n'étaient pas autre chose que de vieux bâtiments de guerre, rasés et hors d'état de naviguer, dont on faisait des prisons flottantes, placées dans les ports des grands établissements maritimes, où la surveillance la plus rigoureuse était observée, de manière à rendre les évasions en quelque sorte impossibles. Le froid, les brouillards, l'humidité, le peu d'espace, le mauvais régime et même l'insuffisance de la nourriture, rendaient le séjour des pontons horriblement malsain, de sorte que les hommes qui n'y mouraient pas, étaient promptement atteints de graves affections. Aussi tous les militaires qui avaient séjourné sur les pontons rentraient-ils en France avec une haine incroyable contre le Gouvernement britannique qui, disait-on, maltraitait ainsi les prisonniers de guerre, dans l'espoir de les décider plus promptement à prendre du service dans leur armée composée de mercenaires de toutes les nations.

Si maintenant on compare la manière dont les prisonniers de guerre étaient traités en France, avec le procédé des Anglais à notre égard, on pourra se faire une juste idée de la différence énorme qui existe entre les deux nations. Chez nous, l'humanité nous porte tout naturellement à traiter avec bonté nos plus terribles ennemis ; mais les Anglais, tout en vantant leur prétendue philanthropie, restent froids, égoïstes, n'écoutent que leurs intérêts et sacrifient impitoyablement tout ce qui contrarie leurs calculs. Que n'ont-ils pas dit et publié contre le maréchal Pélissier, parce qu'il avait fait enfumer quelques cavernes, pour en déloger les Arabes qui s'y étaient réfugiés avec leurs troupeaux ? Et à peu près dans le même temps, ils attachaient, dans l'Inde, à la gueule de leurs canons, les malheureux Cipayes qu'ils faisaient prisonniers.

Décidé à me rendre à Clermont à pied, j'avais allégé mon sac en vendant tout ce qui ne m'était pas nécessaire, j'avais fait mes adieux à mes camarades et je me disposais à partir le lendemain matin, lorsque je vis arriver le sergent *Parot*, qui m'apprit qu'il avait, comme moi, son congé, et que si je le trouvais bon, nous ferions la route ensemble ; il me montra en même temps un itinéraire, que lui avait tracé un de ses collègues, natif des environs d'Aubusson, dont le père, entrepreneur, partait à pied tous les ans, dans la semaine de Pâques, à la tête d'une vingtaine de maçons, pour faire des constructions à *Fontenay* et même à Napoléon. Cet itinéraire, qui ne suivait point les grands chemins, abrégeait considérablement la route. *Parot* avait calculé qu'en quatre grandes journées de marche, nous pourrions arriver à *Clermont* ; il y tenait beaucoup, car de cette manière, il serait à *Billom* un jour de foire et il espérait y rencontrer son père, qui habitait les environs. J'étais pour le moins aussi bon marcheur que *Parot*, j'acceptai donc avec plaisir sa proposition, puisque j'avais autant que lui le désir de revoir promptement ma famille, à laquelle j'avais écrit le matin même.

J'étais d'autant plus content d'avoir un compagnon de route, que je n'étais point totalement rassuré sur la position actuelle de mes parents ; toutes mes lettres leur adressaient des questions à cet égard, mais les réponses n'étaient point aussi précises que je les aurais désirées, on se bornait à me dire de revenir bien vite, qu'on trouverait à me caser, et qu'après de très longs et de très grands chagrins, on s'estimait maintenant fort heureux. Je trouvais tout cela un peu vague, si j'avais fait la route seul, j'aurais été tourmenté tout le long du chemin et je doute que j'eusse fait le trajet, aussi promptement, que nous l'exécutâmes à deux, comme on le verra dans le chapitre suivant.

Mon arrivée a Clermont. — Malheureuse position de fortune de mes parents. — Mes déceptions. — Impossibilité de me créer une position a Clermont. — Mon départ pour Paris.

Nous partîmes de Napoléon vers le milieu du mois d'août 1814, la température était excessivement élevée, et comme nous voulions faire très promptement une longue route en évitant les grandes chaleurs du milieu de la journée, nous partions toutes les nuits à deux heures du matin. Vers cinq à six heures, nous faisions une petite halte d'environ vingt minutes durant laquelle nous mangions un morceau de pain et de fromage en avalant quelques verres de vin, puis nous nous remettions en route. — A dix ou onze heures du matin, nouvelle halte, nous déjeunions et nous allions ensuite dormir sur la paille d'une grange ou d'un grenier à fourrages jusqu'à trois heures. — Nous nous remettions alors en route jusqu'à neuf heures du soir, nous soupions, puis nous allions dormir jusqu'à deux heures, sur la paille, comme le matin : de cette manière, nous ne perdions pas une minute et nous avions l'agrément de marcher à la fraîcheur.

Depuis que nous étions militaires nous n'avions jamais voyagé d'une manière aussi commode et avec aussi peu de charge ; nous n'avions plus ni fusil, ni giberne pleine de cartouches, ni sac bien garni alourdi par plusieurs jours de vivres ; je vous ai dit que j'avais vendu tous les effets dont je n'avais plus besoin, mon sac était donc fort léger et mon équipement également, car pour tous vêtements nous n'avions que notre habit d'uniforme, des guêtres et un large pantalon de toile. Nous étions tous les deux jeunes et vigoureux, habitués à supporter les plus grandes fatigues, c'était donc un plaisir de nous voir marcher d'un pas élastique et souple. Aussi, en traversant les villages, avions-nous entendu dire souvent : « Voilà des gaillards qu'il serait bien difficile de suivre, ou qui sont pressés de rentrer dans leur famille » ; le fait est que nous marchions rondement.

A mesure que nous nous éloignions de Napoléon, Parot devenait de plus en plus gai ; il n'avait aucune incertitude sur ce qu'il allait devenir, son père faisait valoir une petite ferme qui lui appartenait, il était maire de son village et régisseur des biens d'une famille noble dont le chef était actuellement gentilhomme de la chambre du roi Louis XVIII. Parot pensait donc qu'on le mettrait à la tête de la ferme, qu'il se marierait promptement et ferait un bon mariage ; car son père lui avait mandé que, depuis quelques années, presque tous les garçons du village avaient dû partir pour l'armée, qu'il en était revenu fort peu, qu'il y avait donc beaucoup de filles à marier, et que, par conséquent, il n'aurait que l'embarras du choix, ce qui était pour lui une douce perspective ; il se voyait déjà le coq de son village.

Quant à moi, plus j'approchais de Clermont, plus j'étais ému. J'étais impatient de revoir mes parents, mais, d'un autre côté, j'étais inquiet sur leur position actuelle et sur le sort que l'avenir me réservait en rentrant dans ma famille. Le manque de fortune m'empêcherait probablement de me créer une carrière convenable. Aussi, en comparant la position de *Parot* à la mienne, j'en étais venu, non point à envier son sort, car je n'ai jamais été envieux, mais je me serais estimé très heureux d'avoir une perspective pareille à la sienne. Puis, j'examinais ce que nous étions l'un et l'autre quelques mois auparavant : moi, sergent-major proposé pour l'épaulette et pouvant, en raison de ma jeunesse, espérer arriver aux plus hauts grades, si quelque boulet ne venait pas interrompre ma carrière, tandis que *Parot*, simple sergent, sachant lire, écrire et calculer, mais sans aucune autre instruction et sans cette vocation militaire qui fait quelquefois sortir un homme de sa sphère, n'avait guère la perspective d'un avancement que, du reste, il n'ambitionnait pas, car son plus grand désir était de rentrer dans son village ; il était donc heureux et au comble de ses vœux.

Quatre jours après notre départ de Napoléon, nous descendions, vers les huit heures du soir, la côte de la

Baraque, nous étions en vue de Clermont dont nous ne distinguions cependant pas les maisons, mais dont nous apercevions les lumières, j'avais le cœur serré et plein d'un sentiment indéfinissable. Nous pressâmes le pas et en peu de temps nous arrivâmes à l'octroi ; j'aurais bien voulu traverser les petites rues du faubourg de l'Hôpital pour couper au court et arriver plus promptement à la rue Balinvilliers, mais *Parot* m'avait fait promettre de traverser la place du Poids de Ville, où se trouvait l'auberge du messager de *Billom*, afin d'y recueillir des renseignements dont il avait besoin.

Arrivés à cette auberge nous y trouvâmes le messager en train de souper pour partir dans la nuit, afin d'arriver de grand matin à Billom et y distribuer les marchandises dont sa voiture était chargée, car le lendemain c'était grande foire à *Billom*.

Le messager reconnut de suite *Parot*, lui dit que son père serait sans aucun doute à la foire, car il n'en manquait pas une, et en qualité d'ami de la famille, il offrit à *Parot* une place dans sa voiture et une part de son souper. L'offre était trop brillante pour ne pas être acceptée ; je serrai cordialement la main de mon camarade de route et nous nous séparâmes pour ne plus nous revoir. J'ai su cependant que quelques années après mon retour de l'armée un monsieur était venu me demander, mes parents n'étaient pas à la maison en ce moment, il n'y avait que la domestique à laquelle ce monsieur avait témoigné tous ses regrets de ne pas me voir ; il ajouta qu'il avait servi dans le même régiment que moi et qu'il habitait les environs de *Billom*. D'après la peinture qu'on me fit de l'individu, j'ai tout lieu de supposer que c'était *Parot* qui était venu me voir, mais comme on lui avait annoncé que je n'habitais plus Clermont, il ne revint pas.

Je ne fus pas longtemps à franchir l'espace qui sépare la place du Poids de Ville de la rue Balinvilliers; il faisait totalement nuit, j'en fus très heureux car j'étais presque honteux de revenir dans mon pays sans l'épaulette et avec les mêmes galons de sergent-major qu'on m'avait vus lorsque j'étais au Lycée.

Lorsque j'arrivai, mes parents venaient de terminer leur souper durant lequel on avait longuement parlé de moi, car ma dernière lettre annonçait l'envoi très prochain d'une autre missive qui ferait connaître mes dernières résolutions. Je me jetai dans les bras de mes parents qui, n'espérant pas me voir sitôt, en ressentaient un tel bonheur qu'ils ne pouvaient parler, nous étions tous en larmes, la domestique nous regardait d'un air ébahi et, sans savoir pourquoi, pleurait comme nous tous. Enfin, après mille tendresses réciproques, je pus expliquer à mes parents que, cédant à leurs sollicitations j'avais obtenu mon congé; que la veille de mon départ, je leur avais annoncé ma prochaine arrivée et que par conséquent ils devaient s'attendre à me voir. Nous supputâmes le nombre de jours que mettait ordinairement une lettre pour faire le trajet de Napoléon à Clermont et nous reconnûmes que ma lettre, mise à la poste la veille de mon départ, n'arriverait à Clermont que le lendemain : ce fut précisément ce qui eut lieu.

J'étais si ému, si impressionné que, malgré toutes les sollicitations de mes parents, je ne pus rien manger. J'avais tant de réponses à donner, tant de questions à faire qu'il était plus de minuit lorsque chacun de nous se retira dans sa chambre. C'était un grand extra pour ma famille qui ne se couchait jamais si tard.

Le lendemain je me réveillai de bonne heure, je fis ma toilette, puis ouvrant tout doucement la fenêtre de ma chambre je me mis à regarder avec un bonheur infini les maisons voisines, les personnes qui y entraient ou en sortaient, les gens qui se rendaient à la messe de l'église des Carmes dont j'entendais et reconnaissais parfaitement le timbre de la cloche. Enfin, lorsque je fus bien assuré que ma mère était éveillée et qu'elle se disposait à se lever j'entrai dans sa chambre, je l'embrassai avec tendresse et m'asseyant sur son lit nous nous mîmes à causer longuement de tout ce qui nous intéressait le plus ; mon père et mon frère Auguste vinrent successivement se mêler à l'entretien qui aurait duré bien longtemps, mais la domestique qui, dans ses courses matinales, avait annoncé mon arrivée dans le voisinage, vint nous prévenir que plusieurs de nos amis et de nos voisins se disposaient à nous faire visite et qu'il fallait être prêts à les recevoir.

Nos visiteurs ne se firent pas attendre, nous vîmes successivement accourir non seulement nos amis, nos connaissances, nos voisins, mais encore des personnes qui, ayant des enfants ou des parents aux armées et n'en ayant pas de nouvelles depuis longtemps, venaient s'informer auprès de moi si je ne pouvais pas leur en donner. Cela dura plusieurs jours et j'en connus bientôt la cause. Pendant que j'étais à l'armée j'écrivais souvent à ma famille, surtout je ne manquais jamais de le faire après chaque grande bataille à laquelle j'avais assisté, et si j'avais rencontré des gens de connaissance je le racontais ; c'est ainsi que j'avais appris à mes parents mon entrevue avec de nombreux Clermontois du 22me léger la veille de la bataille de Bautzen où plusieurs avaient sans doute péri, car depuis lors on n'avait plus de leurs nouvelles.

Comme je témoignais mon étonnement qu'on fût si bien au courant de ma correspondance, on m'apprit alors que mon père avait toujours dans sa poche les lettres que je lui écrivais, qu'il était heureux d'en donner lecture à ceux qui lui demandaient de mes nouvelles ou qui avaient un intérêt quelconque à connaître ce que j'avais écrit sur le compte de tel ou tel. Je revis bientôt toutes ces lettres dont l'extérieur annonçait effectivement leur long séjour dans la poche de mon père et qui m'avaient fait une si prodigieuse réputation parmi toutes les personnes qui en avaient eu connaissance; ces personnes étaient nombreuses, car dans une ville comme Clermont tout le monde se connaît, et à l'époque dont je parle presque toutes les familles comptaient quelques-uns de leurs membres à l'armée, et avaient intérêt à savoir ce qui s'y passait.

Je mis plusieurs jours à recevoir ou à faire des visites dont quelques-unes m'étaient bien pénibles ; car parmi mes connaissances les plus intimes, je rencontrais bien des familles désolées, les unes parce qu'elles avaient la certitude d'avoir perdu un ou même plusieurs de leurs enfants, les autres parce qu'elles étaient sans aucun renseignement sur leur sort.

Pendant ces premiers jours j'avais pu m'apercevoir que la joie qu'éprouvaient mes parents leur avait fait oublier leur indigence, ou les avait engagés à la dissimuler, mais il ne leur fut pas possible de me cacher longtemps la triste vérité.

Beaucoup de créances sur le recouvrement desquelles je comptais, lorsque j'avais quitté Clermont, n'avaient pu être réalisées ; ma tante Élisabeth avait bien fait tous ses efforts pour soulager ma famille, mais les réquisitions de denrées faites jusqu'à Gannat, dans les derniers temps de la campagne de France, avaient considérablement amoindri ses ressources, de sorte qu'avec la meilleure volonté du monde elle n'avait pu faire tout ce qu'elle aurait voulu. Ma famille avait donc beaucoup souffert et se trouvait actuellement dans l'impossibilité absolue de faire le moindre sacrifice pour m'aider à me créer une position. Il fallait cependant y songer et ce fut le sujet de longs et pénibles entretiens entre mes parents et moi.

Nous passâmes successivement en revue toutes les carrières auxquelles mon éducation pouvait me donner accès, mais toutes étaient inabordables, faute de fortune.

Si j'avais suivi mon goût bien prononcé je me serais fait médecin. Il y avait à Clermont une école secondaire de médecine parfaitement organisée dans laquelle j'aurais pu faire mes premières années d'études ; mais plus tard, pour être reçu docteur, il aurait fallu étudier à Paris ou à Montpellier, ce qui aurait été très dispendieux, et c'était d'autant plus impossible que ma famille n'avait pas assez de ressources pour suffire à mes besoins les plus indispensables pendant les quelques années durant lesquelles j'aurais suivi les cours de l'école de médecine de Clermont.

Devenir avocat ou avoué, encore plus impossible, puisque les études du droit auraient encore été plus dispendieuses.

Me faire notaire, même notaire de village, il fallait de longues années de stage, puis acheter une charge, les difficultés étaient encore plus grandes.

Solliciter un emploi dans une administration quelconque, il aurait fallu faire un surnumérariat de plusieurs années, je n'en avais pas les moyens ; d'ailleurs, depuis la chute de l'Empire, on ne recevait plus de surnuméraires, car il se passerait de longues années avant qu'on pût parvenir à donner des emplois convenables à tous les fonctionnaires revenant de Belgique, de Hollande, d'Italie, en un mot de tous les pays que la France venait de perdre. Mon frère était un exemple frappant de cette situation ; il était à Paris depuis environ six mois sans pouvoir être replacé, même dans un grade bien inférieur à celui qu'il occupait en Hollande. Il fallait donc renoncer à l'espoir d'obtenir le plus mince emploi dans une administration quelconque.

J'étais à peine depuis quelques jours à Clermont, que je voyais se dérouler devant moi une bien triste perspective. J'avais beau demander conseil à tous mes amis et à toutes les personnes de notre connaissance, capables de me renseigner exactement, je ne découvrais rien, parce que mon manque absolu de fortune me fermait toutes les carrières.

J'avais supporté allègrement tous les déboires, toutes les fatigues, toutes les misères et tous les dangers de l'état militaire, mais je ne pouvais me résigner à subir la triste position dont j'étais menacé dans mon propre pays, au milieu de mes anciens camarades. Je proposai donc à mes parents de m'embarquer et d'aller tenter la fortune en Amérique. Je n'avais pas le premier sou pour me faire une pacotille; mais j'avais, à Bordeaux, un ancien ami et collègue au 26me qui, se disposant à aller joindre un frère bien établi en Amérique, aurait désiré m'emmener avec lui. Aussitôt que je parlai de ce projet à mes parents, il en eurent tant de chagrin, qu'ils me firent jurer d'y renoncer, et ils m'engagèrent à partir pour *Gannat*, voir ma bonne tante Élisabeth, qui m'aimait si tendrement et qui pourrait peut-être me donner un bon conseil. On fit un petit paquet du linge et des habits dont je pourrais avoir besoin, pendant mon séjour à Gannat, on le fit parvenir à sa destination par une occasion; puis je partis de Clermont à pied, de manière à arriver chez ma tante à nuit close.

Je fus accueilli avec toute la tendresse possible; nous passâmes ensemble en revue toutes les carrières que j'aurais désiré embrasser, mais nos investigations n'eurent point à *Gannat* un meilleur résultat qu'à Clermont, et ma tante repoussa avec autant d'énergie que mes parents le projet que j'avais conçu d'aller rejoindre mon ami de Bordeaux et de m'embarquer avec lui pour l'Amérique.

Ma tante me fit voir toutes les charges qu'elle avait eu à supporter, par suite des réquisitions de tout genre faites pour les armées, elle me mit au courant de sa position de fortune, et elle me démontra clairement qu'il lui était impossible de distraire, de ses revenus, les sommes qui m'auraient été nécessaires pour entrer dans une des carrières pour lesquelles je me sentais du goût.

Je quittai donc *Gannat* pas plus avancé que j'y étais arrivé, fort triste et me repentant presque d'avoir quitté l'état militaire, où je n'avais point à rougir de ma pauvreté.

Depuis mon arrivée à Clermont, j'avais écrit plusieurs fois à mon frère, je lui avais exposé la très pénible situation où je me trouvais, je lui avais dit que, puisque toutes les carrières libérales m'étaient fermées, j'aurais accepté avec plaisir une place dans le commerce, s'il y avait eu à Clermont des négociants disposés à me donner des appointements suffisants, pour ne point être à charge à mes parents, mais que malheureusement pour moi je n'avais pu en trouver. J'ajoutais que s'il pouvait obtenir pour moi, dans une maison de commerce de Paris, un emploi de faible importance d'abord, mais susceptible d'amélioration, je me déciderais d'autant plus volontiers à venir le rejoindre, qu'il y avait déjà bien longtemps que nous étions séparés, et qu'une fois à Paris, je me soumettrais à toutes les exigences imaginables, pourvu que j'entrevisse la possibilité de me créer une position.

Peu de temps après, mon frère m'écrivit qu'il lui serait bien difficile de me trouver un emploi à Paris, si l'on ne me voyait pas, qu'il fallait donc quitter Clermont et venir le rejoindre, que nous pourrions loger ensemble et que, pendant quelque temps, je pourrais manger chez mon oncle *Pierre*.

Faute de mieux, il fallut bien me décider à partir pour Paris sans être certain d'y trouver une place. Il me restait encore quatre louis à lunettes des douze que ma mère m'avait donnés lors de mon départ pour le 26e; j'avais, en outre, environ deux cents francs provenant de ma masse militaire, des effets que j'avais vendus en partant de Napoléon, de mon indemnité de route et enfin d'un petit pécule toujours tenu en réserve; mais comme je voulais économiser ce peu d'argent pour parer aux éventualités de l'avenir, je pris la résolution de faire à pied le voyage de Paris; car il m'aurait été bien dur de dépenser environ quatre-vingts francs pour faire le trajet en diligence.

J'avais retrouvé à Clermont du linge et quelques effets de mon ancienne garde-robe, je m'étais fait faire un petit trousseau convenable par le meilleur tailleur de Clermont qui, devant son heureuse position à ma famille, s'était en cette circonstance mis à mon entière disposition.

On fit partir ma malle par l'intermédiaire d'un conducteur de diligence que mon père connaissait depuis longtemps; puis, après avoir fait mes adieux à tous mes amis et à ma famille, je partis à pied pour *Gannat* de manière à y arriver comme précédemment à la nuit close.

Mon départ pour Paris. — M. Vallet. — M. Naissans. — Mon frère. — Les Bourbons. — Les Gardes du Corps. — Retour de Napoléon de l'ile d'Elbe. — Le 20 mars. — Je pars pour Clermont.

Je ne restai qu'un seul jour à Gannat, je le consacrai entièrement à ma chère tante Élisabeth, je ne fis aucune visite et je ne sortis même point de peur de rencontrer quelques-uns de mes camarades que je savais devoir partir pour Paris où ils allaient faire leurs études de droit ou de médecine.

Parmi ces jeunes gens, il y en avait plusieurs qui étaient de charmants garçons dont la société m'aurait été fort agréable, mais comme ils appartenaient tous à des familles riches ou tout au moins dans une grande aisance, je n'aurais pu les fréquenter sans m'exposer à des dépenses que je ne pouvais pas faire ; j'aimais donc mieux leur laisser ignorer que j'allais comme eux habiter la capitale, mon amour-propre y trouvait son compte, car il m'eût paru bien dur de me trouver à Paris dans la société d'amis qui jusqu'alors avaient été mes égaux et que j'aurais dû abandonner chaque fois qu'il aurait été question de faire une dépense quelconque. En effet, j'ai toujours eu pour principe de n'être à charge à personne et d'éviter les dépenses et les parties de plaisir incompatibles avec la rigoureuse économie que je devais mettre dans mon budget. Je me suis toujours bien trouvé de cette manière d'agir, elle m'a beaucoup aidé à supporter avec courage les privations que je devais m'imposer, et elle a puissamment contribué à m'aider à réunir les éléments de ma prospérité future.

En 1814, il n'y avait qu'une seule diligence qui fît le service entre Clermont et Paris ; elle partait tous les deux jours, mettait trois jours et trois nuits à faire le trajet, le prix des places était de quatre-vingts francs et comme on faisait deux repas par vingt-quatre heures à trois francs chacun, c'était une dépense totale beaucoup trop forte pour ma faible bourse ; je résolus donc de faire le voyage à pied, en employant néanmoins toutes les pataches de renvoi à bon marché que je pourrais trouver sur ma route.

Comme vous ignorez probablement ce qu'étaient les pataches et surtout les pataches de renvoi, je crois nécessaire de vous donner quelques explications qui vous feront bien comprendre l'énorme changement qui s'est opéré depuis 1814 dans la manière de voyager.

Les pataches étaient d'affreuses voitures couvertes, non suspendues, contenant quatre personnes, plus le conducteur qui s'asseyait sur le brancard. On y était affreusement secoué, mais on allait vite et à bon marché, surtout lorsqu'on savait s'y prendre pour profiter des pataches de renvoi. On nommait ainsi les voitures qui, après avoir conduit des voyageurs, s'en revenaient à vide à leur point de départ. Il s'agissait surtout de savoir marchander et de paraître disposé à faire la route à pied, on parvenait ainsi à faire pour quelques sols un trajet de quatre, cinq ou même six lieues. J'avais été initié à toutes les ruses qu'il fallait employer pour voyager à bon compte, de sorte que j'arrivai à Paris tout aussi vite que si j'avais pris la diligence et cependant il ne m'en coûta que le quart de ce que j'aurais dépensé par la voiture de la rue Notre-Dame-des-Victoires.

Aussitôt débarqué, je me fis indiquer la rue du Temple où demeurait M. Vallet, chez lequel mon frère aîné était teneur de livres, j'y parvins sans peine. C'est ici le moment de vous dire ce qu'était M. Vallet et comment il se faisait que votre oncle y était employé.

Je vous ai dit, au commencement de ce récit, comment mon frère avait quitté Clermont longtemps avant mon départ pour le 26ᵉ régiment, afin d'aller occuper divers emplois dans les Douanes d'abord à Anvers, puis à Nimègue, enfin à Amsterdam.

Après la retraite de Leipzig, les Cosaques pénétrèrent en Hollande et y provoquèrent un soulèvement général contre l'autorité de l'Empereur ; beaucoup d'employés français n'eurent pas le temps de se sauver et furent faits prisonniers par les Hollandais; mon frère fut de ce nombre. Après avoir été incarcéré pendant quelques jours, il eut la ville d'Amsterdam pour *séjour forcé* et fut contraint d'y demeurer jusqu'à la chute de Napoléon. A l'installation du Gouvernement des Bourbons, il lui fut permis de rentrer en France.

En quittant Amsterdam, mon frère se rendit directement à Paris pour y solliciter sa réintégration dans un emploi de l'administration des Douanes ; mais il y avait alors, dans la Capitale, un si grand nombre de fonctionnaires précédemment employés en Hollande, en Belgique, en Italie, etc., etc., qui, se trouvant sans emploi, sollicitaient l'administration pour rentrer en fonctions, qu'il lui fut impossible de se faire donner la moindre place; cependant, comme il était très bien noté, on l'engagea à rester à Paris pour ne pas se laisser oublier. Il y avait déjà assez longtemps que mon frère était à Paris, dépensant son argent sans avoir rien obtenu, lorsqu'il rencontra un de ses amis, son ancien collègue à Anvers et à Amsterdam, il se nommait *M. Naissans.* Parti de Hollande avant le soulèvement d'Amsterdam, il avait pu revenir en France longtemps avant mon frère. Comme lui, il avait, pendant plusieurs mois, fait sans succès de vives démarches pour être replacé, enfin le jour même de sa rencontre avec mon frère, il venait d'obtenir un emploi en Normandie et il se disposait à rejoindre son poste très prochainement. M. *Naissans* raconta qu'à son retour de Hollande, il s'était bien douté qu'il serait fort longtemps à être replacé, et que, néanmoins, il n'avait pas voulu quitter Paris afin de pouvoir harceler sans cesse l'administration. Profitant donc de l'offre d'un de ses meilleurs amis, il était venu s'installer chez cet ami auquel il avait même confié des fonds sous forme de commandite. Peu à peu il s'était rendu si utile à cet ami, qui n'était autre que M. Vallet, que celui-ci le voyait partir avec peine. Enfin, il finit par proposer à mon frère d'être son remplaçant, et, s'il le voulait, il parlerait le jour même à M. Vallet d'une manière si chaleureuse qu'il ne doutait pas du succès. Rendez-vous fut pris pour le lendemain chez M. Vallet qui accepta de suite mon frère comme successeur de M. *Naissans*. Le hasard fit que M. *Vallet* était des environs de Clermont et qu'il connaissait notre famille, de sorte que votre oncle était là plutôt en qualité d'ami et de compatriote qu'en qualité d'employé. La place n'était point fort rétribuée, mais comme elle comportait la table, le logement et de faibles appointements, mon frère pouvait, dans cette condition, attendre plus patiemment d'être replacé dans les Douanes.

Votre oncle ne fut pas longtemps à s'attirer l'estime, l'amitié et toute la confiance de M. Vallet par son zèle, son travail et toutes les qualités qui le distinguaient. A mon retour de l'armée et lorsque je ne savais que devenir à Clermont, j'avais confié tous mes chagrins à mon frère et je l'avais prié de voir s'il ne pourrait point me trouver quelque emploi à Paris. Votre oncle en avait causé avec M. *Vallet*, lui avait montré mes lettres, et c'était à la suite de ces entretiens que mon départ pour Paris avait été résolu.

Je n'étais donc point tout à fait un étranger pour M. *Vallet* lorsque, le jour de mon arrivée à Paris, je me présentai chez lui. Mon frère était en course pour affaires, j'eus tout le temps de causer avec M. *Vallet* qui, avant de me quitter, me promit de s'occuper sérieusement à me trouver une place; il tint parole, et quelques jours après, j'entrais dans une maison de commerce où j'étais logé et nourri, mais je n'avais que de fort modiques appointements. C'était, néanmoins, une chose merveilleuse qu'un pareil début, car, à cette époque, les négociants de Paris un peu bien famés n'étaient point embarrassés pour trouver des employés payant pour apprendre le commerce, puis ne gagnant presque rien lors même qu'ils étaient devenus très capables; la plupart du temps c'étaient des fils de marchands ou de négociants de province qui venaient à Paris pour se mettre au courant des affaires et qui ne tenaient point aux appointements, car après quelques années de séjour à Paris, ils regagnaient presque tous la province.

Je fus si vite au courant du commerce, je mis tant de zèle à faire consciencieusement ma besogne, que je ne tardai point à inspirer toute confiance à mon patron ; je voyais bien, néanmoins, que l'habitude de la maison n'était pas de donner des appointements capables de suffire à mes dépenses d'entretien, lorsque je serais forcé de renouveler le trousseau que j'avais emporté de Clermont, et je voyais avec chagrin le moment où je serais contraint d'entamer mon petit pécule que je considérais comme mon ancre de salut. Je mettais donc la plus grande économie dans mes dépenses et je me privais de tous les plaisirs que Paris pouvait offrir à un jeune homme de mon âge.

Sans cesse préoccupé de mon avenir, je prenais de tous côtés des renseignements pour me créer une industrie qui me mît au-dessus du misérable état de gêne où je vivais ; j'avais plusieurs projets en vue et il est probable qu'avec l'ardeur qui m'animait, je serais parvenu à me tirer d'affaire, si un des plus grands événements politiques du siècle ne fût venu couper court à tous mes projets ; je veux parler du retour de Napoléon de l'île d'Elbe et de son entrée à Paris le 20 mars 1815.

Pour vous faire comprendre comment un pareil événement avait pu s'accomplir, il est indispensable de vous raconter, aussi brièvement que possible, ce qui s'était passé en France, depuis la chute de Napoléon jusqu'à son retour de l'île d'Elbe.

Après les longues guerres de l'Empire et surtout après les désastres des trois dernières campagnes, l'ancienne France était épuisée en hommes et en argent, la grande majorité de la nation ne désirait point la chute de Napoléon, mais elle désirait vivre en paix et réclamait avec instance la fin de cet état perpétuel de guerre.

Les Bourbons firent de magnifiques promesses, mais ne surent, ne voulurent ou ne purent pas les tenir. Leur conduite fut des plus maladroites et des plus impolitiques. Ils devaient s'identifier avec la France nouvelle, faire oublier qu'ils avaient été en quelque sorte imposés par l'ennemi, et qu'ils étaient arrivés à la suite des bagages des Cosaques. Mais il en fut tout autrement ; en effet, ils montrèrent bien vite que dans leur exil *ils n'avaient rien appris ni rien oublié.*

Sous l'Empire, l'amour de la gloire avait enfanté des héros et fait faire à nos armées des prodiges de valeur, il fallait donc ménager l'amour-propre national et cette fibre de l'honneur si susceptible en France, les Bourbons s'y prirent tout autrement, agirent tout à l'opposé de leurs véritables intérêts et même contrairement à toutes les promesses qu'ils avaient faites. Vous n'attendez sans doute pas de moi une discussion approfondie de tous les griefs qu'on était en droit de leur reprocher, je me bornerai donc à vous indiquer quelques faits.

Lorsque le Sénat avait prononcé la déchéance de Napoléon et avait consenti à la rentrée des Bourbons, c'était à condition qu'ils prendraient l'engagement de régner conformément à une constitution faite par le Sénat lui-même et qui consacrait tous les principes de 1789.

Au lieu d'accepter franchement cette constitution, Louis XVIII *octroya une charte*, datée de la 17me année de son règne, comme si tous les événements qui avaient eu lieu depuis la mort de Louis XVI étaient nuls et non avenus, et dans un document resté célèbre, il reconnaissait *qu'après Dieu c'était au prince régent d'Angleterre qu'il devait sa couronne.*

Si les Bourbons n'avaient pas été trop pressés d'accepter la France, réduite à ses anciennes limites, il leur aurait été facile d'obtenir une partie des provinces conquises par la République. Ils n'auraient pas livré à l'Angleterre la flotte d'Anvers et aux coalisés toutes les places-fortes des bords du Rhin, etc., etc., avec leurs immenses approvisionnements.

Que l'on taxe de simples maladresses tous ces torts malheureusement trop réels, je le veux bien; mais il y avait, outre cela, des fautes graves qui blessaient profondément les idées et les intérêts de la grande majorité de la nation.

Qu'on diminuât l'état militaire de la France et que par suite on fît des économies sur le budget, rien de mieux : les anciens militaires eux-mêmes, quoique lésés, en auraient pris leur parti ; mais renvoyer dans leurs foyers avec une demi-solde ou un traitement de réforme ou de retraite, évidemment *insuffisant pour faire vivre* des hommes, qui pendant plus de vingt ans avaient fait glorieusement leur devoir sur tous les champs de de bataille de l'Europe, au moment même où l'on organisait une maison militaire (gardes du corps du Roi et de Monsieur), dont les *simples soldats étaient officiers*, les capitaines des maréchaux de France, et tout cela avec un luxe et un apparat qui blessaient très profondément le sentiment national, c'était une choquante énormité.

Puis, qui choisissait-on pour composer cette garde ?

Prenait-on d'anciens et braves officiers ayant fait leurs preuves ?

Non ; on voyait accourir du fond des provinces les plus reculées d'anciens gentilshommes, sortes de caricatures dont les costumes surannés excitaient la risée publique, et comme Louis XVIII portait des épaulettes sur un habit bourgeois, on voyait. grand nombre de ces nouveaux arrivants qui, par flatterie, imitaient le souverain et se pavanaient l'épée au côté, passée sous la basque d'un habit bourgeois violet ou tabac d'Espagne, surmonté d'épaulettes à graines d'épinards ; on les nommait par dérision les voltigeurs de Louis XIV, et ils faisaient l'objet de toutes les plaisanteries.

Dans les provinces beaucoup de hobereaux ne se cachaient pas pour afficher leurs prétentions à faire revivre les anciens usages féodaux et des prérogatives oubliées depuis longtemps et auxquelles ils n'avaient du reste plus droit.

Tandis que d'anciens fonctionnaires de mérite ne

pouvaient pas être replacés même dans des emplois bien inférieurs à ceux qu'ils avaient occupés pendant longtemps, on voyait les meilleures places données à de vieux émigrés qui n'avaient aucune connaissance administrative.

Sous l'Empire, les généraux, les maréchaux avaient de l'influence, on les voyait briller à la Cour; mais sous le nouveau Gouvernement il en était autrement : les abbés et les ecclésiastiques qui avaient fait de l'opposition au Gouvernement impérial avaient le pas sur les plus braves militaires.

Ce qui était pis que tous les griefs que je viens d'énumérer, c'est que, malgré toutes les stipulations de la *Charte octroyée*, la validité de la vente des biens nationaux était mise tous les jours en doute par des journaux royalistes qui s'efforçaient de faire considérer la restitution de ces biens comme une chose obligée par l'honneur et par la probité, et comme de grands personnages parlaient et agissaient dans le même sens, tout le monde supposait que la Cour partageait cette manière de voir, qu'avant peu, il y aurait des mesures prises contre les possesseurs des biens vendus pendant la Révolution dont la Charte garantissait cependant la paisible possession.

Or, en attaquant la validité des ventes des biens nationaux, on portait la perturbation dans tous les intérêts de la masse de la nation; car depuis plus de vingt ans que ces biens avaient été vendus, ils avaient presque tous changé de mains par suite de vente, de dot, de successions, d'échanges, ou bien ils avaient servi de gages à des emprunts. La plus grande partie de ces biens appartenait actuellement aux habitants des campagnes qui, par des travaux et des efforts persévérants, avaient souvent ou pour mieux dire presque toujours transformé en terres fertiles, des landes, des bruyères, des marécages improductifs. Menacer cette partie si nombreuse de la nation de la perte de sa fortune et lui faire craindre de retomber dans l'état misérable où elle se trouvait avant la Révolution, était la plus maladroite et la plus dangereuse des politiques.

La Charte ayant accordé à la presse une certaine liberté, les griefs qu'on avait à reprocher au nouveau Gouvernement étaient tous les jours mis en lumière par des écrits et des journaux hostiles au nouvel ordre de choses, qui, du reste, était bien loin de réaliser les espérances conçues dans les premiers temps de la Restauration.

Le Roi était âgé et infirme, et l'on prévoyait qu'après lui les choses empireraient encore, car le reste de sa famille passait pour avoir des idées bien moins libérales que Louis XVIII, sans cesse contrarié, disait-on, par ce qu'on appelait le gouvernement occulte du pavillon de Marsan, dont les membres les plus en évidence étaient la duchesse d'Angoulême et le comte d'Artois, qui devint roi plus tard sous le nom de Charles X.

Un observateur attentif aurait pu, dès lors, se convaincre que le règne des Bourbons de la branche aînée ne serait point de longue durée et que quelque complot intérieur aurait bien vite renvoyé en exil tous ces princes qui ne comprenaient pas la France nouvelle. Plût à Dieu qu'il en eût été ainsi ! la nation n'aurait point subi tous les malheurs d'une nouvelle invasion, car les puissances coalisées contre nous dans les dernières campagnes étaient alors fort peu d'accord entre elles pour se partager nos dépouilles, de sorte qu'il est probable qu'une simple révolution intérieure n'aurait point porté ombrage aux coalisés et aurait pu s'accomplir sans obstacle de leur part.

Les choses en étaient là, lorsqu'un matin on apprit dans Paris que Napoléon avait quitté l'île d'Elbe à la tête de sept à huit cents grenadiers de sa vieille garde, et qu'après avoir débarqué sans obstacle au golfe Jouan, il s'était dirigé sur Grenoble par les montagnes du Dauphiné.

Cette nouvelle fut un coup de foudre; le lendemain et les jours suivants, le Gouvernement fit bien annoncer que *Bonaparte* (car c'était ainsi qn'il affectait de désigner l'Empereur) était mis hors la loi, et que toutes les populations du Midi s'insurgeaient contre lui, mais on ne tarda point à apprendre que les troupes envoyées contre Napoléon avaient fait cause commune avec sa garde, étaient entrées triomphalement avec lui à Grenoble, à Lyon, etc., et que toute la Bourgogne se levait en sa faveur.

A mesure que Napoléon s'avançait, ses forces augmentaient, car les officiers en demi-solde, les anciens militaires et les troupes qui se trouvaient dans le voisinage, venaient le rejoindre. Les choses allèrent si rapiment que Napoléon, débarqué près de Cannes le 1er mars, entrait le 20 aux Tuileries au milieu d'un enthousiasme militaire extraordinaire.

Comme cette arrivée de Napoléon à Paris est une journée à jamais célèbre dans notre histoire et que j'en ai été témoin oculaire, je vais vous donner à ce sujet quelques détails dont je garantis la sincérité.

Dès que les Bourbons virent qu'il leur était impossible d'arrêter Napoléon dans sa marche sur Paris, ils se préparèrent à quitter la capitale. Le 19 mars au soir, ayant été, avec mon frère, aux Tuileries, où se pressait toujours une foule avide d'apprendre des nouvelles, nous y vîmes des préparatifs qui, à notre avis, annonçaient le prochain départ de la Cour. Cependant on assurait dans les groupes que tous les préparatifs qu'on voyait étaient destinés au duc de Berry, qui devait partir le lendemain matin pour prendre le commandement des troupes rassemblées dans les environs de Villejuif, pour livrer bataille à Bonaparte; c'était ainsi que les partisans des Bourbons désignaient Napoléon lorsqu'ils ne lui donnaient pas le nom d'*ogre de la Corse* et autres gentillesses du même genre que les partis adverses ont l'habitude de se renvoyer mutuellement dans nos discordes civiles, et comme en tout temps les caricatures ont été d'usage en France, il y en avait une spécialement destinée à justifier cette dénomination d'*ogre de la Corse* : elle représentait Napoléon ouvrant démesurément la bouche dans laquelle on lançait des conscrits qui sortaient du côté opposé sous forme de rois d'Espagne, de Westphalie, etc., etc., entremêlés de crânes et d'ossements humains.

En quittant les Tuileries, nous allâmes au Palais-Royal, qui, à cette époque, était le centre et le point de réunion de tous les gens avides de nouvelles et d'émotions. Il y avait une telle affluence dans le jardin qu'il était impossible d'y circuler; on y entendait des cris de tous genres, tantôt « *Vive l'Empereur !* » tantôt « *Vive le Roi !* » La foule se portait tantôt d'un côté, tantôt de l'autre, de sorte qu'il s'ensuivait des rixes et de nombreux coups de canne. Tout à coup on se mit à crier : « *Fermez les grilles !* » nous jugeâmes alors prudent de ne pas rester plus longtemps au milieu d'un pareil tohu-bohu et nous nous retirâmes.

Le lendemain matin on apprit que Louis XVIII et sa Cour avaient quitté Paris dans la nuit et pris la route du Nord. Le drapeau blanc flottait encore sur le château, mais le général *Excelmans*, étant arrivé dans la matinée avec un nombre considérable d'officiers à demi-solde, le drapeau blanc fut enlevé et remplacé par le drapeau tricolore aux cris de : « *Vive l'Empereur !* »

Les ministres et les principaux fonctionnaires royalistes avaient quitté Paris en même temps que le Roi ; Paris se trouvait sans Gouvernement. Le comte de La Valette, qui avait été directeur-général des postes sous le régime impérial, vint alors dans la matinée du 20 mars reprendre possession de son ancien emploi, et fut en quelque sorte la seule autorité civile dans Paris pendant toute cette journée qui fut, du reste, très calme, car les impérialistes ne commirent nulle part aucun désordre.

Vers les neuf heures du soir, Napoléon fit son entrée aux Tuileries, à la tête des troupes qui avaient été envoyées pour le combattre sur la route de Fontainebleau. Je le vis entrer dans la cour, précédant un régiment de chasseurs à cheval dont le duc de Berry était colonel et dont les cris enthousiastes de : « *Vive l'Empereur !* » prouvaient toute l'influence que Napoléon avait su conserver sur l'esprit des soldats.

Dès le même soir, le Gouvernement impérial était

organisé et fonctionnait sans obstacle, car tous les royalistes s'étaient évanouis et n'avaient fait résistance nulle part.

Cependant le départ du Roi et de sa Cour avait provoqué le départ de tous les hauts dignitaires, des ministres et des étrangers de distinction ; les Anglais, qui abondaient à Paris et qui y faisaient une dépense considérable, s'empressèrent de partir et furent imités par les Français qui s'y trouvaient pour leur plaisir ou pour leurs affaires. Le commerce fut gravement atteint par tous ces départs, l'argent devint rare, le crédit s'en ressentit à tel point qu'un mois après le 20 mars, presque toutes les maisons de commerce avaient renvoyé plus de la moitié de leurs employés et mis les autres à la demi-solde. Je fus du nombre de ces derniers, et comme dans un pareil moment il était *absolument impossible* de trouver un nouvel emploi et que je ne pouvais vivre avec ma demi-solde, je me trouvai dans un grand embarras. Les mois d'avril et de mai se passèrent pour moi dans une cruelle situation, enfin je reçus une lettre de mon père m'annonçant qu'on organisait, à Clermont comme dans tous les départements, des bataillons de garde nationale mobile dans lesquels on faisait entrer tous les célibataires de vingt à vingt-cinq ans et de préférence les anciens militaires ; qu'en cette double qualité, j'avais été désigné pour un grade d'officier dans le bataillon qui devait être commandé par M. *Paty*, un de ses grands amis ; qu'il fallait donc me hâter d'arriver, car en ne perdant point de temps, M. *Paty* espérait pouvoir me donner un emploi d'adjudant-major.

Vers la même époque, mon frère avait fait de pressantes démarches pour être replacé dans les Douanes et, cette fois, il avait la promesse formelle d'avoir un emploi sous très peu de jours.

Je quittai Paris dans les premiers jours de juin 1815. A mon arrivée à Clermont j'allai de suite voir M. *Paty* qui me promit formellement l'emploi d'adjudant-major. Je rentrais donc ainsi dans l'état militaire par une assez belle porte ; j'en étais enchanté car, pendant tout mon séjour à Paris, ma pauvreté m'avait imposé de bien pénibles sacrifices, très difficiles à supporter à mon âge, surtout parce que je ne pouvais prévoir combien de temps durerait cette triste position. J'étais d'ailleurs ravi de servir sous les ordres de M. *Paty* que je connaissais pour l'avoir vu fréquemment à Clermont, à mon retour de l'armée. C'était un ancien chef de bataillon, capable, instruit, bon militaire, avec lequel j'avais souvent causé de mes campagnes et qui, dès notre première entrevue, m'avait témoigné beaucoup de sympathie.

J'étais à peine à Clermont depuis huit jours lorsqu'on apprit le désastre de *Waterloo*, la nouvelle abdication de l'Empereur, son départ pour Rochefort, la rentrée des Bourbons, etc., etc. Tous ces événements amenaient nécessairement la non formation du bataillon dans lequel je devais servir, en qualité d'adjudant-major. J'étais donc redevenu « *Gros-Jean comme devant* », réduit à gémir sur ma position et sur celle de mon pays humilié par l'étranger.

L'armée française retirée derrière la Loire venait d'être entièrement licenciée ; on voyait arriver tous les jours des officiers et des sous-officiers instruits qui ne savaient que devenir; quelques-uns s'expatriaient et allaient tenter fortune dans les pays étrangers. L'idée de partir pour l'Amérique se présenta de nouveau à mon esprit, mes parents y étaient tout à fait opposés, je cédai à leurs désirs pour ne point leur causer le moindre chagrin. Il fut bien question de retourner à Paris, mais le moment n'était guère favorable pour y trouver un emploi, et d'un autre côté mes parents ne s'en souciaient pas, car ils craignaient que j'y trouvasse plus facilement l'occasion de m'expatrier; ils me supplièrent donc de rester auprès d'eux jusqu'au moment plus calme, où je pourrais prendre un parti définitif. Un de nos amis promit de mettre tout en œuvre pour me trouver un emploi quelconque en attendant mieux ; effectivement, après une longue et bien pénible attente, cet ami vint nous annoncer qu'il était parvenu à m'obtenir une place dans la plus importante maison de commerce de gros de Clermont, dont je vais vous parler.

Mon entrée chez M. Cassan. — Ma misère. — Les Roles. — Départ de Lizet. — Je deviens voyageur de M. Delcros. — Mon frère a Lille. — Mon désir de le rejoindre. — Propositions qui me sont faites par M. Vallier. — Je quitte M. Delcros. — Voyage de Marseille a Lille. — Je deviens voyageur de MM. Malmazet frères et Vallier.

L'ami dont je vous ai parlé dans le chapitre précédent, m'avait fait admettre chez M. Cassan-Guyot, négociant en gros pour les articles de Roubaix, Lille, Amiens, Rouen et la draperie commune du Midi. Cette maison était, sans contestation, la plus importante de Clermont. Malheureusement, j'y entrais avec de très faibles appointements, mais comme j'étais logé et nourri chez mes parents, je pouvais disposer de tout ce que je gagnais pour venir en aide au ménage de ma mère, forcément condamné à un surcroît de dépenses par suite de mon arrivée. J'avais eu tout le temps de me rendre bien compte de l'exiguité des ressources de mes malheureux parents, aussi c'était avec bonheur que je venais à la fin de chaque mois déposer, entre les mains de ma mère, la faible somme que j'avais reçue pour mes appointements.

Le noviciat commercial que j'avais fait à Paris m'aida beaucoup à me mettre au courant en très peu de temps des affaires de la maison où je venais d'entrer ; je déployai pour ses intérêts tout le zèle, toute l'ardeur et toute l'activité dont j'étais capable ; je vis avec satisfaction que mes efforts étaient appréciés et qu'on avait pour moi tous les égards et toute la considération possibles. J'étais fort touché de ces procédés qui avaient pour mon amour-propre un prix infini, mais néanmoins je ne tardai point à m'apercevoir que mes appointements seraient toujours fort modiques, attendu qu'on avait fait un effort inouï en me donnant d'emblée des appointements, lorsqu'on pouvait avoir, *sans aucun traitement*, autant de commis qu'on en voulait ; car la maison jouissait d'une si bonne renommée et d'une si grande considération qu'à trente lieues à la ronde tous les jeunes gens qui voulaient entrer dans le commerce, sollicitaient l'honneur de servir *gratis* une aussi bonne maison. D'ailleurs la plus stricte économie présidait à tout ce qui s'y faisait, et c'était précisément cette grande économie s'étendant à tout, qui avait fait la fortune de mon patron et de ses deux prédécesseurs, puisque c'était la troisième génération qui, dans le même local, se livrait au même genre de commerce.

Je vis donc bien vite qu'il fallait me créer des ressources particulières, pour faire face à l'entretien de ma toilette toujours modeste, mais propre et convenable.

Je rêvai longtemps à ce que je devais faire, pour obtenir le supplément qui m'était si nécessaire, et après bien des combinaisons, je ne trouvai rien de mieux que d'entreprendre des écritures, pour le directeur des contributions directes ; j'allai trouver un employé de cette administration que je connaissais et par son entremise j'obtins des rôles à faire chez moi. Vous ignorez probablement ce que c'est que des rôles, et plaise à Dieu que vous et les vôtres ne soient point, comme moi, réduits à la dure nécessité d'en faire. On nomme *Rôles* des listes de contribuables, extraites d'un livre matricule des contributions d'une commune, dont on doit faire plusieurs expéditions sur des feuilles imprimées *ad hoc*. A cette époque, toutes les impressions administratives étaient sur du vilain papier si rugueux que l'écriture y était très difficile.

Occupé une grande partie de la journée chez M. Cassan, je ne pouvais faire des rôles qu'en me levant de grand matin et en me couchant fort tard, tout le long de la semaine, puis en travaillant toute la journée, les dimanches et jours de fêtes, et tout cela pour gagner en moyenne 25^s par jour (fr. 1,25). C'était un travail abrutissant ; néanmoins je m'y livrais avec ardeur, car pour arriver au but que je me proposais, je comprenais que je devais avoir une mise convenable, et la confection de ces ennuyeux rôles était le seul moyen de me procurer l'argent nécessaire à ma toilette.

A tous les tourments que j'endurais, se joignait pour le moment un autre chagrin : mon ami Lizet venait de quitter Clermont. Comme nous étions liés d'amitié depuis de longues années, et que nous nous trouvions tous les deux dans la même situation malheureuse, nous nous communiquions naturellement nos pensées les plus intimes, nos craintes, nos espérances, c'était notre grande consolation.

Après avoir fait de brillantes études au Lycée de Clermont et y avoir constamment remporté les premiers prix, Lizet s'était trouvé, comme moi, arrêté dans sa carrière par la ruine de son père, causée par de nombreux procès.

Ne pouvant aller étudier à Paris, Lizet avait commencé ses cours à l'école secondaire de médecine de Clermont, mais pour être reçu docteur il fallait absolument aller à Paris ou à Montpellier et y suivre pendant une couple d'années les cours de la Faculté ; tout cela nécessitait des dépenses que son père ne pouvait faire. Lizet était donc comme moi fort préoccupé de son avenir, lorsqu'un ami de sa famille trouva le moyen de lui faire obtenir une place de précepteur chez un riche négociant de Montpellier, dont le fils malade était incapable de suivre les cours d'un Lycée ou d'un Collège quelconque.

Outre des appointements passables, Lizet était nourri et logé chez ce négociant où il avait tout le temps nécessaire pour étudier et suivre les cours de l'école de médecine de Montpellier, alors en grande réputation.

Plus tard je vous dirai ce que devint Lizet et comment je contribuai à lui créer une belle position à Clermont.

J'étais donc bien loin d'être heureux, mais comme en restant chez M. Cassan un certain temps, j'entrevoyais la possibilité d'en sortir pour devenir voyageur de commerce, je ne négligeai rien pour me maintenir dans les bonnes grâces de mon patron, qui était du reste excessivement bienveillant pour moi.

Presque tous les voyageurs de commerce qui passaient à Clermont venaient faire des offres de service à M. Cassan ; or, comme à l'époque dont je parle, il n'y avait que les sommités commerciales des principales villes de France qui fissent voyager, leurs représentants étaient choisis avec un soin tout particulier, attendu que les négociants de province n'allant presque jamais en fabrique à cause des dépenses de voyage, de la difficulté des communications et du temps qu'il aurait fallu perdre, jugeaient presque toujours du rang et du mérite d'une maison par la manière dont elle était représentée. Il y avait donc, à cette époque, parmi les voyageurs, des jeunes gens réellement fort bien, ayant de bons appointements et la perspective de faire leur chemin. Je vous en citerai quelques-uns de Lille, MM. Lemaire, Soyez-Vasseur, Debuchy, Vanderhaeghen, etc., etc., qui sont parvenus.

Je me disais donc que, si j'avais le bonheur de pouvoir obtenir une place de voyageur, je la remplirais probablement aussi bien que la majeure partie de ceux que je voyais journellement. Sortir d'une maison aussi bien famée que celle où j'étais employé, était d'ailleurs une très bonne recommandation ; je me résignai par conséquent à subir avec courage pendant un certain temps une rude misère, dans l'espoir d'être plus heureux par la suite.

J'avais fait connaissance avec plusieurs voyageurs auxquels je m'appliquais à rendre quelques petits services, de sorte que quelques-uns m'avaient promis avec sincérité de s'occuper à me trouver un bon emploi. J'attendais l'effet de ces promesses, lorsque M. Sylvestre, auquel je m'étais également recommandé dans le même but, vint me proposer de devenir voyageur d'un de ses amis qui faisait en gros le commerce des dentelles. J'acceptai avec enthousiasme. Avoir un cheval, un cabriolet, douze francs par jour de frais de voyage et douze cents francs d'appointements par an, me semblait un sort inespéré.

Peu de jours après je me mis en route avec la ferme résolution de surmonter toutes les difficultés, afin de procurer de bons et fructueux résultats à Mr *Delcros-Morel*, mon nouveau patron.

J'avais entrevu tout d'abord qu'en ne perdant point une minute de temps, je pourrais, dans un mois par exemple, voir un plus grand nombre de villes que mes confrères, et que dès lors il était probable que je ferais plus d'affaires. Mais pour voir un plus grand nombre de villes dans un temps donné il ne fallait aller ni au café, ni au spectacle, partir de grand matin, s'occuper très sérieusement toute la journée, et lorsque le soir il me restait quelques heures, voyager jusqu'à neuf et même dix heures pour gagner du terrain de manière à n'avoir qu'une courte traite à faire le lendemain. C'était, il n'y avait pas de doute, un métier très pénible, mais j'étais jeune, robuste ; le danger ne m'effrayait pas, je voulais parvenir, rien ne m'arrêtait.

En suivant une pareille marche, j'allais, il est vrai, coucher souvent dans des villages où je ne trouvais que des auberges de rouliers ; mais je n'étais pas difficile, je comparais cette situation à mes bivouacs et je me trouvais bien plus heureux qu'un colonel en campagne ; puis, dans ces auberges de village, je dépensais moins d'argent que dans les villes, et je parvenais ainsi à faire des économies sur les douze francs qui m'étaient alloués. Ce fut donc avec un grand bonheur qu'au bout d'une vingtaine de jours je pus envoyer à mes parents une somme équivalente à celle que je gagnais par mois chez M. Cassan, j'en ressentis un tel contentement que rien n'aurait été capable de m'arrêter pour arriver chaque mois à un tel résultat.

Mes affaires répondirent à mes efforts, mon patron m'en montra toute sa satisfaction et pour me la témoigner d'une manière plus sensible, il m'autorisa à placer, à la commission, certains articles qui ne laissaient pas que de me procurer de passables émoluments ; plus tard, cette faculté fut étendue, de sorte que, sans qu'il en coûtât un centime à mon patron, je parvins à me créer un petit pécule que je fis fructifier de différentes manières et que je laissai entre les mains de MM. *Collon, Bonarme et Sambucy*, banquiers à Clermont. Ces Messieurs, connaissant mon économie et mon ardent désir de parvenir, me furent plus tard très utiles, lorsque je voulus m'établir à mon compte, ainsi que vous le verrez par la suite de ce récit.

Mes voyages me conduisaient tous les ans à la foire de Beaucaire, j'y étais en contact avec des chefs de maisons qui, m'ayant rencontré en voyage, savaient avec quelle ardeur je travaillais. Diverses propositions me furent faites ; il y en avait de fort séduisantes pour un jeune homme. Une grande maison suisse m'avait offert de très beaux appointements pour voyager en chaise de poste en Hollande, en Allemagne et dans le nord de l'Europe. Ma vanité fut un moment tentée, mais c'était être toujours voyageur et déjà je visais plus haut.

Deux mots pour vous parler de votre oncle dont je désirais beaucoup me rapprocher.

Lorsque j'avais quitté Paris dans les premiers jours de juin 1815 pour me rendre à Clermont, mon frère venait d'être nommé à un emploi dans les Douanes. Il fut envoyé d'abord à Quesnoy-sur-Deûle, puis à Houplines et enfin à Lille. Nous avions été constamment en correspondance, échangeant nos idées, nos sentiments, nos aspirations, toujours avec cet attachement réciproque qui nous a constamment distingués.

Lorsque je fus devenu voyageur de M. Delcros, j'avais eu l'occasion de causer de Lille avec divers négociants et voyageurs qui, tous, m'en avaient parlé comme d'une ville d'un grand avenir commercial et comme d'un pays où un jeune homme dans ma position pourrait plus facilement que partout ailleurs trouver des occasions de s'établir à son compte. J'étais plein de cette idée, car déjà mon avenir me préoccupait beaucoup; j'avais écrit dans ce sens à mon frère qui m'avait témoigné tout le bonheur qu'il éprouverait à me voir attaché à une maison de Lille, non seulement parce que nous aurions le plaisir de nous voir souvent, mais encore parce que ce serait un acheminement pour réaliser mes projets d'avenir.

Quoique je fusse parfaitement bien avec mon patron, la maison ne m'offrait aucune perspective d'établissement; elle n'avait point assez de capitaux pour permettre de donner aux affaires toute l'extension désirable et nécessaire, afin que je devinsse un jour intéressé dans les bénéfices ; j'étais donc condamné à vieillir comme voyageur et à dépenser pour autrui toute mon activité.

J'étais dans cette situation d'esprit lorsque j'eus l'occasion d'avoir un entretien avec un négociant de Lyon, que je connaissais depuis longtemps et qui m'avait toujours témoigné la plus grande bienveillance, il se nommait M. *Vallier*. Il me fit la confidence qu'il allait se marier avec une demoiselle de Lille, sœur de MM. Jean et Joseph Malmazet ; que, par suite de ce mariage, il allait s'associer avec ses deux beaux-frères ; qu'ils auraient maison à Lille et à Lyon, et que plus tard ils en auraient très probablement une autre à Paris où ces Messieurs avaient déjà des relations qu'ils voulaient agrandir. Il ajouta que, connaissant mon ardeur et mon zèle pour le travail, il s'estimerait très heureux de pouvoir m'attacher à sa nouvelle maison ; qu'en conséquence, il m'offrait de voyager pour la maison de Lille, qui me chargerait de visiter le Nord et particulièrement Paris, où plus tard on fonderait très probablement une maison, si j'y parvenais à d'heureux résultats, et que naturellement je serais mis à la tête de cette maison de Paris. Il fit luire à mes yeux de gros appointements, des voyages moins fatigants, et surtout la perspective d'un bel avenir.

Je répondis à M. Vallier que j'avais besoin de me créer un sort, que je n'étais pas insensible à de forts appointements, mais que je ne quitterais point M. Delcros sans lui donner tout le temps nécessaire pour me remplacer convenablement, et sans obtenir, dans la maison où il me proposait d'entrer, les facilités de m'occuper de certaines affaires que je lui détaillai et qui me donnaient tous les ans d'assez beaux résultats. M. Vallier m'assura que toutes ces facilités seraient maintenues ; enfin, il fut si pressant, qu'il fut convenu qu'il allait faire part de notre conversation à ses futurs associés de Lille. Il ne doutait pas de la ratification complète de tout ce qu'il m'avait promis, et M. Jean Malmazet irait trouver mon frère à Lille et lui remettrait un engagement écrit.

Sans perdre de temps, j'informai mon frère de tout ce qui se passait et je le priai de m'écrire aussitôt qu'il aurait eu la visite de M. Jean Malmazet, car je ne voulais prévenir M. Delcros de mes intentions que lorsque j'aurais une place assurée à Lille.

Peu de temps après mon frère m'écrivit que M. Jean Malmazet était venu le voir et que tout était convenu conformément à ce que je lui avais mandé.

Je fis part à M. Delcros de mes intentions de ne le quitter qu'en lui donnant tout le temps de me trouver un successeur, mais en le priant d'avoir la bonté de m'indiquer l'époque où je serais libre, afin de pouvoir en informer ma nouvelle maison.

M. Delcros me témoigna à plusieurs reprises tout son chagrin de mon départ, chercha à me retenir par des perspectives d'avenir que je savais impossibles ; enfin, après plusieurs lettres échangées, il fut convenu que je serais libre trois mois après, c'est-à-dire vers le 15 décembre. Je continuai donc la tournée que j'avais entreprise, je la fis avec tant de succès que je n'avais jamais réalisé de plus fructueuses affaires ; il est vrai que j'y mettais tous mes soins, parce que je voulais prouver que jusqu'au dernier moment, j'avais rempli mes devoirs en honnête homme.

Le 15 décembre était arrivé, j'ignorais encore quand je serais libre, et cependant j'avais reçu plusieur lettres de Lille, qui me pressaient d'y arriver ; enfin M. Delcros m'écrivit qu'il viendrait me joindre à Marseille dans les derniers jours de décembre.

Les choses se passèrent comme je viens de l'expliquer, je rendis mes comptes à M. Delcros et je me séparai de lui, le cœur serré et les larmes aux yeux, fort triste de ne pas pouvoir trouver, dans cette maison, l'avenir auquel j'aspirais et pour lequel j'avais travaillé avec tant d'ardeur depuis plusieurs années.

Je quittai Marseille le 1er janvier, le soleil était radieux, on faisait les visites du premier de l'an en vêtements légers, mais lorsque j'arrivai à Lille c'était une toute autre température, ainsi que vous allez en juger.

A l'époque dont je parle il n'y avait pas de chemins de fer, pas même de diligences allant directement de Marseille à Paris.

Je pris la diligence *Poulain* qui faisait le service de Marseille à Avignon.

A Avignon on changeait de diligence, on prenait les voitures de l'entreprise *Galline frères* jusqu'à Lyon. A Valence la route était couverte de neige.

A mon arrivée à Lyon le froid était très rigoureux. Je pris la diligence *Notre-Dame des Victoires* qui me conduisit à Paris. Plus nous avancions vers le nord, plus le froid devenait intense, à tel point qu'à mon arrivée à Paris la Seine était prise ; on la passait sur la glace, près le pont d'Austerlitz. Enfin, à Paris, je pris la diligence qui devait me conduire à Lille, et lorsque j'arrivai à Arras le froid était tellement extraordinaire qu'il avait fait périr, disait-on, deux hommes dans la tour de la prison.

Tous les voyageurs de la diligence s'arrêtèrent à Arras, de sorte que je me trouvai seul dans l'intérieur ; le conducteur vint m'y joindre. A Lens, il y avait près d'un pied de neige sur la route ; nous rencontrâmes deux malheureux soldats qui, ne pouvant plus avancer, regardaient notre voiture avec un air qui voulait dire : « Si nous avions de l'argent nous vous demanderions des places, mais nous n'avons pas un centime. » Je me souvins de la situation où je m'étais trouvé autrefois, j'eus pitié de ces pauvres diables et je priai le conducteur de les recevoir dans notre compartiment ; il y consentit et ce fut une bonne action dont je le remerciai sincèrement. Une fois en voiture, nos hommes demandèrent et obtinrent la permission de fumer, et pour compléter leur bonheur je leur fis boire la goutte au premier relai ; c'est ainsi que j'arrivai à Lille, le 10 janvier, vers huit heures du soir, *ayant toujours voyagé sans m'arrêter depuis le 1er janvier, jour de mon départ de Marseille*. J'avais donc passé *dix jours et dix nuits en diligence, sans m'être reposé un seul instant dans un lit.*

Si maintenant vous voulez savoir pourquoi j'avais mis tant d'empressement à arriver à Lille :

1° C'est que depuis longtemps j'y étais attendu et que j'avais reçu plusieurs lettres qui me priaient d'accélérer mon arrivée ;

2° C'est que, si je m'étais arrêté à Avignon, à Lyon et à Paris, je n'aurais pu reprendre la diligence que le lendemain, sans être certain d'y trouver place et que j'aurais ainsi perdu ainsi au moins trois jours ;

3° C'est qu'en perdant trois jours, j'aurais augmenté mes frais de route pour lesquels je n'avais aucune indemnité, mes appointements ne commençant à courir que du jour de mon arrivée à Lille.

Ces trois considérations étaient à mes yeux très puissantes ; j'avais d'ailleurs une excellente santé la fatigue ne m'effrayait pas, puis je dormais en diligence.

Aussitôt arrivé à Lille, je me fis conduire avec mes bagages, au logement que mon frère occupait, rue du Curé-Saint-Étienne, la deuxième maison à gauche en entrant par la rue Esquermoise. On m'apprit que mon frère était au spectacle ; je m'y rendis aussitôt, j'y trouvai facilement mon frère, et lorsque la pièce fut finie nous allâmes souper ensemble chez un restaurateur nommé *Mériene*, qui demeurait sur la place de *Rihour*, à côté du bureau de tabac. Nous allâmes ensuite nous coucher et le lendemain matin mon frère me conduisit chez MM. Malmazet frères et Vallier.

Pour terminer ce chapitre, en suivant autant que possible l'ordre chronologique des faits, je vous dirai quelques mots de mon ami Lizet.

Pendant tout le temps que je voyageai pour M. Delcros, mes affaires m'appelaient plusieurs fois par an à Montpellier, où Lizet continuait ses études médicales ; chaque fois, nous passions ensemble toutes nos soirées. Lors d'un de mes derniers voyages, Lizet venait d'être reçu docteur et avait soutenu, avec une grande distinction, une thèse qui avait eu un si prodigieux retentissement que tous les journaux de la localité en avaient parlé.

Reçu docteur, Lizet ne pouvait décemment plus rester précepteur; d'ailleurs, son élève avait aussi terminé ses études. Mon ami était donc fort tourmenté, il ne savait quel parti prendre, car ses finances ne lui permettaient pas de choisir selon ses goûts; il me vit donc arriver avec grand plaisir et en m'abordant il me dit : « Je t'attendais avec grande impatience, car je ne sais que devenir et j'ai besoin d'être conseillé.

» Connais-tu Ganges ?

— Parfaitement, lui répondis-je.

— La commune de Ganges assure un traitement de douze cents francs par an au docteur qui voudra s'y fixer, je suis sans le *sou*, on m'a proposé cette place, me conseilles-tu de l'accepter? »

Je répondis à mon ami :

« Si tu étais du pays et protestant, tu pourrais faire à Ganges un bon mariage et y vivre peut-être aussi bien que partout ailleurs, mais comme tu ne réunis pas ces deux qualités indispensables pour y réussir, je te verrais avec chagrin t'enterrer dans cette petite ville.

— Je suis bien content de t'entendre parler de la sorte, me dit Lizet, car je craignais que tu fusses d'un autre avis, mais que faire? Si j'étais assez riche pour attendre, pendant dix ans peut-être, que la clientèle vienne me trouver, je resterais à Montpellier où, à force de patience, d'études et de soins, je parviendrais probablement comme tant d'autres à me faire une honorable position; mais l'essentiel me manque, il n'y faut donc pas songer, que me conseilles-tu?

— Je te conseille d'aller te fixer à Clermont, de t'y faire précéder par l'envoi de ta thèse et des journaux qui en ont rendu compte, tu y retrouveras des amis qui t'aideront à te faire une bonne clientèle et tu y seras heureux, car tu es comme moi un admirateur passionné de notre beau pays si peu connu.

— J'avais tout d'abord songé à m'établir à Clermont, me répondit Lizet, car je préfère mon pays à tout autre, mais pour cela il faut, comme à Montpellier, de l'argent pour y attendre une clientèle.

— Sans doute, répondis-je, mais beaucoup moins qu'à Montpellier. Tu auras, pour trois à quatre cents francs, un très beau logement, tu mangeras chez Mlle David et si tu n'as pas de quoi lui payer ta pension à la fin de chaque mois, elle attendra patiemment des temps plus heureux, car je présume bien que ton père n'a pas toujours été fort exact à la solder.

— Soit, je te l'accorde, me dit Lizet, mais il faut meubler mon appartement, il me faut une bibliothèque pour y placer tous les livres de médecine qui m'étaient indispensables pour mes études et pour l'achat desquels j'ai consacré toutes mes épargnes, il faut faire la dépense d'un voyage assez dispendieux, etc.. etc. »

Je coupai court à toutes les objections de mon ami en lui disant : « Voilà six cents francs pour ton voyage et tes premières dépenses, puis, je te donnerai une lettre de crédit sur MM. Collon-Bonarme et Sambucy, où j'ai déposé mon faible pécule, et à mesure que tu auras besoin, tu y puiseras. »

Lizet me serra convulsivement la main et me dit : « J'accepte, parce que j'aurais fait pour toi ce que tu me proposes aujourd'hui, mais je m'en souviendrai toute ma vie. »

Quelques jours après, Lizet quittait Montpellier et lorsqu'environ deux mois après j'arrivai à Clermont, je le trouvai installé dans un bel appartement bien meublé ; mais au lieu d'aller prendre ses repas chez Melle David, c'était cette vieille demoiselle qui s'était installée chez Lizet comme sa femme de ménage et le soignait comme une mère.

Melle David avait besoin de repos, elle n'avait pas fait fortune en tenant une table fréquentée par des étudiants, des clercs de notaire et autres jeunes gens du même genre, mais elle avait amassé, dans sa longue carrière, six à sept cents francs de rente et elle s'estimait fort heureuse de trouver une occasion de passer tranquillement le reste de ses jours.

Plus tard Lizet fit un très bon mariage, devint en peu de temps le premier médecin de Clermont, et toutes les fois que l'occasion s'en présentait il disait à qui voulait l'entendre ce que j'avais fait pour lui. Je suis resté son plus grand ami jusqu'à sa mort ; plusieurs de vous l'ont connu.

Je me mets en voyage pour la maison Malmazet frères et Vallier. — Mon association avec Delanoy. — Un imbécile me trompe. — Les tulles brodés. — Mon voyage en Angleterre. — J'établis a Saint-Amand un atelier de broderies. — Mon mariage. — La mode défavorable a la dentelle. — Les contrariétés et les difficultés dans la fabrication des tulles brodés. — La concurrence déprécie la marchandise. — La révolution de juillet 1830 et les crises commerciales qui en résultent. — Mon projet pour l'établissement d'un comptoir d'escompte a Lille. — M. Revoire. — La banque de Lille. — Le comptoir d'escompte de 1848.

Je restai à Lille une douzaine de jours, au bout desquels je me mis en voyage pour la maison Malmazet frères et Vallier. Je devais visiter l'Est, le Nord, la Picardie, la Normandie, la Bretagne, la Champagne, la Touraine, l'Orléanais, la Bourgogne et surtout Paris dont je devais faire mon centre d'action.

La maison avait des clients dans ces diverses provinces ainsi qu'à Paris, mais ils étaient loin d'être en aussi grand nombre qu'on me l'avait annoncé; il y avait même beaucoup de villes qui n'avaient jamais été visitées par les représentants de la maison, et comme je n'étais moi-même pas du tout connu dans la plupart de ces contrées, je ne tardai pas à me convaincre que, pour parvenir à faire de belles affaires, je devais me donner beaucoup de mal et employer, en voyageant en voitures publiques, le même système que lorsque je voyageais en cabriolet, c'est-à-dire voir le plus grand nombre de villes dans le moins de temps possible; pour cela, il fallait passer beaucoup de nuits, ce qui était tout à la fois très fatigant et très dispendieux pour moi, car ayant des frais de voyage fixés sur le même taux que mes prédécesseurs qui ne se pressaient pas du tout, mes intérêts devaient être nécessairement lésés si je voyageais plus vite qu'eux; les diligences coûtaient cher. Je n'hésitai cependant point à faire passer les intérêts de ma maison avant les miens, de sorte que je parvins, mais non sans de grandes peines, à faire des affaires beaucoup plus importantes que tous les voyageurs qui m'avaient précédé.

Il y avait quelques années que je voyageais pour MM. Malmazet frères et Vallier; j'avais eu le temps de reconnaître que les associés ne s'entendaient pas fort bien entre eux, qu'ils étaient d'ailleurs trop nombreux pour que je pusse acquérir dans cette maison une position telle que je l'avais espéré, et que je n'avais d'autre perspective que d'être un voyageur bien rétribué mais condamné à être toujours en route. J'avais fait de passables économies et j'aspirais à m'en servir pour me créer un avenir.

Diverses propositions d'association me furent faites; par diverses considérations, elles n'aboutirent pas. Dans la plupart de ces propositions, il s'agissait de fonder une maison de commerce à Paris et d'y fixer ma résidence; j'étais arrivé à l'âge où je pouvais songer à me marier, mais pour rien au monde je n'aurais voulu épouser une Parisienne. D'ailleurs, par goût, je n'aurais pas aimé à habiter la capitale. Les mœurs de Lille me convenaient, mon frère venait de s'y marier avec Melle Comère, je désirais vivre près de lui. Je m'occupai donc de trouver un associé à Lille, car mon capital n'était pas assez considérable pour fonder une maison de commerce avec mes seules ressources.

On me proposa un jeune homme qui passait pour avoir une grande fortune; nous eûmes ensemble plusieurs conférences, je vis bien que ce n'était point un aigle, mais comme il était jeune, qu'il assurait avoir le goût du travail, que non seulement il mettait de suite à ma disposition une somme qui me paraissait considérable, avec promesse d'en verser bientôt une beaucoup plus importante, et qu'enfin, malgré l'infériorité de mon avoir, j'avais néanmoins une plus forte part dans les bénéfices, je me décidai à prendre pour associé M. Delanoy. Pour me fasciner, il versa entre mes mains une vingtaine de mille francs, avant même que nous eussions signé notre acte d'association. J'avoue qu'en cette circonstance je fus dupé par un imbécile, car je crus aveuglément à toutes les promesses faites par Delanoy de verser dans nos affaires plus de cent mille francs, promesses qui ne se réalisèrent jamais; la mise obligée de mon associé, qui n'était que de quarante mille francs, ne fut même complétée qu'à l'aide des bénéfices que nous fîmes dans notre commerce, dès la première année.

Je ne sais encore si Delanoy avait réellement envie de me jouer, ou s'il ne trouvait pas plus doux de ne point vendre ses propriétés et de compléter sa mise obligée avec des bénéfices qui lui tombaient en quelque sorte du ciel, sans mal ni douleur, car il ne travaillait guère ou pour mieux dire pas du tout; le fait est qu'il ne versa réellement qu'une trentaine de mille francs et que le reste fut le résultat de nos bénéfices. Lorsque je lui faisais des observations à cet égard, il me répondait que son notaire d'Arras ne pouvait pas vendre les biens qu'il possédait en Artois, et qu'il fallait prendre patience.

Non seulement je fus privé de tous les capitaux que mon associé m'avait promis au delà de sa mise obligée, mais encore il ne me mit en rapport avec aucun banquier de Lille, ainsi qu'il me l'avait promis; je fus donc obligé d'avoir recours à MM. Collon-Bonarme et Sambucy, de Clermont, chez lesquels j'avais déposé successivement toutes mes économies. Ces Messieurs connaissant de longue date ma probité, mon ardeur au travail et mon désir de parvenir, me furent d'un grand secours, à l'aide de la succursale qu'ils venaient d'établir à Paris. Je remettais à leur maison de Paris tous les effets que je recevais, et je tirais sur elle pour solder tous les achats que je faisais. Peu à peu ma manière de travailler et ma conduite inspirèrent confiance aux banquiers de Lille qui m'offrirent successivement leur crédit.

La leçon que je reçus d'un imbécile m'a donné l'habitude de prendre les plus grandes précautions, avant de contracter le moindre engagement ; je vous conseille d'en faire autant, la prudence l'exige.

Mon commerce de dentelles prospéra pendant quelques années, mais un article nouveau vint peu à peu lui nuire, je veux parler des tulles qui remplaçaient la dentelle et qui étaient à bien meilleur marché. Les dessins faits sur les tulles, venant de l'étranger, étaient presque tous de fort mauvais goût ; je pensai que, si je faisais broder sur tulle de jolis dessins français, je les vendrais facilement et avec un grand bénéfice.

Je fis un voyage en Angleterre pour prendre connaissance de cette industrie et voir si je ne pourrais point l'implanter en France. Je pris en Angleterre tous les renseignements dont j'avais besoin, mais je renonçai à l'idée d'acheter des métiers propres à la fabrication des tulles unis, parce que ces métiers coûtaient beaucoup trop cher et que leur achat m'aurait privé des fonds qui m'étaient indispensables pour mon commerce. Je me contentai donc des renseignements qui concernaient la fabrication des broderies sur tulle que j'espérais pouvoir réaliser en France, et je revins à Lille avec des documents complets et des *parchemins piqués* à l'aide desquels on pouvait se rendre compte du nombre de points ou coups d'aiguille que comportait tel ou tel dessin ; c'était un document important, car la broderie tulle étant payée d'après le nombre de points d'un dessin, il m'était facile d'établir les prix de revient.

J'étais en rapport à Saint-Amand avec deux vieilles demoiselles qui avaient deux nièces très intelligentes et très bonnes brodeuses, mais qui ne connaissaient point le genre de broderies qu'il fallait exécuter sur tulle ; je montrai à ces demoiselles des échantillons de ces broderies et elles m'assurèrent que, si une ouvrière habituée à ce travail leur donnait quelques leçons, elles parviendraient facilement non seulement à l'exécuter, mais encore à former des brodeuses dont on trouverait un très grand nombre à Saint-Amand, car les jeunes filles du pays, dans toutes les classes, n'avaient point d'occupations. Nous convînmes que si je mettais mon projet à exécution, mon atelier serait établi dans la maison des tantes qui serviraient de directrices, et que les nièces seraient contre-dames, le tout moyennant un salaire raisonnable.

Lorsque j'eus acquis la certitude de pouvoir établir à Saint-Amand un atelier de broderies à des conditions avantageuses, je partis pour Paris où je fis exécuter, par un bon dessinateur, une série de jolis dessins. Je fis ensuite venir chez moi une Anglaise très habile en broderies, de Nottingham, elle enseigna ce genre d'ouvrage aux deux nièces des demoiselles *Dutordoir*.

En peu de temps, ces deux jeunes personnes furent assez bien au courant de cette nouvelle broderie pour pouvoir non seulement exécuter elles-mêmes les dessins dont j'avais les patrons, mais encore en exécuter d'autres, d'après les parchemins, et les enseigner à des apprenties ; car c'était une sorte d'école mutuelle de broderies sur tulle que je voulais monter à St-Amand, afin d'avoir à ma disposition un atelier capable de suffire à toutes les commandes que j'obtiendrais.

Tout réussit d'abord au gré de mes désirs ; en peu de temps je montai à St-Amand un atelier de plus de trois cents brodeuses, dans la maison des demoiselles Dutordoir. Les premières pièces que je mis en vente me donnèrent un bénéfice d'autant plus considérable que le prix de façon était très bas.

Ce fut au moment où cette fabrication avait le plus d'activité que je me mariai, aussi fis-je fabriquer pour ma future une robe de noces en tulle brodé ; votre mère l'a encore et la conserve comme une relique.

Mon commerce de dentelles m'avait fait faire la connaissance de la famille Deledicque-Masquelier, qui s'occupait également de cet article. M. et Mme Deledicque avaient quatre enfants, deux fils et deux filles ; l'aîné des fils, Jules Deledicque, fut notaire et mourut en 1849. C'est sa veuve qui a épousé M. Lemaire. Ce second était Adolphe Deledicque, d'abord avocat à la Cour d'Appel de Douai, il succéda ensuite à son frère comme notaire à Lille. La fille aînée, Fanny, avait épousé M. Lepercq en 1825 ; c'est la cadette Hermance qui devint ma femme. A peine âgée de dix-neuf ans, puisqu'elle était née en juin 1808, je l'épousai le 15 juillet 1827, et je peux recommander à mes filles de prendre leur mère comme modèle, car sous tous les rapports elle n'a donné que de bons exemples à suivre.

Le développement de la fabrication des tulles brodés vint parfaitement à point pour compenser la défaveur des dentelles, dont le commerce se restreignait tous les jours d'une manière inquiétante.

Malheureusement, cette fabrication était fort lente,

une pièce de tulle uni avait de cent-vingt à cent cinquante centimètres de largeur sur huit à dix mètres de longueur ; elle était tendue sur un métier pour former un certain nombre de bandes, auxquelles travaillaient trois à quatre ouvrières ; mais il arrivait souvent que les brodeuses ne s'entendaient point entre elles et qu'elles préféraient n'être que deux ; il s'ensuivait qu'en moyenne une pièce de tulle exigeait deux mois de travail de broderie ; il fallait ensuite la blanchir, l'apprêter, séparer les bandes, les faire picoter et plier, de sorte qu'un dessin exigeait toujours trois à quatre mois de fabrication, c'était beaucoup pour une fortune aussi modique que la mienne.

Je déployais toute l'activité possible pour activer la fabrication, j'y étais intéressé de toutes les manières, car la nouveauté des dessins en faisait le mérite et le prix : mais je ne pouvais point pousser ma fabrication aussi vite que je l'aurais désiré, et le chiffre de mes affaires restait borné.

J'eus bien vite des concurrents non seulement à Lille, Douai, Valenciennes, mais surtout à St-Quentin. On me volait mes dessins, et lorsqu'un dessin était offert par plusieurs maisons, il perdait le mérite de la nouveauté ; le prix baissait et par conséquent le bénéfice, de sorte qu'après m'être donné beaucoup de peine pour monter cette fabrication et avoir fondé sur elle de grandes espérances de fortune, je vis qu'il fallait beaucoup en rebattre. Hélas ! ce n'était point le premier mécompte que j'éprouvais et ce ne devait point être le dernier.

Pendant le temps que tout ce que je viens de vous raconter se passait, mon associé Delanoy s'était marié notre association était arrivée à son terme et nous nous séparâmes. J'avais alors trois enfants, mes dépenses de ménage augmentaient, le commerce des dentelles et des tulles allait tous les jours en déclinant par le fait du caprice de la mode, le prix des tulles baissait en même temps avec une rapidité effrayante, de sorte que la moindre stagnation dans les affaires m'exposait à de grandes pertes. Je fis feu et flamme pour conjurer cette situation. je pris un voyageur en plus, je fis moi-même de rapides tournées dans lesquelles je parvins à écouler la plus grande partie de mon stock. Ce fut précisément à ce moment-là que survint la Révolution de 1830 qui renversa Charles X et mit Louis-Philippe sur le trône.

Certes, si jamais souverain mérita d'être renvoyé, ce fut bien Charles X ; il n'avait rien de ce qu'il fallait pour gouverner la nation française, et si on l'eût laissé faire, la France serait tombée dans un état pis que celui qui existait avant 1789. Mais une révolution est toujours une chose très malheureuse pour un peuple, de sorte que les gens sages doivent faire tous leurs efforts pour prévenir les révolutions, car même les plus nécessaires entraînent toujours de grands maux. C'est ce qui arriva à la suite de la Révolution de Juillet ; pendant plusieurs années nous eûmes des émeutes sanglantes qui arrêtèrent les affaires.

Peu de temps après cette Révolution, le commerce fut presque interrompu par la difficulté de négocier les meilleurs effets ; les banquiers de Lille ne voulant plus se charger d'aucun recouvrement, à cause des nombreuses faillites des banquiers de province. Le commerce était aux abois, faute d'argent ; on s'adressa à

M. *Méchin*, alors préfet du Nord, qui convoqua tous les négociants à une assemblée à la salle du Conclave, à la Mairie.

Comme toujours, on parla beaucoup dans cette assemblée sans arriver à un seul résultat. Le préfet, ne sachant que faire, leva la séance, en annonçant qu'il allait écrire au Gouvernement pour demander son intervention, mais qu'en attendant il engageait les assistants à rédiger des mémoires et à les communiquer à la Chambre de Commerce.

Ce fut dans cette circonstance que je présentai un projet pour établir à Lille un Comptoir d'escompte au capital de 5oo,ooo francs à obtenir par une souscription volontaire faite dans la ville. Un comité d'escompte ne devait admettre que les effets revêtus de deux signatures solvables, il n'y avait donc pas à craindre de pertes sérieuses, puisque la ville donnait aux souscripteurs une garantie égale à la somme à souscrire, mais la ville était indemnisée des pertes qu'elle pourrait faire au moyen d'une participation dans les bénéfices équivalente aux pertes ; de sorte qu'en définitive, il était plus que probable que les souscripteurs ne perdraient rien et que la ville ne serait exposée qu'à de bien faibles risques, même en supposant les chances les plus défavorables.

Je soumis mon projet à M. *Tilloy-Casteleyn*, alors membre de la Chambre de Commerce, je fus appelé à le développer devant une Commission nommée *ad hoc* ; le maire annonça que la ville fournirait la garantie demandée, mais qu'avant d'aller plus loin, il fallait obtenir la souscription des 5oo,ooo francs ; des commissaires furent nommés dans chaque quartier pour les obtenir, je fus du nombre des commissaires, mon collègue était M. *Charvet-Fevez*, alors un des négociants les plus considérés de Lille. La souscription marchait bon train et aurait été plus que doublée, lorsque survint M. *Révoire*, président de la Chambre de Commerce, qui se trouvait absent de Lille quand mon projet avait été pris en considération.

M. *Révoire* annonça qu'il arrivait de Paris et qu'il savait que le Gouvernement avait un projet pour faciliter les encaissements. Mille obstacles furent suscités, le temps s'écoula et l'affaire n'eut pas de suite, au grand détriment du commerce lillois. Je sus plus tard que l'égoïsme le plus étroit avait été la seule cause de la non exécution de mon projet. M. Révoire était fort riche, il était, depuis longtemps, un des membres les plus influents de la Chambre de Commerce; à tous ces titres, sa souscription devait être une des plus importantes, mais comme il était fort avare, il ne voulait pas avancer des fonds qui ne lui auraient rapporté qu'un faible intérêt. Voilà les hommes !!!

Le projet du Gouvernement dont avait parlé M. Révoire et qui fut effectivement mis à exécution, consistait à déposer chez les receveurs particuliers et chez les receveurs généraux des finances, des effets dont ces messieurs faisaient le recouvrement, mais dont ils ne payaient le montant qu'un mois après la nouvelle de l'encaissement. Jugez quels pouvaient être les résultats d'un pareil système, dans un moment où le commerce avait un si grand besoin d'argent pour surmonter la crise !

Le Comptoir national d'escompte établi à Lille en 1848 et qui rendit de si grands services était, à peu de choses près, la reproduction de mon projet de 1830 M. *Rouzé-Mathon* en fut le directeur et ce fut un des titres qu'on fit valoir pour lui faire obtenir la décoration. Je suis même tenté de croire que mon idée ne fut point étrangère à la fondation à Lille de la Banque qui s'y établit quelques années après 1830, sous les auspices de *M. Beaussier*, alors directeur de la Monnaie de Lille, et qui eut pour premier chef M. *Delahaye*, auquel succéda M. *Verley*. Je me souviens fort bien que, lors de son début, cette Banque eut contre elle tous les banquiers de Lille et beaucoup d'hommes haut placés dans notre ville, dans le genre de M. Révoire; cependant elle ne fut pas sitôt établie qu'elle rendit d'immenses services et qu'elle distribua de superbes dividendes à ses actionnaires; je n'étais malheureusement point du nombre de ces derniers, car je n'étais pas assez riche pour faire des placements de fonds en dehors de mon commerce; j'en avais à peine assez pour le mener, comme je le désirais.

Cette Banque émettait des billets fiduciaires semblables à ceux de la Banque de France qui, à cette époque, n'existait qu'à Paris. Bientôt il y eut à Rouen, Lyon, Bordeaux, etc., etc., des Banques à l'instar de celle de Lille. En 1848, elles disparurent toutes et firent place à des succursales de la Banque de France qui furent établies dans les principales villes, où elles furent très utiles, lorsque les circonstances obligèrent le Gouvernement républicain à décréter le cours forcé des billets de banque.

Je vous ai donné tous ces détails parce qu'on est très oublieux en France, et que très peu de Lillois de votre âge savent ce qui s'est passé dans notre ville, à l'époque dont je viens de vous parler.

J'AJOUTE A MON COMMERCE CELUI DES TOILES ET SARRAUX QUI DEVIENT ENSUITE MON SEUL COMMERCE. — DIFFICULTÉS DES ACHATS. — SOINS QU'EXIGE LA FABRICATION DES SARRAUX. — MES RAPIDES VOYAGES. — JE SUIS VOLÉ. — MON FRÈRE AUGUSTE, SON DÉPART POUR LA MARTINIQUE, SA MORT. — MON FRÈRE LAURENT, SA MORT.

Dans le chapitre qui précède, je vous ai parlé de la stagnation et de la difficulté des affaires à la suite de la Révolution de 1830 : le commerce des dentelles et des tulles avait été particulièrement fort atteint. Je songeai donc à joindre une nouvelle branche à mon ancien commerce, afin de ne point laisser amoindrir mon chiffre d'affaires.

A cette époque on s'entretenait beaucoup à Lille du développement du commerce des toiles et sarraux. M. *Colombier-Batteur*, père de celui mort il y a quelques années, avait gagné dans cette partie une fortune qui passait pour colossale, car on le disait *millionnaire*, et alors il y avait bien peu de négociants lillois qui possédaient un million. La somme paraissait même si prodigieuse qu'on racontait qu'un ami de M. Colombier lui avait ingénûment demandé comment il avait pu parvenir à une si énorme fortune. L'histoire ajoutait que M. Colombier avait répondu :

« *Rien de plus facile ! j'ai vendu un million de sarraux, j'ai gagné un franc par sarrau, voilà comment je suis devenu millionnaire.* »

Je ne portais point mes prétentions si haut; je connaissais un peu le commerce des toiles, je me décidai à en essayer, d'autant mieux que ce n'était point un objet de mode et que je n'avais point à craindre une dépréciation sur les marchandises en magasin.

Pendant quelque temps je menai de front les deux genres de commerce, puis ayant trouvé une occasion favorable de liquider les dentelles et les tulles, je me consacrai entièrement au commerce des toiles et sarraux.

A cette époque il n'y avait point de tissages mécaniques, toutes les toiles se fabriquaient à la main chez des tisserands de la campagne qui allaient vendre leur pièce aux marchés de Courtrai, Gand, Roulers, Thielt, Bruges, Renaix, Audenarde, Grammont, etc., etc. Il fallait donc fréquenter ces marchés pour faire ses achats, et comme tous les jours de la semaine étaient pris par un de ces marchés, un chef de maison qui aurait voulu faire ses achats lui-même aurait été constamment dehors. On employait donc des commissionnaires qui fréquentaient tels ou tels marchés, puis les maisons les plus importantes avaient un employé spécialement chargé des achats et de la surveillance des commissionnaires.

Je commençai par me servir de commissionnaires dont j'allais moi-même de temps en temps surveiller les opérations; puis, lorsque mes affaires eurent pris plus de développement, j'eus aussi un employé spécialement chargé de cette besogne.

Mon commerce de toiles ayant pris un certain accroissement, je quittai la rue d'Angleterre et je vins habiter la rue de la Piquerie où j'avais de grands magasins. La confection des sarraux sur une grande échelle exigeait une surveillance et des détails minutieux qui nous donnaient, à votre mère et à moi, un très grand ouvrage. Après le départ de nos employés, nous restions presque tous les soirs au bureau jusqu'à onze heures et même jusqu'à minuit pour inspecter ce qui avait été fait dans la journée, de manière à ce que la besogne fût toujours au courant.

Il était important que toute la fabrication fût dirigée en vue de remplir telle ou telle commission ; sans cette précaution on se serait exposé à avoir un stock d'un difficile placement, car chaque contrée voulait un genre de sarraux différant par la nuance du bleu, la nature et la largeur de la toile, le genre des broderies, etc., etc.

Comme il n'y avait dans l'année que deux époques pour les grandes expéditions, il arrivait très souvent que dans certains moments les commissions venaient à manquer, alors je me mettais en route et dans une rapide tournée je trouvais toujours moyen d'entretenir nos ouvrières. Mais Dieu sait quelles fatigues je supportais pour faire de rapides tournées ! Habituellement je partais de Lille directement pour Nancy ; c'était un voyage de trois jours et deux nuits, car alors il n'y avait point de chemins de fer et même pas de diligences faisant directement le trajet. Une voiture me menait à Valenciennes où il fallait attendre deux heures pour prendre la carriole d'Avesnes ; à Avesnes, nouvelle voiture jusqu'à Hirson et là transbordement pour Mézières, d'où une sorte d'omnibus me conduisait à Sedan ; à Sedan, nouvelle voiture pour Verdun, et enfin de cette dernière ville partait une diligence pour Nancy.

Le lendemain matin de bonne heure je voyais ma clientèle, et il était bien rare que le même soir je n'eusse point à transmettre à votre mère de bonnes commissions attendues avec impatience. Je continuais ensuite ma tournée en Lorraine, en Alsace et en Champagne et je rentrais par la Bourgogne, harassé, fatigué, passant généralement trois nuits sur cinq, mais n'en disant rien à votre mère pour ne point l'alarmer. Ces tournées variaient de vingt-cinq à quarante jours que nous trouvions tous les deux bien longs ; mais un voyageur ordinaire y aurait mis certainement le double de temps, car il n'aurait pas voulu s'imposer toutes les fatigues que je supportais. Pendant plusieurs années, j'ai dû faire chaque année deux et trois de ces tournées, et Dieu sait tous les chagrins que me suscitaient ces voyages cependant si nécessaires !

Mes bénéfices annuels ne répondaient point à toute la peine que je me donnais, mais enfin mon avoir grossissait tout doucement, il fallait donc prendre son parti en brave et ne point se décourager. La concurrence était grande, les bénéfices très modiques et on aurait perdu toute sa clientèle, si on avait vendu plus cher que ses confrères.

Vous savez, mes chers enfants, que j'ai toujours eu l'habitude de faire des calculs approximatifs pour connaître les bénéfices de l'année, avant même l'époque de l'inventaire; depuis longtemps, je voyais avec chagrin que mes inventaires ne répondaient point à mes prévisions, j'en cherchais vainement la cause, mes écritures étaient parfaitement tenues, je ne trouvais rien. Enfin, un jour j'eus la preuve certaine que j'étais volé, et volé depuis longtemps, par mon principal employé. Je n'entrerai point dans de grands détails à ce sujet, parce que l'individu appartenait à une honnête famille à laquelle j'ai promis le secret en recevant d'elle une très faible somme qui ne constituait pas la dixième partie de ce que j'avais perdu, mais qui pour elle était très importante en raison de son peu de fortune.

Je fus vivement affecté de la déloyauté d'un homme auquel j'avais accordé toute ma confiance, et j'appris une fois de plus combien il est nécessaire de se tenir toujours en garde, même avec les gens qu'on soupçonne le moins.

Jusqu'à présent je ne vous ai point parlé de mon frère Auguste, il est temps cependant que je vous en entretienne.

Auguste avait cinq à six ans de moins que moi; lorsque je fus devenu voyageur, je fis les frais de son éducation, je lui achetai un remplaçant et je le fis entrer dans une maison de commerce de Paris, dont il pouvait devenir le voyageur.

Lorsque je m'établis à mon compte, j'en fis mon voyageur; il était grand, aimable, beau garçon, il avait tout ce qu'il fallait pour réussir, *moins le feu sacré* qui fait surmonter tous les obstacles. Auguste eut le tort de se mettre en hostilité ouverte avec *Delanoy*, et les choses en vinrent au point qu'il cessa de voyager pour nous et qu'il devint le représentant d'un fabricant de rubans de St-Etienne.

Les troubles politiques survenus à la suite de la Révolution de 1830, ayant porté un coup terrible aux affaires de St-Etienne comme à celles de toutes les villes manufacturières, Auguste forma le projet d'aller tenter la fortune en Amérique. Avec mon concours, celui de la maison de St-Etienne et d'un ami de Paris, il se fit une petite pacotille et il partit pour la Martinique, où il fut assez heureux pour tout vendre avantageusement, de sorte qu'environ six mois après son départ, je reçus une lettre qui m'annonçait son heureux début, et me priait de lui expédier certaines marchandises, dont il me donnait le détail, me promettant de me solder promptement ; il ajoutait que, comme ses demandes pourraient être fréquentes et en dehors des articles de mon commerce ordinaire, il me proposait de traiter avec lui, moyennant une commission qui me paraissait suffisante, si j'étais payé dans les délais qu'il m'indiquait lui-même. Je répondis que, dans le désir de lui être utile, plutôt que dans l'espoir de faire de gros bénéfices, j'acceptais ses propositions à la condition expresse d'être soldé de manière à n'être jamais à découvert d'une grosse somme que ma faible fortune ne me permettait point d'exposer dans des opérations maritimes toujours fort dangereuses ; j'ajoutai que, pour montrer toute ma bonne volonté, j'allais lui expédier de suite toutes les marchandises qu'il me demandait ; nous entrâmes donc en relations d'affaires suivies.

Je tenais scrupuleusement mes engagements, je me contentais strictement de la commission allouée, mais Auguste ne fut pas, ou ne put point être aussi exact à me solder qu'il me l'avait promis ; ses demandes devinrent plus importantes que je ne pensais, mais les payements ne suivaient point la même progression.

Aujourd'hui un pareil commerce serait excessivement facile, parce que les paquebots partant à des dates fixes et plusieurs fois par mois, emportent lettres et marchandises, qui parviennent promptement à leur destination ; mais alors il n'en était point ainsi.

Lorsqu'un navire partait pour un pays d'outre-mer, il devait, un certain temps d'avance, en informer l'Administration des Postes qui, par la voie des journaux, annonçait au public que tel navire partirait de tel port à telle époque pour telle destination, et que *son sac* (c'était l'expression) serait ouvert jusqu'à tel jour pour recevoir les dépêches qui, au préalable, devaient être affranchies.

Quant aux marchandises à expédier, on s'adressait à un armateur du port de départ du navire, lequel moyennant finances, se chargeait de toutes les formalités d'assurance, d'affrêtement, etc.

A l'époque dont je parle, il n'y avait point de navires à vapeur, toute la navigation se faisait à la voile; les vents contraires, les tempêtes, les relâches forcées, enfin tous les accidents de mer faisaient qu'en moyenne un navire partant des côtes de France mettait deux à trois mois pour se rendre à la Martinique; aussi fallait-il compter sur environ sept mois pour recevoir réponse à une lettre, car il arrivait qu'après avoir reçu lettres et marchandises, un navire était retenu longtemps dans un port soit par les vents contraires, soit dans l'attente d'un chargement complet, ou parce que tous les préparatifs de départ n'étaient point terminés.

Vous devez juger par ce qui précède combien la correspondance était lente, difficile, et tous les désagréments qui en résultaient. Il arrivait souvent qu'une lettre, relativement récente, arrivait avant une lettre plus ancienne; quelquefois les letttes n'arrivaient même point du tout. Pour éviter, autant que possible, cet inconvénient, on faisait plusieurs copies d'une même lettre et on les expédiait par l'Angleterre ou par des ports français autres que celui d'où était partie la lettre primitive ; il résultait mille désagréments de toutes ces difficultés.

J'expédiais à Auguste des marchandises de tous genres : des toiles, des articles de Roubaix, des indiennes communes, des fils à coudre, de la passementerie, des livres de piété, des chapelets, des cristaux, de la porcelaine, des miroirs, des articles de Paris, etc., etc. Je m'étais mis au courant de l'achat de tous ces objets ; j'avais affaire aux fabricants mêmes, je payais toujours comptant, j'étais certain que personne n'obtenait à meilleur marché que moi, et cependant je recevais souvent des reproches de mon frère qui m'annonçait que tel navire, nouvellement arrivé à la Martinique, vendait à meilleur marché que lui, etc., etc. D'autres fois mes envois arrivaient lorsqu'il ne fallait plus tel ou tel article. Tous ces désagréments étaient le résultat des difficultés des communications et du temps considérable que lettres et marchandises mettaient à arriver à destination.

Quant à moi, je remplissais exactement et consciencieusement mon mandat; mais Auguste était fort lent à me solder, il m'envoyait quelquefois des cafés sur lesquels je perdais plus souvent que je ne gagnais, des effets à longue échéance, et cependant je savais que ses autres correspondants étaient mieux payés que moi.

Ces relations durèrent plusieurs années ; mais, au demeurant, mon bénéfice réel se réduisait à peu de chose et j'étais à découvert d'une somme considérable, relativement à ma fortune. Je dus faire diverses observations à Auguste, car s'il venait à mourir, ce qu'il me devait était fort exposé. Mes prévisions n'étaient malheureusement que trop fondées, ainsi qu'on le verra plus loin, du reste. Comme mon frère avait déjà acquis une certaine fortune et qu'il avait moins besoin de mon appui que précédemment, nos rapports cessèrent peu à peu, de sorte que, lorsqu'il mourut, il n'était mon débiteur que d'une faible somme.

Auguste périt à la suite du fameux tremblement de terre qui causa de si grands ravages à la Martinique. Au moment où sa maison s'écroulait, il sauta par une fenêtre et il se fit une lésion interne dont il mourut. Nous apprîmes sa mort à peu près en même temps que la nouvelle du tremblement de terre, par une lettre de M. *Marchet*, cet ami intime dont mon frère nous avait parlé si souvent et sur la probité duquel il comptait si bien, qu'à plusieurs reprises il nous avait assuré qu'en cas de mort, sa fortune serait en mains sûres, car il avait fait un testament par lequel il avait nommé M. Marchet son exécuteur testamentaire.

M. Marchet envoya à mon frère aîné la montre d'Auguste accompagnée d'une lettre qui manifestait les meilleurs sentiments et par laquelle il annonçait, qu'en vertu des pouvoirs qui lui étaient donnés par le testament du défunt, il avait pendant cinq ans l'entière administration de la fortune de son ami, qu'il allait s'occuper à la réaliser à notre satisfaction, etc., etc.

Quelque temps après, nous reçûmes une faible somme, insuffisante pour couvrir ce qui était dû à mon père ; puis ensuite, M. Marchet ne donna plus signe de vie. Nous écrivîmes lettres sur lettres sans même recevoir une seule réponse, nous nous informâmes si M. Marchet vivait encore, nous apprîmes qu'il avait quitté la ville de *Fort-Royal*, qu'il était devenu propriétaire d'une belle plantation et qu'il paraissait être dans une très belle position de fortune.

Nous fîmes agir toutes nos connaissances: je m'adressai au Ministre de la Justice, au Ministre de la Marine, j'écrivis même au Gouverneur de la Martinique; tout fut inutile et n'amena aucun résultat.

M. Marchet s'était probablement emparé de la succession de notre frère, et en sa qualité d'avoué il avait si bien arrangé les choses qu'il était certain que nos démarches seraient inutiles. Cependant, quelques années plus tard et à une époque où Édouard Faucheur habitait Dunkerque, il arriva que, parmi ses connaissances intimes, se trouvait un M. *Delesdain*, président du Tribunal civil, qui avait, je ne sais comment, des relations à la Martinique. Édouard lui raconta l'histoire de M. Marchet et le pria d'user de ses relations pour en tirer quelque chose. M. Delesdain fit effectivement des démarches qui eurent un certain succès, puisqu'il nous envoya trois mille francs en nous disant que c'était tout ce que nous pouvions espérer et qu'il fallait faire notre deuil du reste de la succession.

Je ne m'étais donc point trompé dans mes prévisions, et tout en rendant service à mon frère, je n'ignorais pas que je m'exposais beaucoup s'il venait à mourir; comme alors je n'étais pas assez riche pour supporter une grosse perte sans nuire beaucoup à mon avenir, je ne tenais point à des affaires peu lucratives pour lesquelles j'avais souvent des désagréments.

Il est plus que probable que M. Marchet se sera emparé d'une fortune passable, car six mois avant sa mort Auguste était venu en France, avait été à Clermont et avait annoncé à nos parents qu'avant deux ans il reviendrait à Clermont pour y vivre avec eux de ses revenus.

C'était le second frère que je perdais en peu de temps ; quelques années avant, Laurent était venu mourir à Clermont des suites d'une maladie contractée à Paris. Dans une partie de campagne, il avait eu l'imprudence de boire de l'eau froide dans un moment où il avait très chaud, et avait ainsi gagné une pleurésie mortelle. C'était un brave garçon que j'aimais beaucoup et qui était très reconnaissant de tout ce que j'avais fait pour lui.

Nous fûmes tous très vivement affectés de ces deux morts ; nous avions été six fils, il n'en restait plus que deux, précisément les deux plus âgés.

LES DAMES DE LILLE VERS 1827. — JE DEVIENS FILATEUR DE LIN. — FIN DE MA CARRIÈRE COMMERCIALE.

Dans les chapitres précédents, je vous ai parlé de la rude besogne à laquelle votre mère et moi nous nous livrions avec courage pour faire prospérer nos affaires. Il est temps maintenant de vous dire un mot de l'ordre et de l'économie qui présidaient à nos dépenses. Nos bénéfices annuels n'étant pas considérables, notre budget devait se baser rigoureusement sur nos ressources de manière à pouvoir augmenter peu à peu notre avoir.

Avant mon mariage, il avait été bien convenu que

votre mère m'aiderait dans mon commerce et qu'elle s'occuperait des écritures. Je lui avais expliqué que je désirais être presque constamment auprès d'elle, afin de la bien initier à la connaissance parfaite de toutes nos affaires, que mon intention n'était point de la mettre à la pension comme cela avait lieu dans beaucoup de ménages, que j'avais trop de confiance en elle pour supposer un seul instant qu'elle ne saurait point proportionner nos dépenses à nos ressources.

Dès le début, votre mère s'acquitta merveilleusement de toutes ses fonctions ; non seulement elle fut bien vite au courant de mon commerce, mais encore elle devint promptement une excellente femme de ménage, elle allait elle-même à la boucherie, au marché au poisson, faisant toutes ses emplettes au comptant. Son livre de dépenses était un modèle de régularité et d'économie bien entendue. Je crois qu'elle a conservé tous les livres de ménage et qu'elle pourrait au besoin donner le compte exact de nos dépenses de tous genres depuis notre mariage jusqu'à ce jour.

Il y a quarante-deux ans, les usages à Lille n'étaient pas ceux d'aujourd'hui ; les dames des premiers négociants de la ville allaient elles-mêmes faire toutes les emplettes du ménage, les denrées étaient mieux choisies, revenaient à meilleur marché, les frais de maison s'en ressentaient et la cuisine n'en n'était pas plus mauvaise, bien au contraire. Cette sage entente d'économie domestique n'empêchait pas beaucoup de dames très honorables d'aider leur mari dans leur commerce. On remarquait même que les maisons qui avaient marché promptement à la prospérité étaient précisément celles où les dames coopéraient grandement aux affaires commerciales, je vous en citerai quelques-unes de notre entourage. Ainsi Mme Wallaert-Desmons, la mère de M. Desmedt, a été la cause première de la prospérité de sa famille ; plus tard Mme Auguste Wallaert-Mille, par ses connaissances commerciales et la rectitude de son jugement, sut parfaitement diriger les immenses affaires de cette maison. Mme Crepy, la grand'mère de tous ceux que vous connaissez, fut la grande cheville ouvrière de la prospérité de cette nombreuse famille.

A l'époque dont je parle, c'est-à-dire vers 1827, époque de mon mariage, il n'y avait à Lille que deux maisons de banque importantes, et toutes les deux étaient dirigées par des dames, l'une était Mme *Dutilloy* qui a laissé une si énorme fortune à M. *Bernos*, mort il y a peu d'années ; l'autre était Mme *Rouzé-Mathon*. Je pourrais vous citer beaucoup d'autres dames qui, tout en soignant parfaitement leur ménage, aidaient puissamment leur mari dans leur commerce, et je déplore qu'il n'en soit plus de même aujourd'hui ; je crois qu'il y aurait moins de luxe et que tout n'en irait que mieux. Je n'en dirai pas davantage, car je ne veux pas être rangé au nombre des vieillards dont parle Horace : « *Critiques du présent et louangeurs des temps passés.* »

Pendant plusieurs années, je menai mon commerce de *toiles et sarraux* de la manière précédemment expliquée ; mais à chaque inventaire je trouvais que ma fortune n'augmentait pas aussi rapidement que ma petite famille, et que mes bénéfices n'étaient point en raison de mon travail et de mon activité.

Depuis quelque temps je faisais fabriquer en Belgique des toiles tissées avec des fils mécaniques, parce qu'alors il n'y avait point, dans les environs de Lille, de tisserands capables d'imiter les toiles fabriquées en Belgique.

Cet article me donnait un bénéfice passable, mais présentant d'assez grandes difficultés, parce qu'à cette époque les filateurs anglais ou belges vendaient par séries de numéros de fils de chaîne et de trame, et que pour acheter avantageusement, il fallait traiter d'assez grandes parties, puis s'astreindre à prendre tels ou tels numéros dans des proportions qui ne convenaient point à ma vente ; ainsi j'aurais eu un grand placement d'articles fabriqués avec des chaînes numéros 20, 22, 25, 28 et 30 et précisément je ne pouvais point avoir facilement ces numéros. Quelques années se passèrent dans cette situation, mais j'étais sans cesse préoccupé de trouver les moyens de surmonter cette difficulté ainsi que beaucoup d'autres qu'il serait trop long d'énumérer, lorsque dans un de mes nombreux voyages en Belgique je fis connaissance d'un jeune homme fort intelligent, employé à la filature de la Lys à Gand. C'était le fils d'un de mes anciens acheteurs de toiles sur les marchés de Belgique. Son idée fixe était de monter une petite filature, mais son père qui jouissait d'une grande aisance n'était pas du tout disposé à lui donner un centime ; il espéra trouver en moi un homme capable de l'aider à mettre ses projets à exécution. Nous eûmes plusieurs entrevues dans lesquelles intervint un contre-maître anglais : on me donna des notes sur la fabrication, sur les prix de revient, etc., etc., et à l'aide de ces documents et des renseignements obtenus de divers côtés, je pus me rendre compte du prix réel des numéros que je pouvais si difficilement me procurer.

Après avoir bien étudié l'affaire, je vis que ce n'était point en Belgique qu'il fallait monter une filature destinée à approvisionner un tissage qui devait finir par être établi en France. Je m'occupai donc de chercher les moyens d'organiser à Lille une petite filature, tout en continuant mon commerce de toiles. Afin de n'avoir rien à construire, je cherchai un local et une force suffisante pour mettre mon projet à exécution. L'affaire s'ébruita et un certain jour je vis arriver chez moi mon beau-frère Lepercq qui me demanda, d'un air effaré, s'il était vrai que j'eusse l'intention de monter une filature de lin. Je lui répondis qu'effectivement j'y songeais, mais qu'il n'y avait rien d'arrêté. Lepercq alors me fit valoir ses connaissances en fils dont il faisait depuis quelque temps un petit commerce, mais surtout sa profonde connaissance des lins dont il s'était occupé toute sa vie, et alors il me proposa de nous associer pour monter une filature.

L'achat du lin était précisément mon côté faible, je n'y connaissais rien du tout, et néanmoins je sentais l'importance d'avoir des achats bien faits. Ce fut malheureusement ce qui me décida à prendre mon beaufrère pour associé; je dis malheureusement, car si j'avais été seul je me serais épargné bien des chagrins, bien des tourments, et j'aurais certainement gagné beaucoup plus d'argent; sa coopération financière et industrielle fut infiniment au-dessous de ce que j'attendais.

Par l'intermédiaire de l'architecte Desrousseaux, Boyer nous fit offrir de construire pour nous sur un terrain qu'il possédait à Wazemmes, une filature de lin munie d'une machine à vapeur et de toutes les transmissions de mouvement, moyennant un loyer proportionné à la dépense qui serait faite. Cette proposition qui contenait des conditions fort léonines nous éblouit en ce qu'elle nous dispensait d'employer des capitaux considérables en constructions et qu'elle nous permettait de monter un plus grand nombre de broches.

Si j'avais eu un associé partageant mes vues, mon ardeur pour le travail, et pouvant disposer d'un capital égal au mien, les conditions imposées par Boyer, quoique grandement à son avantage, nous auraient cependant permis de faire d'immenses bénéfices, et bien que les bénéfices fussent restreints pour les causes ci-dessus énoncées, ils dépassaient tellement ceux que donnait alors le commerce des toiles et sarraux que je vis bien vite que la filature m'offrait beaucoup plus d'avenir que mon ancien commerce. En même temps, je reconnus que pour prospérer, il fallait y consacrer tout mon temps, tous mes soins et tous mes capitaux. Après y avoir mûrement réfléchi je cédai mon commerce de toiles à Firmin Grimonprez et à Boisse, mes deux principaux employés, en laissant entre leurs mains un capital assez considérable qui devait successivement m'être remboursé dans des délais et des conditions telles, qu'à l'aide d'un arrangement fait avec la maison Esnault-Pelterie de Paris, mes successeurs étaient à même de faire parfaitement leurs affaires ; c'est précisément ce qui est arrivé et ce qui m'a fait grand plaisir, car j'aurais été très contrarié qu'il en fût autrement.

Comme vous connaissez tout ce qui m'est arrivé

depuis que ma société avec Lepercq a été rompue, je vais donc cesser de vous faire la narration de ma vie. Les pénibles commencements de ma carrière avaient disparu, mon avenir était assuré, je n'avais plus qu'à désirer de passer en paix, au milieu de mes enfants, les années que la Providence voulait bien m'accorder encore.

J'évite avec soin de vous parler de tous les chagrins qui m'ont été suscités par Lepercq ; j'ai eu grandement à m'en plaindre sans avoir à me reprocher le moindre tort, la moindre faute.

Depuis la fin de notre Société, Lepercq a été si malheureux que je n'ai pas le courage de lui en vouloir et je lui pardonne.

En terminant cette longue histoire, je ne puis, mes chers enfants, que vous rappeler les durs et pénibles commencements de ma laborieuse carrière et vous répéter qu'avec du courage, de l'énergie et de l'économie, qualité aujourd'hui trop oubliée, un homme intelligent peut toujours se créer une honnête position.

FAUCHEUR-DELEDICQUE.

CHAPITRE COMPLÉMENTAIRE.

Les Mémoires de mon père s'arrêtent à l'époque de sa séparation avec mon oncle Lepercq, c'est-à-dire en 1852. Ils ne rappellent donc pas que, du mois de mai 1852 au mois d'août 1853, trois de ses enfants se marièrent; d'abord Céline avec Auguste Desmedt, le 25 mai 1852, puis Félix avec Sidonie Desmedt, le 21 décembre 1852, et enfin Hermance avec Farnèse Favarcq, le 2 août 1853. C'était le moment où mon père élevait la filature actuelle de la rue des Stations, qu'il géra tout d'abord avec son fils Félix; puis j'y arrivai en 1855. Je fus intéressé aux affaires quelques années après, je me mariai le 22 août 1865 avec Fanny Deledicque, ma cousine. Le 23 août de l'année précédente, ma sœur Marie avait épousé Edouard Mas. Précisément, à la fin de l'année 1865, l'acte d'association arrivait à son terme, mon père résolut de se retirer et céda la filature à ses deux fils.

Dès lors, mon père occupa ses loisirs à écrire l'histoire de sa vie; c'est donc dans la période de 1865 à 1869 qu'il a travaillé à ses Mémoires.

Il avait commencé par publier, sous le voile de l'anonyme, un Mémoire sur les améliorations désirables dans l'organisation de la Banque de France, précédé de réponses faites au questionnaire envoyé aux Chambres de Commerce par le Ministre, sur l'enquête de la Banque.

Il aimait beaucoup à s'occuper de toutes les questions qui se rattachaient au commerce ou à l'industrie, mais tant qu'il avait été dans les affaires, il n'avait jamais voulu accepter aucune fonction publique; il avait pourtant consenti à entrer au Conseil des Prud'hommes. Il était devenu bientôt Vice-Président de ce Conseil où il a siégé près de vingt ans, mais c'était dans le but de faciliter autant que possible les relations entre patrons et ouvriers.

Ses cinq enfants étaient mariés, il avait déjà plusieurs petits-enfants qui grandissaient. Sa position était bien établie et, comme il jouissait d'une excellente santé, il pouvait espérer vivre de longues années encore dans les douces joies de la famille, quand arriva la guerre de 1870.

Toujours il s'était beaucoup intéressé à tout ce qui touchait au sort de l'armée française, dont il avait jadis partagé les triomphes et les revers. Pendant le voyage qu'il avait fait en Allemagne, en 1863, avec ma mère et ma sœur Marie, il avait étudié l'armée allemande et il avait reconnu qu'en présence des forces imposantes de l'Allemagne, et surtout en raison des immenses ressources de la Prusse, la France devait s'organiser d'une manière formidable, si elle voulait conserver la paix.

Les résultats de la guerre de 1866, entre l'Allemagne et l'Autriche, ne firent que renforcer ses idées; aussi crut-il de son devoir d'attirer l'attention du Gouvernement sur l'urgente nécessité d'organiser l'armée française sur des bases nouvelles, et d'indiquer les divers points faibles de notre système militaire. A cet effet, il fit paraître une brochure intitulée : « Projet d'organisation de l'armée française, par un manufacturier, ancien soldat du premier Empire. » Imprimée chez Danel en 1866, elle fut envoyée au Ministre de la Guerre, au Comité de Défense et à tous les membres du Corps législatif et du Sénat.

Il avait prévu, en quelque sorte, nos désastres de 1870 et 1871, de manière qu'il fut encore plus sensible qu'un autre à nos revers.

Sitôt après la guerre, il reprit ses études militaires et publia, en 1871, une nouvelle brochure avec ce titre : « Nouvelle organisation de l'armée française, par un militaire de la grande-armée du premier Empire. »

Quand le Président de la République vint à Lille, en septembre 1874, il lui présenta ce travail et le Maréchal de Mac-Mahon le nomma chevalier de la Légion d'honneur.

J'ai retrouvé dans ses papiers une note relative à cet épisode intéressant de sa vie et je la transcris textuellement :

MA DÉCORATION.

« Ma décoration par le Maréchal de Mac-Mahon est
» très certainement le couronnement de ma longue
» carrière ; je vais donc retracer dans les lignes qui
» suivent, ce qui s'est exactement passé, afin que mes
» enfants et petits-enfants sachent comment, sans l'avoir

» demandée, la décoration m'a été donnée spontanément
» par le Maréchal, duc de Magenta.

» Le Président de la République étant venu à Lille au
» mois de septembre 1874, j'avais paru devant lui, dans
» la matinée du 12, en ma qualité de Vice-Président du
» Conseil des Prud'hommes. Après avoir causé quelques
» instants du fonctionnement des Prud'hommes, je dis
» au Maréchal : « Monsieur le Président, avant d'être
» manufacturier, j'ai été soldat de la grande-armée du
» premier Empire, j'ai fait les campagnes de 1812,
» 1813 et 1814. J'étais un des combattants de Lutzen,
» Bautzen, Dresde et Leipzig où j'ai été blessé. Rentré
» dans la vie civile en 1814, je me suis livré à l'industrie,
» mais je n'ai jamais cessé de m'intéresser vivement au
» sort de notre armée, car je l'ai toujours considérée
» comme nécessaire à notre indépendance et à notre
» influence légitime en Europe. Depuis douze ou quinze
» ans, j'ai fait plusieurs voyages en Allemagne, pour
» revoir les champs de bataille sur lesquels j'avais figuré
» dans ma jeunesse. J'ai pu voir tout à mon aise l'armée
» prussienne et étudier sa force et sa puissante organi-
» sation. J'ai comparé cette organisation à celle de notre
» armée, et j'ai été si effrayé des résultats de cette com-
» paraison, que j'ai cru faire acte de patriotisme en
» écrivant une brochure sur l'organisation nouvelle à
» donner à notre armée. J'ai fait distribuer mon travail
» aux Ministres et à tous les Députés et Sénateurs, mais
» il passa inaperçu. Après nos désastres de 1870, j'ai
» pensé qu'il ne fallait pas se décourager pour un
» insuccès, j'ai donc écrit une nouvelle brochure sur le
» même sujet, en y introduisant les changements rendus
» nécessaires par le service militaire obligatoire pour

» tout le monde. Permettez-moi, Monsieur le Maréchal,
» de vous offrir ma seconde brochure. Je sais bien que
» vos occupations ne vous permettront pas de la lire,
» mais veuillez vous en faire rendre compte par un de
» vos officiers, et, si j'ai exprimé quelques idées utiles à
» mon pays, je m'estimerai très heureux. »

» Le Maréchal me répondit aussitôt qu'il ne confierait
» à personne le soin de lire ma brochure et qu'il tenait
» à en prendre connaissance lui-même. Il ajouta qu'il
» serait bien à désirer que tous les Français pensassent
» comme moi, et me fit compliment de mon pur et
» sincère patriotisme.

» Le Maréchal était entouré du général de Cissey,
» ministre de la Guerre, et d'une vingtaine de généraux,
» parmi lesquels le général Clinchant, commandant en
» chef le 1er corps d'armée. Au moment où j'avais parlé
» des batailles auxquelles j'avais assisté, j'avais entendu
» un murmure dans ce groupe, qui semblait avoir
» peine à croire que j'aie pu faire partie de la grande-
» armée. M'adressant alors à ce groupe, je dis : « *Oui,*
» *Messieurs, j'ai fait toute la campagne de 1813 et j'ai*
» *maintenant quatre-vingt-un ans.* »

» Cette réponse parut faire grande sensation !

» Je vis bien le Maréchal s'approcher du ministre de
» la Guerre et causer avec animation, mais comme il y
» avait beaucoup de députations qui attendaient leur
» tour de présentation, je saluai et je me retirai avec le
» Conseil des Prud'hommes.

» Peu après, j'étais occupé à voir défiler toutes les
» personnalités du département du Nord venues pour
» complimenter le Président, lorsqu'un monsieur vint
» me dire que des aides-de-camp parcouraient les cor-

» ridors de la Préfecture, alors encombrés de monde,
» en demandant Monsieur Faucheur.

» Je crus d'abord à une plaisanterie, mais bientôt un
» huissier de la Préfecture me dit qu'il était chargé de
» me conduire auprès du Maréchal.

» Je fus introduit dans le grand salon où se trouvait
» le Maréchal qui vint à moi en me disant : « *Monsieur,*
» *je vous ai fait appeler parce que je veux vous décorer*
» *moi-même, je me suis entendu avec le Ministre de la*
» *Guerre, et je vous donne la croix pour vos services*
» *militaires, votre blessure, ainsi que pour vos longs*
» *services civils.* »

» J'étais si ému que je pouvais à peine parler, cepen-
» dant je parvins à lui dire : « Monsieur le Maréchal,
» je suis très heureux d'être fait chevalier de la Légion
» d'honneur, mais je suis surtout fier d'être décoré de
» votre main. »

» Je ne pus en dire davantage : le Ministre de la
» Guerre, le Préfet M. le baron Le Guay, les généraux
» me donnèrent de bonnes poignées de mains. Je pleu-
» rais comme un enfant.

» En sortant du grand salon, je trouvai un Monsieur
» qui m'attendait et me dit, en me prenant les mains :
» « *Vous ne me connaissez peut-être pas, je suis*
» *M. Kirsch, proviseur du Lycée, j'ai tout vu, tout*
» *entendu ; je n'ai jamais assisté à une scène aussi inté-*
» *ressante, je ne l'oublierai de ma vie. Je vous félicite*
» *d'avoir obtenu la croix, sans la demander, lorsque vous*
» *la méritiez si bien ; vous pouvez porter fièrement le*
» *ruban.* »

» Je ne remerciai peut-être pas *M. Kirsch* aussi bien
» que j'aurais dû le faire, mais j'étais trop émotionné ;

» d'ailleurs, mes amis accoururent et ce furent des em-
» brassades et des poignées de mains qui durèrent
» assez longtemps.

» Je me hâtai de rejoindre ma voiture pour aller
» annoncer la bonne nouvelle à ma chère Hermance,
» qui ne voulait pas y croire ; il me fallut lui montrer
» la croix, que le Maréchal m'avait donnée, pour la
» convaincre. »

Le *Journal Officiel* du 15 novembre 1874 porte :

Sur la proposition du Grand Chancelier de la Légion d'honneur,

Faucheur-Deledicque (Narcisse), ex-sous-officier d'infanterie, Vice-Président des Conseils des Prud'hommes de Lille — trois ans de services militaires (1812 à 1814) — seize ans de services civils — trois campagnes — une blessure à Leipzig,

Est nommé Chevalier de la Légion d'honneur.

Paris, 14 novembre 1874.

M^{al} de Mac-Mahon, duc de Magenta.

Cet événement ranima un peu mon père qui avait été vivement affecté, un an auparavant, par la chute d'un de ses gendres, à la suite de spéculations de terrains.

Jusque-là, il s'était parfaitement conservé, et, quoique fort âgé, il se tenait bien droit et marchait encore fort allègrement. Personne ne lui aurait donné son âge en lui voyant une allure aussi décidée, lorsqu'il se promenait, la canne à la main. Il avait toujours beaucoup aimé le travail et, dans ses papiers, j'ai trouvé une énorme quantité d'écrits divers. Lisait-il un article sur un chemin de fer nouveau, en construction ou en exploitation, il s'efforçait de rassembler tous les documents y relatifs et en faisait l'objet d'une note? S'agissait-il d'un placement d'argent, il cherchait des renseignements de tous côtés sur les valeurs qu'on lui proposait et les réunissait aussi sur une note? Combien a-t-il laissé d'écrits sur des questions touchant à la Banque, au Commerce et à l'Industrie? Que de réponses il a faites dans les enquêtes ordonnées par le Gouvernement?

En définitive, mon père qui avait été, dès son jeune âge, habitué à un travail assidu, qui, par nécessité, pour se faire une situation et élever sa famille, avait dû déployer la plus grande énergie et travailler d'arrache-pied, a toujours trouvé dans le travail, une fois sa position faite et ses enfants établis, un aliment à sa grande activité et, je dirai même, une vraie distraction.

Bien souvent, quand j'allais le voir, je le trouvais assis à son bureau, au milieu de paperasses, de livres et de journaux de toute espèce, et il avait grand plaisir à me montrer les travaux qu'il venait de finir et à les discuter avec moi.

Lors de la formation de la nouvelle société *Verley, Decroix et Cie*, mon père fut nommé président de la Commission d'examen des statuts, et ensuite membre du Conseil de surveillance de la Caisse commerciale, en remplacement de M. Félix Crespel.

Lorsque *M. Meunier* vint à Lille fonder la société d'assurances l'Union générale du Nord, mon père prit quelques actions dans cette affaire qu'il jugeait bonne, et, à la première réunion des actionnaires, il fut choisi comme président du Conseil d'Administration, fonction qu'il occupa jusqu'à sa mort.

En 1873, quand la Société Industrielle du Nord de la France fut organisée par les soins de la Chambre de Commerce et de son président honoraire, *M. Kuhlmann*, membre correspondant de l'Institut, mon père fut appelé à présider le Comité d'Utilité publique, et à l'une des premières réunions, il présenta des considérations sur les avantages que la France retirerait d'un grand développement de la culture du lin.

C'est vous dire qu'à quatre-vingts ans, mon père était encore bien vert et très capable de remplir ces diverses fonctions qui exigeaient un esprit bien précis ; nous étions, certes, en droit de pouvoir espérer le conserver longtemps encore comme cela. Il ne devait malheureusement pas en être ainsi ; le visage énergique, la tenue ferme et droite, le caractère décidé de ce père bien-aimé que, pendant plus de vingt ans, j'avais connu dans le même état physique, devaient, au milieu de l'année 1875, commencer à laisser voir les traces d'un certain affaissement. Néanmoins, il paraissait bien portant et rien ne pouvait laisser supposer, lorsqu'il prit le lit le 26 octobre 1875, qu'il nous serait enlevé le 4 novembre. Les premiers jours qu'il garda la chambre, son esprit était parfaitement dispos, et nous pensions qu'il serait promptement remis sur pied, quand des symptômes typhoïdes se manifestèrent et nous le ravirent rapidement. Il est mort, entouré de sa femme et de ses enfants, et sa fin chrétienne fut le plus grand soulagement au chagrin de ma mère.

Ses obsèques eurent lieu le 8 novembre. Les honneurs militaires lui furent rendus, en sa qualité de Chevalier de la Légion d'honneur ; malgré le mauvais temps et la vilaine saison, un très grand nombre de ses concitoyens tinrent à honorer une vie si bien remplie et firent cortège jusqu'au cimetière.

Sur sa tombe, *M. Kuhlmann*, président de la Société Industrielle, prononça l'allocution suivante :

MESSIEURS,

« La plus grande leçon à puiser dans la vie des
» hommes, c'est de se recueillir au bord d'une tombe
» entr'ouverte et prête à engloutir les restes mortels
» d'un citoyen, d'un ami. C'est le spectacle le plus
» saisissant de notre anéantissement subit, quelle qu'ait
» été la durée de notre passage en ce monde. Mais cet
» instant suprême peut aussi devenir une consolation,
» lorsqu'il permet de retracer quelques époques d'une
» vie qui laisse de bons exemples à suivre, qui a été
» marquée par des actions honorables faisant vivre le
» défunt dans la mémoire de ses contemporains.

» Tel est l'heureux souvenir que nous a légué
» M. Faucheur qui vient d'être enlevé si cruellement à
» l'affection de sa famille, à l'affection de nous tous
» qui assistons à cette funèbre cérémonie, comme à
» celle de tous ceux qui ont pu apprécier ses qualités
» et son caractère obligeant !

» Depuis de longues années, M. Faucheur a rempli
» les fonctions de Vice-Président du Conseil des
» Prud'hommes, où son expérience et son esprit de
» conciliation lui ont permis de rendre des services qui
» suffiraient à mettre en honneur une existence toute
» entière.

» Le Président de la République, lors de son récent

» séjour à Lille, a voulu récompenser, par la croix de
» la Légion d'honneur, une vie si bien remplie.
» Pourquoi faut-il que cette satisfaction donnée à un
» vétéran de l'armée, au citoyen constamment dominé
» par la passion du bien, ait été d'une si courte durée ?

» Les décrets de la Providence échappent à notre
» appréciation ; devant eux, nous ne pouvons que nous
» incliner avec la plus respectueuse confiance.

» Dans ce moment solennel, je viens, au nom de la
» Société Industrielle du Nord de la France, payer une
» dette à la mémoire de M. Faucheur qui fut le Pré-
» sident de son Comité d'Utilité publique, et qui n'a
» pas cessé de prendre, avec une ardeur vraiment juvé-
» nile, une part active à ses travaux.

» Oh ! mes chers collègues de la Société ! en nous
» éloignant de cette tombe qui va bientôt dérober à nos
» yeux le corps de notre ardent collaborateur, faisons-
» lui un dernier adieu et conservons précieusement la
» mémoire de l'homme de bien qui a voulu, en entrant
» dans notre Compagnie, consacrer ses derniers jours
» à l'amélioration du bien-être de ses concitoyens.
» C'est là une fin bien méritoire et bien digne d'envie !
» C'est avec une profonde conviction que je dis « digne
» d'envie », car la conscience d'avoir toujours pris le
» bien public pour règle de conduite, fait envisager
» l'Éternité avec ce calme de l'esprit qui est une suprême
» consolation.

» Adieu, Faucheur ! adieu ! »

S'il est un adoucissement au vif chagrin d'enfants
qui viennent de perdre leur père vénéré, c'est bien

d'entendre prononcer de telles paroles, au pied de sa tombe !

Après avoir supporté cette perte cruelle avec le plus grand courage, pourquoi fallut-il que ma mère, bien moins âgée, puisqu'elle n'avait que soixante-sept ans et demi, succombât, moins de trois mois après, de la même maladie que mon père.

Elle est morte, en effet, le 21 janvier 1876, après avoir, toute sa vie, montré les plus grandes qualités de la femme, — vie de travail et de dévouement, vie de piété et de charité.

Certes, nos parents nous ont laissé de beaux exemples à suivre, et nous devons regretter d'autant plus que la Providence ait jugé bon de nous frapper de coups si cruels, en les enlevant tous deux, en si peu de temps, à notre affection bien méritée.

Edmond FAUCHEUR.

www.ingramcontent.com/pod-product-compliance
Lightning Source LLC
Chambersburg PA
CBHW052047230426
43671CB00011B/1821